首都圏版㉒ 最新入試に対応！ 家庭学習に最適の問題集!!

JN046699

慶應義塾
横浜初等部

2025年度版 過去問題集

2021～2024年度 実施試験 計4年分収録

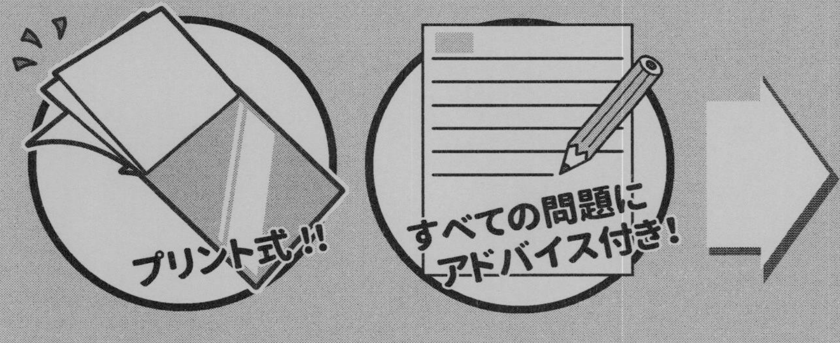

問題集の効果的な使い方

①学習を始める前に、まずは保護者の方が「入試問題」の傾向や、どの程度難しいか把握をします。すべての「アドバイス」にも目を通してください。
②各分野の学習を先に行い、基礎学力を養いましょう！
③力が付いてきたと思ったら「過去問題」にチャレンジ！
④お子さまの得意・苦手がわかったら、その分野の学習を進め、全体的なレベルアップを図りましょう！

厳選！ 合格必携 問題集セット

図　形	Jr. ウォッチャー ❶「点・線図形」
運　動	Jr. ウォッチャー ㉖「運動」
観　察	Jr. ウォッチャー ㉙「行動観察」
推　理	Jr. ウォッチャー ㉜「推理思考」
記　憶	お話の記憶 初級編・中級編

日本学習図書 ニチガク

ニチガク式学習支援!!

日本学習図書（ニチガク）

こんなこと…ありませんか？

「ニチガクの問題集…買ったはいいけど、、、
この問題の教え方がわからない（汗）」

メールでお悩み解決します！

☆ ホームページ内の専用フォームで必要事項を入力！
☆ 教え方に困っているニチガクの問題を教えてください！
☆ 確認終了後、具体的な指導方法をメールでご返信！
☆ 全国どこでも！ スマホでも！ ぜひご活用ください！

<質問回答例>

アドバイス

推理分野の学習では、後の学習に活きる思考力を養うことができます。ご家庭で指導する場合にも、テクニックにたよらず、保護者の方が先に基本的な考え方を理解した上で、お子さまによく考えさせることを大切にして指導してください。

Q.「お子さまによく考えさせることを大切にして指導してください」と学習のポイントにありますが、考える習慣をつけさせるためには、具体的にどのようにしたらいいですか？

A. お子さまが考える時間を持てるように、質問の仕方と、タイミングに工夫をしてみてください。
たとえば、「答えはあっているけど、どうやってその答えを見つけたの」「答えは○○なんだけど、どうしてだと思う？」という感じです。
はじめのうちは、「必ず30秒考えてから手を動かす」などのルールを決める方法もおすすめです。

まずは、ホームページへアクセスしてください!!

https://www.nichigaku.jp　日本学習図書　検索

目指せ！合格！

家庭学習ガイド
慶應義塾横浜初等部

ペーパー　行動観察　巧緻性　制　作　口頭試問　運　動

入試情報

応 募 者 数：男子 804 名　女子 625 名
出 題 形 態：１次試験：ペーパーテスト、２次試験：ノンペーパーテスト
面　　　接：なし
出 題 領 域：ペーパー（お話の記憶、図形、数量）、巧緻性、制作、運動

入試対策

2024 年度の志願者数は、男子 66 名・女子 42 名の募集に 1,429 名（男子 804 名・女子 625 名）が応募しました。首都圏の私立小学校では、トップクラスの志願者数となっています。試験は 2023 年度と同様に、１次試験（ペーパーテスト）を通過した志願者が、２次試験（巧緻性・制作・運動）に進む２段階選抜の形式に変化はありません。１次試験のペーパーテストは「お話の記憶」「図形」「数量」から出題されました。本校では解答時間が短いことから、問題内容をすぐに理解して解き進めていく必要があります。試験時間は約 90 分で、男女とも４月生まれから順に１グループ 15 名前後で行われます。いずれもよく指示を聞くこと、積極的に取り組むことが重要です。面接はありませんが、願書には志望理由とともに、課題図書について保護者の方が感じたことを記載します。2024 年度も過去と同様、慶應義塾創立者の福沢諭吉著『福翁百話』が課題図書でした。また以前は 2020 年度は元慶應義塾塾長・小泉信三の伝記が課題図書でした。願書の記入方法についても細かな決まりが定められていますので、早くから準備しておくことを強くおすすめいたします。

●ペーパーテストそのものは標準的な内容です。2022、2021 年度は、12 色のクレヨンを使い、解答の色やマークが問題ごとに指定されていました。2024、2023 年度は、さらにクーピーペンが加わりましたが、茶色のクレヨンと青色のクーピーペンのみ使用しました。問題だけではなく、最後まで指示をしっかりと聞くようにしましょう。

●制作課題では、作成した作品を他の受験者と交換し、他の受験者が描いた絵をもとに２枚目の絵を制作するという、特徴的な問題が出題されました。成果物の出来だけでなく、他人が描いた絵を読み取る力も観られます。しっかり対策しておきましょう。

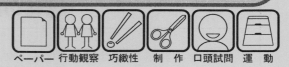

「慶應義塾横浜初等部」について

＜合格のためのアドバイス＞

当校の募集人数は男子66名、女子42名の計108名です。2024年度の受験者数は1,429で、倍率で見ると首都圏トップクラスの難易度となっています。倍率が高い学校では、１問の間違いが結果に大きく影響します。各問題、取りこぼしがないよう、しっかりと対応しましょう。時間が経った時は、見直すことを身につけることをおすすめいたします。ペーパーテスト自体は、小学校受験としてはオーソドックスな内容です。お話の記憶・図形・数量と、各分野からバランスよく出題されているので、さまざまな分野をひと通り理解し、習得する必要があります。また、１問あたりの解答時間が短いことが特徴です。内容を素早く理解して解答することを意識して学習に取り組んでください。

２次試験では、巧緻性、運動、制作の試験が行われました。運動は、マット、ラダーや平均台、球を使ったサーキット運動です。年齢相応の体力と運動能力があれば問題なく対応できますが、指示やお手本をしっかり見聞きすることが重要です。制作は、セットで行われ、制作したものをお友だちと交換し、お友だちが描いた絵について質問をされ、その答えを絵で描くという、特徴的な問題が出題されました。予期していない問題が出題された時に、瞬時に対応できるかどうかを観られています。まずは、自分がなぜその絵を描いたのか、理由を説明できるようにしておきましょう。集団の中でどのように行動するかを観察する試験です。マナーを守ることはもちろん、積極的に楽しみながら取り組みましょう。

制作中には先生が巡回し、制作物について「何を描いていますか」「なぜそれを描こうと思ったのですか」などの質問をします。ここでは作業の手を止めて先生の顔を見ながら、ていねいな言葉で答えられるようにしましょう。

制作の課題では、創造力・発想力・表現力も必要ですが、加えて道具や材料をていねいに扱うこと、後片付けをきちんと行うことも観られます。ご家庭ではお子さまの自由な表現を尊重しつつ、ものの扱い方や後片付けなどの態度やマナーについても指導してください。

〈2024年度選考〉

＜１次試験＞

◆ペーパーテスト（お話の記憶・図形・数量）

＜２次試験＞

◆巧緻性

◆運動

◆制作

◇過去の応募状況

2023年度 男子804名 女子625名

2022年度 非公表

2021年度 男子854名 女子685名

入試のチェックポイント

◇受験番号は…「ランダムに決める」

◇生まれ月の考慮…「あり」

慶應義塾横浜初等部

過去問題集

〈はじめに〉

　現在、少子化が叫ばれているにもかかわらず、私立・国立小学校の入学試験には一定の応募者があります。入試は、ただやみくもに学習するだけでは成果を得ることはできません。志望校の過去における出題傾向を研究・把握した上で、練習を進めていくこと、試験までに志願者の不得意分野を克服していくことが必須条件です。そこで、本問題集は小学校を受験される方々に、志望校の出題傾向をより詳しく知って頂くために、出題頻度の高い問題を結集いたしました。最新のデータを含む精選された過去問題集で実力をお付けください。

　また、志望校の選択には弊社発行の**「2025年度版　首都圏・東日本　国立・私立小学校　進学のてびき」**をぜひ参考になさってください。

〈本書ご使用方法〉

◆出題者は出題前に一度問題を通読し、出題内容などを把握した上で、**〈準　備〉**の欄に表記してあるものを用意してから始めてください。
◆お子さまに絵の頁を渡し、出題者が問題文を読む形式で出題してください。問題を読んだ後で、絵の頁を渡す問題もありますのでご注意ください。
◆**「分野」**は、問題の分野を表しています。弊社の問題集の分野に対応していますので、復習の際の目安にお役立てください。
◆一部の描画や工作、常識等の問題については、解答が省略されているものがあります。お子さまの答えが成り立つか、出題者が各自でご判断ください。
◆**〈時　間〉**につきましては、目安とお考えください。
◆本文右端の**［〇年度］**は、問題の出題年度です。**［2024年度］**は、「2023年の秋に行われた2024年度入学志望者向けの考査で出題された問題」になります。
◆**学習のポイント**は、指導の際にご参考にしてください。
◆**【おすすめ問題集】**は各問題の基礎力養成や実力アップにご使用ください。

〈本書ご使用にあたっての注意点〉

◆文中に**この問題の絵は縦に使用してください。**と記載してある問題の絵は縦にしてお使いください。
◆**〈準　備〉**の欄で、クレヨン・クーピーペンと表記してある場合は12色程度のものを、画用紙と表記してある場合は白い画用紙をご用意ください。
◆文中に**この問題の絵はありません。**と記載してある問題には絵の頁がありませんので、ご注意ください。なお、問題の絵の右上にある番号が連番でなくても、中央下の頁番号が連番の場合は落丁ではありません。
　下記一覧表の●が付いている問題は絵がありません。

問題1	問題2	問題3	問題4	問題5	問題6	問題7	問題8	問題9	問題10
問題11	問題12	問題13	問題14	問題15	問題16	問題17	問題18	問題19	問題20
					●	●			
問題21	問題22	問題23	問題24	問題25	問題26	問題27	問題28	問題29	問題30
					●				
問題31	問題32	問題33	問題34	問題35	問題36				
			●		●				

(得) 先輩ママたちの声！

◆実際に受験をされた方からのアドバイスです。
ぜひ参考にしてください。

慶應義塾横浜初等部

・日々の積み重ねと経験が結果につながったと思います。日頃から習い事でスポーツをがんばったり、お友だちと外でたくさん遊ぶなどすることで、最後までがんばる力とコミュニケーション能力が培われたと思います。家庭でもお手伝いをしっかりさせました。また、カブトムシを飼ったり植物を育てたりして観察眼を深めたことが、工作や絵の学習にもつながりました。

・お話の記憶は必ず出るので満点を取れるようトレーニングした方がいいです。満遍なく出題されますが、どれも基礎的な内容です。

・幅広い考査内容ですが、ペーパーへの対策は絶対に必要と感じました。

・ペーパーは簡単ですが、スピードは早いです。

・webから願書を印刷する学校が多い中、当校は学校での購入になります。売り切れることもありますので、早めに複数枚購入しておくことをおすすめします。記入について、細かい書き方のきまりがあるので、コピーして下書きをするなど、慎重に記入する必要があります。

・福翁百話は早めに読んでおいたほうがよいです。

・保護者は講堂で待機となり、トイレ以外は離席できません。

・出願書類の課題図書は変わる可能性があります。書籍は例年売り切れになるので、電子書籍で読むなど、冷静に対応するのが賢明だと思います。また、過去に課題となった本は読んでおき、福澤先生の考え方をあらかじめよく理解しておく必要があるでしょう。

◎学習効果を上げるため、前掲の「家庭学習ガイド」及び「合格のためのアドバイス」をお読みになり、各校が実施する入試の出題傾向を、よく把握した上で問題に取り組んでください。
※冒頭の「本書のご使用方法」「ご使用にあたっての注意点」も併せてご覧ください。

2024年度の最新入試問題

問題１　分野：お話の記憶

〈準備〉　クレヨン（12色）

〈問題〉　花子さんのお父さんは畑でお花を育てています。今日は日曜日で学校が休みなので、花子さんはお父さんのお仕事をお手伝いすることにしました。朝ご飯を食べたあと、花子さんとお父さんは家から10分ほど歩いて、畑に到着しました。今日はとてもいい天気です。花子さんとお父さんは花に水をあげることにしました。最初は、星の形をした紫色の花に水をあげました。次に丸い形をした青い花に水をあげました。そのあとはまだ咲いていない花にも水をあげました。咲いたら黄色のたくさんの花びらをつける花に水をあげました。そのあとは六角形の紫色の花にも水をあげました。花子さんのお父さんはこの２種類はあと１か月くらいで満開になると言いました。花子さんは、待ち遠しいけど、まだまだ先だなぁと思いました。花に水をあげ終わったらちょうどお昼になりました。花子さんはお母さんが作ってくれたお弁当のおにぎりをお父さんと一緒に食べました。お弁当を食べながら畑を見ると、たくさんのチョウチョが蜜を吸いに畑に飛んでくるのが見えました。花子さんはチョウチョも食事中なのだなぁと思いました。

（問題１の絵を渡す）
①丸い形をした花を、その花の色のクレヨンで○をつけましょう。
②まだ咲いていない花を、茶色のクレヨンで○をつけましょう。
③花子さんは何種類の花に水をあげましたか。その数だけ赤い○を描きましょう。

〈時間〉　各15秒

〈解答〉　①青色　②左端　③○：４

アドバイス

当校のお話の記憶の問題は、例年、男女で別のお話が用意されています。とはいえお話の長さ、難易度に男女で大きな変化はありません。本題は女子に出題された問題です。このような内容のお話は、主人公の女の子になりきって頭の中で情景を追いながら聞くと解きやすくなります。ご家庭では、お話の途中や最後に「どんな景色が広がっているか」、「今、登場人物はどのような気持ちか」、「お話を聞いてどう思ったか」といった質問をしてみてください。子どもは話を聞いて場面の情景を思い浮かべるようになり、お話の記憶の問題も難しくなくなるでしょう。

【おすすめ問題集】
１話５分の読み聞かせお話集①・②、お話の記憶 初級編・中級編、
Ｊｒ・ウォッチャー19「お話の記憶」

問題2　分野：お話の記憶

〈準 備〉　クレヨン（12色）

〈問 題〉　太郎くんは春休みの間に新しいお家に引っ越しました。今まではマンションに住んでいましたが、今度は一戸建てです。このお家は玄関の扉を開けると、目の前に長い廊下が続いていて１階には３つのお部屋があります。いちばん手前のお部屋にはテレビとソファーと大きな時計があります。このお部屋で太郎くんはお父さんとお母さんとよく一緒にテレビドラマを観ます。テレビのある部屋の隣は、お父さんの書斎です。お父さんが本を読んだり書類を書いたりするための机とイスがあります。お父さんがこのお部屋でお仕事をしているそばで、太郎くんはよくこのお部屋で過ごし、読書をしたりお父さんと話したり楽しく過ごすのが大好きです。そして廊下の一番奥にはお風呂があります。新築のお家なのでとてもきれいです。廊下を左に曲がると２階に上がる階段があります。２階にはお父さんとお母さんの寝室と、太郎くんのお部屋があります。この家に引っ越してきて一番うれしかったのは、こうして太郎くんに個室がもらえたことです。お部屋には勉強机があり、学校から帰って手を洗ったら、ここでいつも宿題をしています。

（問題２－１、問題２－２の絵を渡す）
①太郎くんの家の１階はどれでしょう。青で○をつけましょう。
②テレビのあるお部屋に一緒にあったものは何でしょうか。茶色で○をつけましょう。

〈時 間〉　各15秒

〈解 答〉　①左端　②左から２番目

アドバイス

本題は男子に出題された問題です。お話の記憶の問題は、ご家庭ではお母さんなどお家の方がお話を読み聞かせて学習されているでしょう。これに対し試験の当日は、ふだんとは違う不慣れな場所で試験を受けなければなりません。また、お話を読む人の性別が違ったり、スピード・抑揚が異なっていることもあります。試験が近くなったら、本番で慌ててしまわないように、練習方法を工夫してみましょう。例えば読み手を変えたり、読み方を変えたり、音声を録音してから聞かせてみたり、練習場所を変えてみたりすることなどがあります。お話をアレンジして、質問を変えたり複雑にしたりするのもよいでしょう。さまざまな練習を通して、「一度でしっかりと聞き取る」力を身に付けてください。

【おすすめ問題集】
　１話５分の読み聞かせお話集①・②、お話の記憶 初級編・中級編、
　Ｊｒ・ウォッチャー19「お話の記憶」、22「想像図」

問題3　分野：常識（季節）

〈準備〉　クレヨン（12色）

〈問題〉　左の絵の中で、空欄に入る季節の植物を、右の絵の中から選んで○をつけてください。

〈時間〉　15秒

〈解答〉　右上（コスモス）

アドバイス

季節に関する常識の問題です。小学校入試では定番の分野ですが、本校ではこれまであまり例がありませんでした。今後、出題頻度が高くなる可能性もありますので、対策しておくとよいでしょう。季節に関する事柄は、本問のような植物のほか、食べ物や生き物、行事などがあります。これらは生活体験を通して身についていく事柄になりますので、保護者との関わりがあらわれやすい分野です。ぜひ実物に触れ、興味を持たせて、学習意欲に繋げられるような場をつくりましょう。特に食べ物は、近年、野菜や果物は季節を問わず手に入れられるようになりました。ですからいつの季節が旬なのかといったことが分かりづらくなっています。食卓に旬のものをとりいれ、お子さまに伝えていってあげてください。

【おすすめ問題集】
Ｊｒ・ウォッチャー27「理科」、34「季節」

問題4　分野：図形（展開）

〈準備〉　クレヨン（12色）

〈問題〉　左の四角の中に、模様が描かれた筒があります。この筒を点線のところで切って開くと、どのような模様になりますか。右の３つの絵の中から選んで、青で○をつけてください。

〈時間〉　各20秒

〈解答〉　①真ん中　②左　③右

弊社の問題集は、同封の注文書の他に、
ホームページからでもお買い求めいただくことができます。
右のQRコードからご覧ください。
（慶應義塾横浜初等部おすすめ問題集のページです。）

アドバイス

頭の中で立体を展開し、それを絵と照らし合わせることが求められる問題です。まず、いきなり絵の全体を見比べるのではなく、答えを探すためにはどこに注目すればいいか考えましょう。それから同じものを探せば、解答時間は短くなります。お子さまが考え込んで迷ってしまうようでしたら、実際に解答と同じ見本を作ってみましょう。この問題の場合、解答を書いた紙をそのまま丸めて筒にすれば、見本と同じものになります。本問と同じ模様だけでなく、いくつもの種類を作って、どのようになるのか試してみてもよいでしょう。

【おすすめ問題集】
Ｊｒ・ウォッチャー５「回転・展開」、45「図形分割」

問題5　分野：図形（点図形）

〈準備〉　クレヨン（12色）

〈問題〉　上の段のお手本と同じ形になるように、下の段の点をクレヨンでつないでください。１ページ目は緑色のクレヨンで、２ページ目は赤色のクレヨンで描いてください。

〈時間〉　２分

〈解答〉　省略

アドバイス

点つなぎの問題です。当校では１年おき程度の頻度で出題されます。点つなぎを解く要点は、お手本の図をしっかり観察して形を把握することです。次に、始点と終点となる点の位置（座標）を正確に捉えます。当校では鉛筆ではなくクレヨンを使うのが、一般的な試験とやや異なる点です。クレヨンだと均等でまっすぐな線が引きにくいかもしれませんので、ご家庭で学習する際は、ぜひクレヨンを使って練習しましょう。また、学習をするときは、クレヨンの持ち方にも注意してください。最初は頂点の少ない単純な形から始め、保護者の方が横に座って線を引く方向をアドバイスしながら始点と終点とを一緒に数えながら進めてもよいでしょう。反復練習で身に付ける課題なので、焦らず毎日練習することをおすすめします。

【おすすめ問題集】
Ｊｒ・ウォッチャー１「点・線図形」、51「運筆①」、52「運筆②」

家庭学習のコツ①　「先輩ママたちの声」を読みましょう！

本書冒頭の「先輩ママたちの声」には、実際に試験を経験された方の貴重なお話が掲載されています。対策学習への取り組み方だけでなく、試験場の雰囲気や会場での過ごし方、お子さまの健康管理、家庭学習の方法など、さまざまなことがらについてのアドバイスもあります。先輩ママの体験談、アドバイスに学び、ステップアップを図りましょう！

問題6　分野：常識（時間の流れ）

〈準 備〉　クレヨン（12色）

〈問 題〉　上の段の絵を成長の順や料理の手順で並べた時に
①１番目の絵に○を、３番目の絵に△をつけてください。
②３番目の絵に○を、４番目の絵に△をつけてください。
③２番目の絵に○を、３番目の絵に△をつけてください。

〈時 間〉　各15秒

〈解 答〉　下図参照

アドバイス

植物の成長や料理の手順を問う問題です。この問題を解くには草花や野菜の成長についての知識がないと解くことはできません。また、料理についても同様で、普段、ご家庭で食べているものがどのようにしてできるのかを知っている必要があります。こうした情報は、図鑑やインターネットなどを使ってある程度は調べることができます。でもやはり草花の種や球根から育てたり、料理をしたりして、実際に体験して覚えることをお勧めします。ご家庭の環境によっては野菜を育てることまでは難しいこともあるかもしれませんが、体験農園で収穫をするなどの方法もあります。料理についても、お子さまが最初から最後まで行わずとも、たとえばホットケーキなら材料を泡立て器でまぜるのはできると思います。その際、材料がこぼれるなどすることもあるかもしれませんが、ぜひ温かい目で見守って、一緒に体験してみてください。

【おすすめ問題集】
Ｊｒ・ウォッチャー27「理科」、55「理科②」

問題7　分野：推理（ブラックボックス）

〈準 備〉　クレヨン（12色）

〈問 題〉　左の四角の中を見てください。左の形が、真ん中のものを通ると右の形に変わります。このとき、右の四角の中の形は、それぞれどのように変わりますか。右側の空いているところに、紫色のクレヨンで形を書いてください。

〈時 間〉　各20秒

〈解 答〉　下図参照

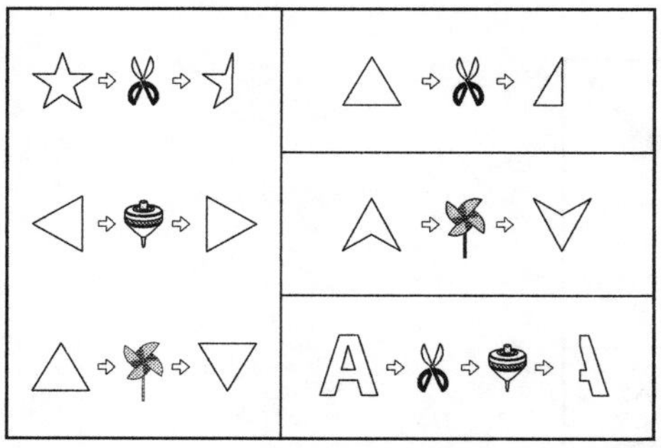

アドバイス

いわゆるブラックボックス（またはマジックボックス）の問題を解くには、まずお約束をよく理解する必要があります。①②のように変化が１回だけの場合は、さほど難しくありません。しかし、③のように変化が複数回となる場合は、頭の中で１度変化させたものをさらにもう１度、２度と変化させることになって難易度が上がるため、ある程度の慣れが必要です。理解が難しい場合は、１段階ごとに形を書きながら進める練習をしましょう。ただし、実際の試験においては、解答欄以外への書き込みが禁止されている場合もあるため、注意が必要です。なお、この問題の場合、はさみ→半分に切る、コマ→左右反転（横回転）、風車→左右反転＋天地反転と、比較的理解が容易で、さらに答案用紙の左側にルールの絵が描かれていてその都度確かめることができるため、お子さまにとっては取り組みやすいでしょう。それは多くの受験生にとって同じですので、このような問題こそ取りこぼしのないようにしたいところです。

【おすすめ問題集】

Ｊｒ・ウォッチャー32「ブラックボックス」、46「回転図形」

問題8　分野：行動観察（ピンポン玉入れ）

〈準 備〉　ピンポン玉（10数個）、ガムテープの芯（または紙コップ）、ビニールテープ

〈問 題〉　この問題は絵を参考にして下さい。

①６つの筒（ガムテープの芯）の中を狙ってカゴの中にあるピンポン玉を投げ入れてください。
②６つの筒に入るまで続けてください。投げる際は、足元の線を越えてはいけません。
③すべての筒にピンポン玉を入れることができたら、筒の中と、入らなかったピンポン玉を集めてカゴの中に片づけてください。
④片づけが終わったら、列の後ろに並んで座ってください。

〈時 間〉　適宜

〈解 答〉　省略

アドバイス

行動観察における今回の課題は、過去あまり例のない内容でした。「ゲーム」としてはかなり面白味のある内容ですが、出来には運動能力というより、運がかなり左右します。特に学校内の一般的な床ではピンポン玉は大きく弾みます。ましてやガムテープの芯は高さが５cm程度で直径は８cmほどと、決して大きくありません。いったん中に入っても弾みで出ていってしまうこともあるでしょう。６つのガムテープの芯にそれぞれ１回で入れられるなど、大人でも至難の業です。ですから、この課題の評価基準は、早く６つ入れられたかどうかというより、課題に取り組む姿勢が重要とみてよいでしょう。足元の線を越えてはいけないというルールを守ることはもとより、真面目に課題に取り組めるか、はしゃいだりしてはいないかといったことが観られる試験だということを理解しておきましょう。

【おすすめ問題集】
新 運動テスト問題集
Ｊｒ・ウォッチャー28「運動」、29「行動観察」、56「マナーとルール」

家庭学習のコツ②　「家庭学習ガイド」はママの味方！

問題演習を始める前に、試験の概要をまとめた「家庭学習ガイド（本書カラーページに掲載）」を読みましょう。「家庭学習ガイド」には、応募者数や試験課目の詳細のほか、学習を進める上で重要な情報が掲載されています。それらの情報で入試の傾向をつかみ、学習の方針を立ててから、対策学習を始めてください。

問題9　分野：行動観察（サーキット運動）

〈準　備〉　ビニールテープ、マット、平均台、球、的

〈問　題〉　この問題は絵を参考にして下さい。

①先生が、はじめと言ったら、ジグザグの線に沿って、後ろ向きジャンプで進んでください。
②平均台の上を歩いてください。
③マットの上をウサギのように両手両足を使って跳ねながら前に進んでください。
④球を全部で４つ使います。２球は的に向かって投げ、もう２球はできるだけ遠くに投げてください。
⑤ゴールまで全力で走ってください。
⑥ゴールのあとは、体育座りで整列し、最後の子が終わるまで静かに待ってください。

〈時　間〉　適宜

〈解　答〉　省略

アドバイス

ペーパー中心の一次試験合格者が受ける二次試験で例年出題されるサーキット運動です。行われる各運動が前後したり、一部入れ替えたりして行われます。平均台、マットを使った運動、ボール投げなどはおおむね毎年取り入れられます。「運動」とはいえ、評価の根幹は「行動観察」です。先生のお手本をしっかり確認し、指示通りできるかが観られます。ボール投げの上手下手というより指示通り落ち着いてできるか、聞く態度や終わったあとの姿勢などが重要になります。もちろんおしゃべりをしたり、フラフラしてはいけません。こういったことで減点されないよう、お子さまには課題に真剣に取り組むよう指導してください。

【おすすめ問題集】
新 運動テスト問題集
Ｊｒ・ウォッチャー28「運動」、29「行動観察」、56「マナーとルール」

家庭学習のコツ③　効果的な学習方法～問題集を通読する

過去問題集を始めるにあたり、いきなり問題に取り組んではいませんか？　それでは本書を有効活用しているとは言えません。まず、保護者の方が、すべてを一通り読み、当校の傾向、ポイント、問題のアドバイスを頭に入れてください。そうすることにより、保護者の方の指導力がアップします。また、日常生活のさまざまなことから、保護者の方自身が「作問」することができるようになっていきます。

問題10　分野：お話の記憶

〈準備〉　クレヨン（12色）

〈問題〉　お話を聞いて後の質問に答えてください。

春休みのある日、花子さんは、ワクワクした気持ちで目が覚めました。今日は、お父さんとお母さんと一緒に、公園でお花見をする日だからです。空は雲が多く、薄暗いですが、花子さんとお父さんとお母さんはお弁当を持って家を出ました。ところが、公園に向かう電車に乗ると、混んでいて座れませんでした。花子さんは、ほかの人にぶつからないよう、手すりにつかまりながら降りる駅まで行きました。公園に着くと、すでにお花見をしている人たちでいっぱいでした。花子さんたちは、しばらく公園の中をお散歩して、座れる場所を探しました。すると、ベンチでおにぎりを食べていた家族が、「よかったらどうぞ。」と場所をゆずってくれました。花子さんたちは、お礼を言い、ベンチに座ってお弁当を広げました。お父さんとお母さんはいなり寿司、花子さんは海苔巻きです。さっそく食べようと思ったそのとき、桜の木の枝を折って遊んでいる子の姿が見えました。その様子を見て、花子さんは、とてもがっかりしました。ふと上を見ると、いつの間にか晴れていることに気が付きました。ご飯を食べ終わったあとは、桜並木を歩いて、桜を楽しみました。帰る途中、おいしそうなお団子を売っている屋台があったので、おばあちゃんに持っていってあげるために買いました。雲一つない青空のもとで咲いている満開の桜はとてもきれいで、花子さんは幸せな気持ちになりました。

（問題10－１を渡す）
①お話の中で出てこなかったものは何ですか。上の段の絵から選んで、茶色のクレヨンで○をつけてください。
②花子さんが食べたものは何ですか。下の段の絵から選んで、茶色のクレヨンで○をつけてください。
（問題10－２を渡す）
③花子さんががっかりしたのはなぜですか。茶色のクレヨンで選んで○をつけてください。

〈時間〉　各15秒

〈解答〉　①左から２番目（水筒）②右端（海苔巻き）
③右下（桜の木の枝を折っている子）

［2023年度出題］

アドバイス

お話の記憶は、記憶力や理解力だけでなく、集中力、想像力も観る問題です。一度にこれらの力を伸ばすには、普段の読み聞かせと体験の量が大きく関わります。問題を解くだけでなく、日頃から、絵本や昔話などに触れる機会を多く作るようにしてください。また、当校では、「～でないもの」という形式の問題が頻出となっています。お話の内容に出てこないものを選ぶということは、出てきたものをすべて覚えている必要があります。記憶が曖昧だと混乱してしまいますので、保護者の方はお子さまが問題を解いている様子を観察し、記憶できているかの確認をしてください。そして、読み聞かせは、ただ読んで聞かせるだけでなく、お話はどのような内容だったか、お子さまにいくつか質問をしたり、感想を伝え合ったりすると、内容の理解がさらに深まるでしょう。また、保護者の方がお話を読む際は、内容がしっかりとお子さまに伝わるよう、ゆっくりとていねいに読むことを心がけてください。

【おすすめ問題集】

1話5分の読み聞かせお話集①・②、お話の記憶 初級編・中級編、
Ｊｒ・ウォッチャー19「お話の記憶」、56「マナーとルール」

家庭学習のコツ①　「先輩ママたちの声」を読みましょう！

本書冒頭の「先輩ママたちの声」には、実際に試験を経験された方の貴重なお話が掲載されています。対策学習への取り組み方だけでなく、試験場の雰囲気や会場での過ごし方、お子さまの健康管理、家庭学習の方法など、さまざまなことがらについてのアドバイスもあります。先輩ママの体験談、アドバイスに学び、ステップアップを図りましょう！

問題11　分野：お話の記憶

〈準　備〉　クーピーペン（12色）

〈問　題〉　お話を聞いて後の質問に答えてください。

今日は待ちに待った日曜日。太郎くんは、お父さんとお母さんと海に行くこの日をずっと楽しみにしていました。昨日、雨が降っていたのが嘘のように、今日は朝からとてもいい天気で、太郎くんはますますお出かけが楽しみになりました。出かける準備をして、いざ出発です。電車に乗ってしばらくすると、電車の窓から海が見えました。それを見た太郎くんは、思わず「わあ！海だ！」と大きな声で叫んでしまいました。すると、お父さんに「ほかのお客さんのご迷惑になるから、大きい声を出してはいけないよ。」と叱られました。駅に着くと、潮の匂いに包まれました。海はもう近くです。浜辺に着くと、太陽に照らされた海がキラキラと輝いて見えました。これからみんなで潮干狩りです。太郎くんは、怪我をしないように手袋をつけました。とても暑いので、首にタオルをかけて汗を拭いたり、こまめにお茶を飲んだりしました。お昼は、みんなで採った貝で浜焼きをします。お父さんが焼いてくれている間に、太郎くんはお母さんと一緒に手を洗いに行って、ハンカチで手を拭きました。その時、砂浜に捨てられたゴミを見つけ、太郎くんは悲しい気持ちになりました。初めて食べるハマグリは、身がプリプリでとてもおいしかったです。お昼を食べた後は、みんなで海水浴をしました。太郎くんは、帰りの電車の中で、「また行きたいな」と思いました。

（問題11－1を渡す）

①手を洗う時に使ったものは何ですか。上の段の絵から選んで、青色のクーピーペンで○をつけてください。

②太郎くんはどんな顔をして帰りましたか。下の段の絵から選んで、青色のクーピーペンで○をつけてください。

（問題11－2を渡す）

③太郎くんが叱られたのはなぜですか。選んで青色のクーピーペンで○をつけてください。

〈時　間〉　各15秒

〈解　答〉　①左端（ハンカチ）　②左端（笑顔）　③右下（窓の外を見て騒いでいる）

［2023年度出題］

アドバイス

当校のお話の記憶は短いほうです。しかし、②の太郎くんが帰るときの表情が問われるなど、お話には直接出てきませんが、内容の流れを汲んで、想像して答えなければならない問題も出題されています。お話の記憶は、読み聞かせの量に加え、体験の量も大きく影響します。コロナ禍が続き、体験の量が少ないお子さまも多いと思います。しかし、遠出ができなくても、家の中や近くの公園、スーパーなど、コロナ禍という環境下でも身の回りにはたくさんのチャンスがあふれています。問題を繰り返し解くだけでなく、ご家庭で工夫して、さまざまな体験をさせるようにしましょう。また、2023年度はマナーや常識に関する内容がお話の記憶に含まれています。お子さまは、日常生活で身につけたことをそのまま解答として選択します。日頃からお子さまの行動に気を配るなど、対策を立てるようにしてください。

【おすすめ問題集】

1話5分の読み聞かせお話集①・②、お話の記憶 初級編・中級編、
Ｊｒ・ウォッチャー19「お話の記憶」、56「マナーとルール」

問題12 分野：図形（四方からの観察）

〈準備〉 クレヨン（12色）

〈問題〉 左の四角を見てください。どの方向から見ても当てはまらない形を、右の四角から選んで、茶色のクレヨンで○をつけてください。

〈時間〉 １分

〈解答〉 ①右から２番目　②右端　③左から２番目　④右端

[2023年度出題]

アドバイス

当校では、積み木を利用した四方からの観察の問題が出題されることが多いため、苦手意識を持っているお子さまは克服しておいたほうがいいでしょう。そのために、まずは、具体物を使って図形をつくり、6面からの見え方をそれぞれ把握しましょう。見る角度によって見え方が違うということを、理解することから始めてください。それができたら、その見え方と、イラストで表された平面の立体図を結びつけられるようにしてください。段階ごとに練習することで、つまずいた時もどこが苦手なのかが明らかになるため、復習がしやすくなります。このような練習を重ねることで、入試でも、頭の中で具体物を描くことができるはずです。四方からの観察の問題は、立体図形の空間把握が非常に重要です。紙の上で問題を繰り返すだけでなく、具体物を「見て」「触って」理解するようにして、勉強するとよいでしょう。

【おすすめ問題集】

Ｊｒ・ウォッチャー10「四方からの観察」、53「四方からの観察　積み木編」

問題13　分野：図形（回転迷路）

〈準 備〉　クーピーペン（12色）

〈問 題〉　左側の形の●☆を右側の位置に来るように回転させると、どうなりますか。青色のクーピーペンで右側に書いてください。

〈時 間〉　1分

〈解 答〉　下図参照

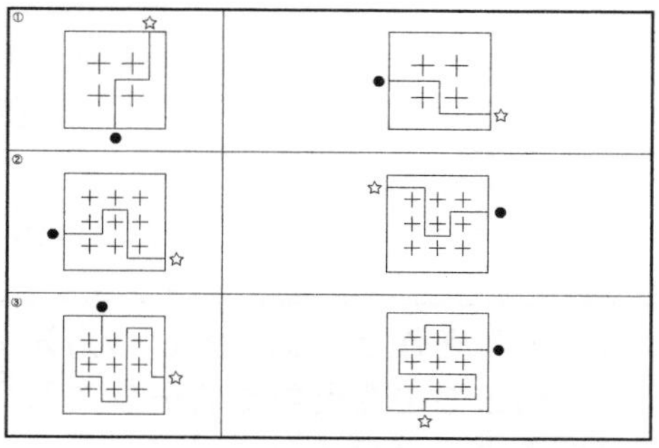

［2023年度出題］

アドバイス

回転図形と迷路を組み合わせた問題です。選択肢がなく、お子さまが直接書くため、難易度の高い問題といえるでしょう。回転図形が苦手であれば、まず、左側の形を模写することから始めてください。模写がきちんとできるようになったら、次は、回転した時の四辺の移動を理解することが必要です。また、回転方向の指示はありませんので、●と☆の位置をよく見て、どの方向に何回転させれば右側の形になるかを、理解できていなければなりません。そこで、クリアファイルを使った学習をご紹介いたします。左側の図形の上にクリアファイルを重ね、四辺を色別のマーカーで上からなぞります。クリアファイルを回転させると解答になり、四辺の移動も理解できるでしょう。さらに、書く際は、●の位置を起点として書き始めると、ほかの線の位置関係も把握しやすくなります。これらのことを踏まえて、練習を積むようにしてください。

【おすすめ問題集】
　Ｊｒ・ウォッチャー46「回転図形」

問題14　分野：数量（一対多の対応）

〈準 備〉　クレヨン（12色）

〈問 題〉　**この問題の絵は縦に使用して下さい。**
上の四角にある材料を使って、おでんのセットを作ります。いくつ作れますか。
下の四角に、茶色のクレヨンでその数を○で書いてください。

〈時 間〉　30秒

〈解 答〉　○6つ

［2023年度出題］

アドバイス

この問題では、上の四角の材料から1つずつセットを作っていくという方法で数えてもよいですが、あまり効率的とは言えません。3種類のものをそれぞれ分けて数え、その上でいくつセットができるのかという考え方ができるようになるとよいでしょう。その解き方を用いると、上の四角の中では、こんにゃくが最も少ないことから、こんにゃくの個数はセットの数と同じであると考えることができ、早く解答を出せるだけでなく、ミスをする危険性も低くなります。効率的な方法で解けるようになるには、この分野の問題を繰り返し解き、慣れておく必要があります。また、この問題も具体物を取り入れることをおすすめします。身の回りのものでペアやセットをつくり、いくつできるか、実際に組み合わせながら数えましょう。勉強という意識を持たせず、いかに日常生活で問題を解く思考を養うことができるかがカギとなります。

【おすすめ問題集】
Ｊｒ・ウォッチャー42「一対多の対応」

問題15　分野：行動観察（集団）

〈準 備〉　風船、うちわ

〈問 題〉　**この問題は絵を参考にして下さい。**
3人1グループで行います。
チームのみんなで、羽子板のようにうちわで風船を打ってください。「やめ」の合図までラリーを続けます。風船が落ちてしまったら、拾ってもう一度始めてください。
「やめ」

〈時 間〉　適宜

〈解 答〉　省略

［2023年度出題］

アドバイス

この問題は、どれだけ長く続いたか、という結果より、お友だちとの協調性について観ていると考えてよいでしょう。もちろん積極的に動けていることは大切ですが、お友だちの近くに風船が飛んで来た時も自分が打とうとしたり、お友だちが失敗した時に文句を言って責めるのは、協調性に欠けていると判断されますので注意してください。また、当校で展開している３つの教育の柱のうち、「言葉の力の教育」というものがあります。ここには、他者との協働を可能にする聞く力と話す力を養うことが含まれています。指示が出ている時は、最後まで静かに聞くこと、そしてそれをきちんと守ることが大切です。人見知りのお子さまであれば、公園で初対面のお友だちと会う機会を多くつくってあげることをおすすめします。その際は、保護者の方はあまり口出しせず、お子さまの様子を見守り、自ら思考して行動する習慣をつけるとよいでしょう。

【おすすめ問題集】

Ｊｒ・ウォッチャー29「行動観察」

問題16　分野：巧緻性

〈準備〉　ペットボトルのキャップ20個

〈問題〉　この問題の絵はありません。

ここにあるペットボトルのキャップを、できるだけ高く積み上げてください。

〈時間〉　１分

〈解答〉　省略

［2023年度出題］

アドバイス

巧緻性の問題では、手先の器用さだけでなく、思考力や集中力も観ています。本番では、キャップを裏表交互に重ねていったという志願者もいるようです。大人にとっては簡単な作業でも、初めて行う子どもにとっては慣れないことが多く、お子さまによって上達のスピードが異なります。そして、途中で失敗しても、最後まで諦めない姿勢が大切です。練習の際は、お子さまがやっている様子を見守り、粘る姿勢を身につけましょう。また、この問題はスピードとていねいさが求められます。また、当校では「体験教育」を重視しており、展開している３つの教育の柱の１つにもなっています。コロナ禍で、体験の量が減少していると言われる中で、このように家の中にあるもので最大限の工夫をさせていたのか、ご家庭の過ごし方を観ている問題とも捉えることができます。特別な体験もお子さまにとってはもちろん刺激になりますが、柔軟な考えや対応力で、さまざまな体験をさせるようにしましょう。

【おすすめ問題集】

Ｊｒ・ウォッチャー25「生活巧緻性」

問題17　分野：絵画（集団）

〈準備〉　クレヨン（12色）、画用紙

〈問題〉　**この問題の絵はありません。**

今から質問をします。答えを絵で描いてください。（①～③の中から選ぶ）
①あなたが嫌いな食べ物は何ですか。
②あなたはとてもお腹が空いています。何を食べたいですか。
③あなたは将来お店屋さんを開くとしたら、何屋さんがいいですか。

今描いた絵を、隣のお友だちと交換してください。今から質問をします。答えを絵で描いてください。（例：お友だちの絵が①であれば、①の質問に対する答えを絵で描く）
①この食べ物をお友だちが食べられるようにするには、どうしたらいいですか。
②この食べ物を、あなたはどこで食べたいですか。その場所で食べているところを描いてください。
③このお店をもっと素敵にするには、どうしたらいいですか。

〈時間〉　15分

〈解答〉　省略

［2023年度出題］

アドバイス

絵画の問題には、答えはありませんので、紙一面を使い、自由にのびのびと描くようにしましょう。本問の特徴は、お友だちの絵を見て質問され、その答えを絵で描くという点です。他校でも類を見ない問題のため、焦ってしまったというお子さまもいたようです。練習の際は、まず、お子さまが思うままに絵を描いてみてください。できあがったら、描いた絵を一つひとつ紹介してもらうだけでなく、「なぜそれを描いたのか」など、お子さま自身が描いた理由を説明できるような、一歩踏み込んだ質問をしてみてください。最終的には、全体を見て、この絵で何を伝えたいのかを自分の言葉で説明できるとよいでしょう。繰り返していくことで、だんだんと絵を言語化でき、お友だちの絵も考察することができるようになります。また、お友だちが描いた絵は、ていねいに扱いましょう。

【おすすめ問題集】
Ｊｒ・ウォッチャー22「想像画」、24「絵画」

問題18　分野：行動観察（サーキット運動）

〈準　備〉　ビニールテープ２枚、マット、ラダー、平均台、球、的

〈問　題〉　**この問題は絵を参考にして下さい。**
①先生が、はじめと言ったら、マットの上をクモ歩きで進んでください。
②ラダーは１マスごとに左右の足を交互に踏み入れて進んでください。
③平均台の上を歩いてください。
④全部で４球あります。２球は的に向かって投げ、もう２球はできるだけ遠くに投げてください。
⑤ゴールまで全力で走ってください。

〈時　間〉　適宜

〈解　答〉　省略

［2023年度出題］

アドバイス

2022年度に引き続き、サーキット運動が出題されました。先生やお友だちの前で行うため、あがってしまうと、普段の力が発揮できないこともあります。そのようなことにならないよう、落ち着いて行いましょう。また、指示と異なる動作をすると、減点になってしまいます。聞く態度も観られているので、しっかりと聞きましょう。お友だちと話していたり、フラフラしていたり、俯いたりしていると、指示を聞いていないと判断されますので注意してください。練習する際、保護者の方も真剣に取り組むようにして、本番でも集中できるような環境づくりを意識してください。また、途中ではできるだけ口出しをせず、最後まで通して取り組むことにも慣れておきましょう。しかし、まずは前提として、お子さま自身が自信をもって元気に取り組むことが大切です。年齢相応の運動能力があるかを観ていますので、途中で間違えてしまったとしても焦らず、最後まで集中することが大切です。

【おすすめ問題集】
Ｊｒ・ウォッチャー28「運動」、新運動テスト問題集

問題19　分野：お話の記憶

〈準備〉　クレヨン（12色）

〈問題〉　お話を聞いて後の質問に答えてください。

いつきくんは休みの日になると、大好きなおじいさんの家に遊びにいきます。いつきくんが遊びにいくとおじいさんは「困ったことがあったら、いつでもおいで。」と言い、ブドウ味の棒付きアイスをくれました。おじいさんは動物が好きで、中でも犬が大好きです。プッチという名前の犬を飼っていて、おじいさんとプッチは大の仲良しでした。おじいさんとプッチは、いつも一緒にいます。山に行くときも、川に行くときも、畑仕事をするときも、プッチはおじいさんのそばを離れません。おじいさんが自転車に乗るときは、後ろのかごにプッチを乗せます。プッチは、おじいさんと自転車に乗るのが大好きでした。ところがある日、おじいさんは体を悪くしてしまい、病院に入院することになりました。入院する前の日、おじいさんはプッチが動き回れるように、庭にある２本のツゲの木をロープでつなぎ、そこにプッチのひもをくっつけました。プッチは長い間、２本のツゲの木の間でおじいさんの帰りを待っていました。しかし、おじいさんはとうとう天国へ行ってしまいました。ひとりぼっちになったプッチも、しばらくすると天国へ行きました。その夜、いつきくんは夢を見ました。夢の中では、プッチがおじいさんを一生懸命追いかけていました。「がんばれ、がんばれ。おじいさんに追いつけ。」いつきくんは、プッチを応援しました。プッチがおじいさんに追いついたその時、いつきくんは目を覚ましました。「よかったね、プッチ。」いつきくんは、心の中でそう言いました。

（問題19の絵を渡す）

①いつきくんがおじいさんにもらったものは何ですか。１番上の段の絵から選んで、緑色のクレヨンで△をつけてください。

②おじいさんとプッチが、一緒に行かなかった場所はどこですか。上から２段目の絵から選んで、黄色のクレヨンで×をつけてください。

③おじいさんが入院している時、プッチはどこにいましたか。下から２段目の絵から選んで、青色のクレヨンで□をつけてください。

④いつきくんはどんな夢を見ましたか。１番下の段の絵から選んで、赤色のクレヨンで○をつけてください。

〈時間〉　各15秒

〈解答〉　①左から２番目（棒付きアイス）　②右から２番目（プール）
③右から２番目（ツゲの木の間）　④左端（プッチがおじいさんに追いつく）

［2022年度出題］

アドバイス

2020年度はお話の記憶は出題されませんでしたが、2021年度、2022年度は、聞く力、理解する力、記憶する力を観るために出題されました。決して長いお話ではありません。お話が非日常的な内容であったため、意識を集中させて聞いていないと、内容の理解が困難であったかもしれません。しっかりと内容を聞き取れるように、日頃から絵本の読み聞かせを行いましょう。その際、お子さまにどのようなお話だったか、登場人物がどんなことをしたのかなど、さまざまな質問をすることで、お話の細部を記憶することはもちろん、お子さまなりにお話を解釈し、お話の流れとともに全体を捉える力がついてきます。

【おすすめ問題集】

1話5分の読み聞かせお話集①・②、お話の記憶 初級編・中級編、
Ｊｒ・ウォッチャー19「お話の記憶」

家庭学習のコツ②　**「家庭学習ガイド」はママの味方！**

問題演習を始める前に、試験の概要をまとめた「家庭学習ガイド（本書カラーページに掲載）」を読みましょう。「家庭学習ガイド」には、応募者数や試験課目の詳細のほか、学習を進める上で重要な情報が掲載されています。それらの情報で入試の傾向をつかみ、学習の方針を立ててから、対策学習を始めてください。

問題20　分野：お話の記憶

〈準 備〉　クレヨン（12色）

〈問 題〉　お話を聞いて、後の質問に答えてください。

ある村に、お母さんと娘さんが暮らしていました。娘さんは一人前になったので、町のお金持ちの家で働くことになりました。親孝行な娘さんは、お母さんの似顔絵と鏡を持って出かけました。娘さんはお母さんが恋しくなると、鏡の横に置いてあるお母さんの似顔絵を見て話しかけます。「お母さん、今日も一生懸命働きました。お金が貯まったら、きっと帰りますからね。」お屋敷にいる男たちは、この娘さんが気に入りました。しかし、いくら話しかけてもお母さんのことばかりで、自分たちのことを好きになってくれません。そこで男の一人がお母さんのことを忘れさせようと、似顔絵を取り上げて、そのかわりにテングの面をおいておきました。そうとは知らない娘さんは、テングの面を見ておどろきました。お母さんに何かあったのかもしれないと考えた娘さんは、お屋敷のだんなさんに頼んで休みをもらうと、テングの面を持ってお母さんのところに帰って行きました。ところが帰る途中、山の中で山賊たちに捕まってしまいました。「わしらは町に仕事へ出かける。戻ってくるまでに火をおこしておけ。」山賊の親分にいわれ、娘さんは仕方なく、木を拾い集めて火をおこすことにしました。しかし、山の木はしめっていて、なかなか燃えません。けむりばかりで、けむくてたまらくなった娘さんは、テングの面をかぶって火をつけました。やっと火がついたので、今度は山賊たちがおいていったたいまつに火をうつしました。そうこうしていると、真夜中になって、小判や宝物を担いだ山賊たちが戻ってきました。すると、どうでしょう。恐ろしいテングが、たいまつの周りをうろうろしているのです。明かりに照らされて、テングの顔が、山賊たちをにらみつけました。山賊たちは、転がるようにして逃げていきました。いくら山賊でも、テングは怖いのです。騒ぎにおどろいた娘さんが面を取ってみると、そこには山賊たちがおいていった小判や宝物が山のように積まれています。娘さんはその小判や宝物を拾い、家に帰っていきました。

（問題20の絵を渡す）

①娘さんがお金持ちの家に持って行ったのは、鏡と何ですか。１番上の段の絵から選んで、青色のクレヨンで△をつけてください。

②お屋敷にいた男が、お母さんの似顔絵の代わりにおいていったものはどれですか。上から２段目の絵から選んで、赤色のクレヨンで○をつけてください。

③山賊が娘さんに頼んだことは何ですか。下から２段目の絵から選んで、黄色のクレヨンで□をつけてください。

④娘さんが家に持って帰ったものは何ですか。１番下の段の絵から選んで、茶色のクレヨンで×をつけてください。

〈時 間〉　各15秒

〈解 答〉　①右から２番目（お母さんの似顔絵）　②右端（テングの面）
③左端（火おこし）　④右端（宝物）

［2022年度出題］

アドバイス

お話の記憶は和歌山県の民話からの出題でした。登場人物には、テングや山賊、また、たいまつなど、あまり聞き慣れない名称が使われています。そして、多少の恐怖を感じるような内容のものでした。日常生活など身近な題材から作られたお話や昔話などではなく、日本に伝わる民話からの出題であったことが、今年の特徴でした。お話の記憶の対策は、問題を解くだけではなく、日頃からさまざまな作品に触れることによって、日常では耳にすることのない名称や独特な話し言葉などに慣れることができます。読み聞かせの際は、読んで聞かせるだけではなく、お子さまにどんな内容であったか、また、理解しにくかったところがないかなども質問することで、お子さま自身も相手に伝える力だけではなく、理解できなかった部分の再確認や自ら質問をするよい機会になります。お子さまの語彙の幅を広げ、面接などにも生かされることになるでしょう。

【おすすめ問題集】
1話5分の読み聞かせお話集①・②、お話の記憶 初級編・中級編、
Jr・ウォッチャー19「お話の記憶」

問題21　分野：図形（同図形探し）

〈準備〉　クレヨン（12色）

〈問題〉　左の絵と同じ模様を、右の絵の中から全て見つけて○を描いてください。1ページ目は赤色のクレヨンで、2ページ目は黄色のクレヨンで描いてください。

〈時間〉　1分

〈解答〉　下図参照

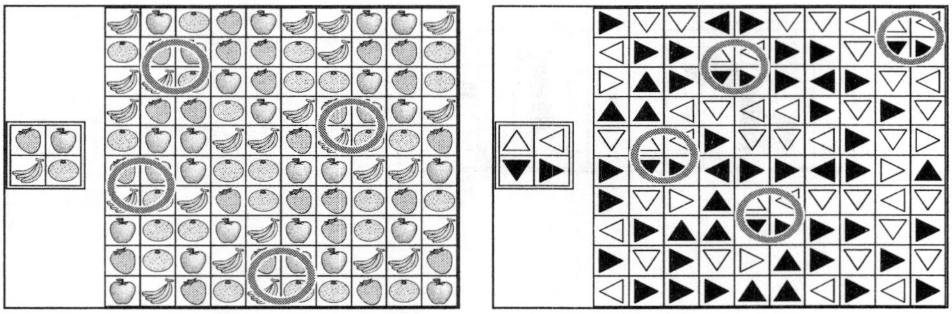

［2022年度出題］

アドバイス

左の４つで作られたひとかたまりと、同じ並びのものを探して解答することもひとつのやり方ですが、とても時間がかかってしまいます。着目するのは、まず上の２つがどのように並んでいるか、次に下の２つはどのように並んでいるか、２段に分けて考えます。始めに探すのは、上２つの並び、これを見つけることができたら、その下の並びも見本通りになっているか、を考え、答えを探していきます。また、何段にもわたって同じような絵や形が描かれているので、見落としがないよう、片方の手で、今探している段を押さえながら、もう片方の指で左から指をスライドして探しましょう。たくさん並んでいるので、根気のいる内容になりますが、日頃から集中して最後までやりぬくことを大切にしていきましょう。

【おすすめ問題集】

Ｊｒ・ウォッチャー４「同図形探し」

問題22　分野：図形（反転図形）

〈準備〉　鉛筆

〈問題〉　左の絵を見て、黒の丸があるところには白の丸を、白の丸があるところには黒の丸を、右のマス目に描いてください。

〈時間〉　１分

〈解答〉　下図参照

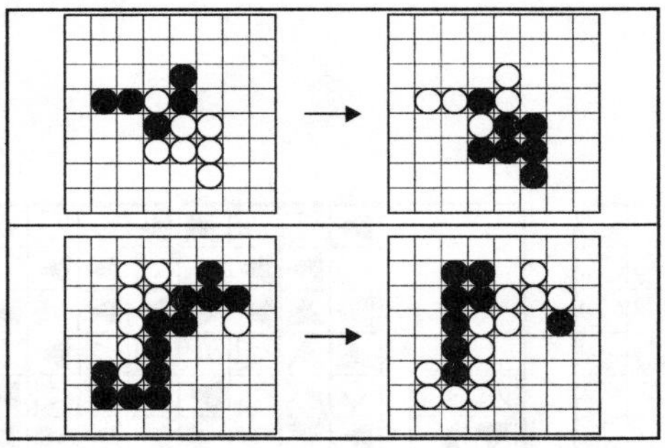

[2022年度出題]

アドバイス

この問題は、お手本の黒と白のコマを白黒反転させて、右のマス目に書き写す問題です。この問題はオセロを使用して学習することができます。本来は、相手のコマを自分のコマで挟んで裏返し、最終的にどちらの色が多いかを競うものですが、それだけではなく、黒と白の数の違いや、数十秒見て配置を記憶して、再び同じようにコマを置くなど、具体物を使った勉強にも活用できます。また、面接でのよく質問される「お家では（雨の日は）家族とどんなことをしますか。」などの質問への答えのひとつにもなるので、ぜひご家庭でも取り入れていただきたい遊びの１つです。ここでは、黒と白を反転させてマス目に書き込みますが、その際に気をつけたいのは、座標の位置です。左から何番目、上から何段目など、注意をして書いていきましょう。また、丸は上から書き始めるのではなく、下から始まり下でしっかりと止め合わせる、正しい書き方を普段から意識して書く習慣をつけましょう。

【おすすめ問題集】

Ｊｒ・ウォッチャー８「対称」

問題23　分野：常識（理科）

〈準　備〉　クレヨン（12色）

〈問　題〉　ここにある５枚の絵を時間の流れ通りに並べたとき、一番早いものに○を１つ、次に早いものに２つ、その次のものに３つ、一番遅いものには４つ絵の下の四角に書いてください。また、時間の流れに当てはまらないものには、○をつけないでください。

〈時　間〉　各30秒

〈解　答〉　下図参照

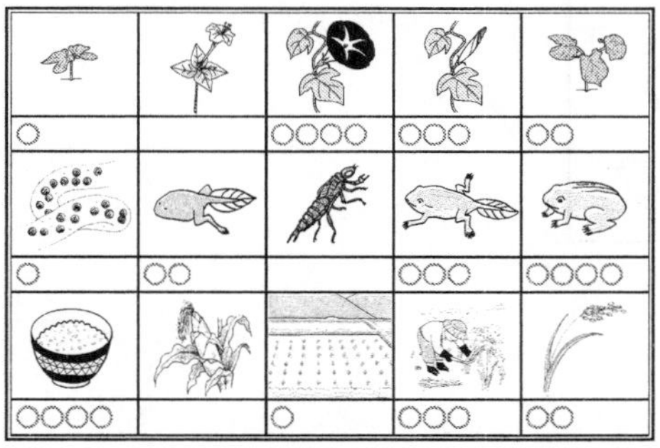

［2022年度出題］

アドバイス

このような時間の経過やお話の順序を問う問題は、毎年出題されています。しかし、今年度は、解答にはふさわしくない選択肢も含まれていました。例年と違う形での出題に対応するには、説明をしっかりと聞き、対応する力が必要になります。今回は、「当てはまらない絵には○は書きません」と指示がありました。お子さまは、きちんと説明を聞き取ることができたでしょうか。また、当校は、個性と想像力の源は、実体験の積み重ねであるという考えから、ペーパー対策だけではなく、日々の生活の中での学びが大変重要になってきます。お手伝い、ルールやマナー、人との関わり、理科の知識、昔話など多分野にわたって時間の流れを問われているので、お子さまには、さまざまな経験や体験をさせることをおすすめいたします。

【おすすめ問題集】

Ｊｒ・ウォッチャー27「理科」、55「理科②」

問題24　分野：図形（反転図形）

〈準 備〉　クレヨン（12色）

〈問 題〉　左の絵を見て、同じように変わるものを右の絵の中から選んで○をつけてください。

〈時 間〉　30秒

〈解 答〉　下図参照

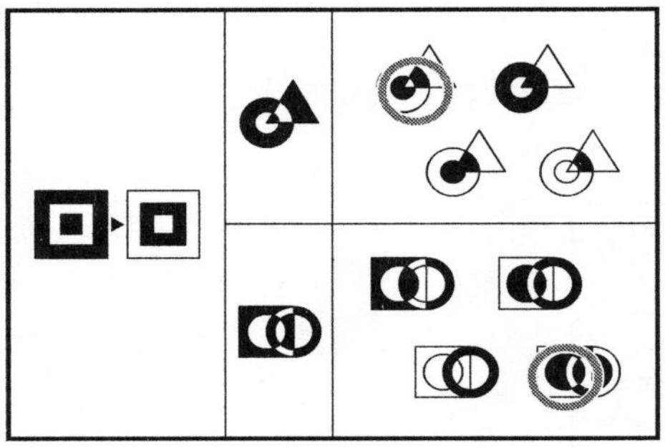

［2022年度出題］

アドバイス

この問題は、左の絵の白と黒の色が反転したものを探す問題です。先のオセロのような丸い形ではなく、形が複雑になっている分、難易度も高めです。このような問題を解く際、選択肢の図形全体を見るのではなく、重なっている左の絵の１番目立つ（大きな）部分に着目します。まずは、わかりやすいところから比較をし、選択肢を減らしてから細部の比較を行うと解きやすいです。この問題は観察力と集中力を特に必要とします。日常生活においても、様々なものを見比べ、同じところや違うところを見つける練習をすることをおすすめします。それを繰り返すことで、比較の方法も身についてくることでしょう。

【おすすめ問題集】

Ｊｒ・ウォッチャー６「系列」

問題25　分野：行動観察（サーキット運動）

〈準 備〉　ビニールテープ、マット、机、新聞紙、高さの異なるブロック、コーン、的

〈問 題〉　この問題は絵を参考にしてください。

①スタート地点から、テーブルに向かって走ってください。
②テーブルに置いてある新聞紙を丸め、的に向かって投げてください。
③命中したら、マットの上をクモ歩きで進みます。
④高さの異なるブロックの上を進んでください。落ちた場合はブロックのスタート地点からやり直します。
⑤コーンを回ってゴールまで全力で走ります。

〈時 間〉　適宜

〈解 答〉　省略

［2022年度出題］

アドバイス

サーキットは、スタートからゴールまでの実際の動きや指示を記憶し、即座に体現せねばならず、思いの外、難しい分野です。グループごとに途中の指示が違っていることもあるので、まずは先生の指示をしっかりと聞いて、どこで何をするのか、注意することは何であるか、ゴールではどうするのか、など一つひとつの動きをその場でイメージできなければ、指示通り動くことはできません。指示内容の聞き漏れや、不安になってお友だちの方を見たり、急ぐあまりていねいさに欠けてしまうこともいけません。同時に、順番が来るまできちんと待っていることができるかなど、マナーも観られています。運動能力だけではなく、たとえ上手にできずとも最後まで頑張ることもとても大切です。

【おすすめ問題集】

Ｊｒ・ウォッチャー28「運動」、新運動テスト問題集

問題26　分野：行動観察（模倣）

〈準 備〉　なし

〈問 題〉　この問題の絵はありません。

私（出題者）と同じように、体を動かします。今から動物の名前とポーズを説明するので覚えてください。

①ライオン　足を前後、手を上下に開く。
②ウサギ　しゃがみながら、両手の平を頭の上で前に向ける。
③クジャク　片足で立って、両腕を真上から左右に広げる。

リズムに合わせて、私（出題者）が言ったとおりのポーズをしましょう。
１回目（ライオン、ウサギ、クジャクから１つ選ぶ）
２回目（ライオン、ウサギ、クジャクから２つ選ぶ）
３回目（ライオン、ウサギ、クジャクすべて）

〈時 間〉　３分

〈解 答〉　省略

［2022年度出題］

アドバイス

模倣運動は、まずは説明を聞き、その後に示されるお手本をしっかりと見て、動きを覚えましょう。ポーズによっては、左右弁別がきちんと定着していることも重要です。ライオン、ウサギ、クジャクのポーズも、一般的なポーズとは少し異なっているので、この動きを正しく覚えることがポイントになります。そして、リズムに合わせて、先生の言ったポーズを恥ずかしがらず、人の動きを見ないで元気よく模倣することが大切です。また、片足立ちは、体幹が整っていないとふらついてしまいます。足を床にしっかり着け、お腹もにも力を入れ、頭を揺らさずまっすぐ前を向いて立つ意識を持って行いましょう。左右弁別が定着していないお子さまは、まずは利き手側だけを覚えるとよいでしょう。利き手が右なら右だけです。その反対が左ですから混乱せずに覚えることができます。

【おすすめ問題集】
　Ｊｒ・ウォッチャー28「運動」、新運動テスト問題集

問題27　分野：行動観察（グループ）

〈準備〉　ビニールテープ、コーン、かご、うちわ、ピンポン球複数個

〈問題〉　**この問題は絵を参考にしてください。**
（8名程度のグループを作る）
①スタートしたら先頭の人は、うちわの上にボールを乗せます。
②うちわの上からボールが落ちないように移動します。
③コーンを回ってビニールテープの線を越えたら、かごの中にボールを入れます。
④前の人が線を越えたら、次の人がスタートします。
⑤かごの中にあるボールの数が多いチームの勝ちです。

〈時間〉　5分

〈解答〉　省略

［2022年度出題］

アドバイス

この行動観察は、ルールの説明をしっかり聞くことはもちろんですが、チーム戦なので、ボールを落とさないように慎重かつ早くボールを運ぶ、そして、待っているときは、お友だちの動きをよく見て、自分の番になったらすぐにスタートできるよう準備をしておくことが大切です。しかし、チームが負けたとしても、お友だちのせいにするような発言や態度をとったりすることは絶対にいけません。勝敗ではなくルールの遵守、お友だちとの協調性を保ちつつ最後まで一生懸命頑張る姿が観られています。園生活や普段の遊びの中で、お友だちとの関わりを通し、これらのことを身につけていくようにしましょう。決して、ペーパーでは学ぶことはできませんので、子どもらしく外で遊ぶ時間をつくることもとても大切です。

【おすすめ問題集】
Ｊｒ・ウォッチャー28「運動」、新運動テスト問題集

問題28　分野：お話の記憶

〈準 備〉　クレヨン（12色）

〈問 題〉　お話を聞いて、後の質問に答えてください。

ウサギのハルコさん、ナツコさん、アキコさんは、ウサギの３きょうだいです。今日はお母さんの誕生日。みんなで晩ごはんを作ることにしました。ニンジンがお家にあったので、カレーライスを作ることにしました。お母さんとアキコさんは辛いものが苦手なので、いつもカレーに生卵をかけて食べます。ハルコさんは肉を、ナツコさんはタマネギとジャガイモ、卵を買いました。２人が戻ってくると、お家で待っていたはずのアキコさんの姿がなく、テーブルに「塩とコショウが足りないので買いに行きます」と書いたメモがありました。しばらくしてアキコさんが戻ってから、３人で料理を始めました。お母さんをびっくりさせたいので、１人ずつ順番にお母さんと部屋でお話をして、残りの２人が料理をすることにしました。ハルコさん、ナツコさん、アキコさんの順にお母さんとお話をして、最後にカレー粉を入れて煮込んでいるところへ、お父さんが帰ってきました。お父さんは帰ってくるとネクタイを外しながら、大声で「いい匂いがすると思ったら、今日の晩ごはんはカレーライスか」と言ったので、ナツコさんはあわてて手でお父さんの口をふさぎました。お父さんの声を聞いて、お母さんが「お父さん、お帰りなさい」とキッチンに入ってきました。その後お母さんが「あら、カレーじゃないの。おいしそうね」と言ったので、ハルコさんとアキコさんは、お父さんをジロッとにらみました。

（問題28の絵を渡す）

①きょうだいが作ったのは何ですか。１番上の段の絵から選んで、赤色のクレヨンで○をつけてください。
②ハルコさんが買ったのは何ですか。上から２段目の絵から選んで、青色のクレヨンで△をつけてください。
③３人が買わなかったものはどれですか。下から２段目の絵から選んで、黄色のクレヨンで□をつけてください。
④お父さんが身に付けていたのは何ですか。１番下の段の絵から選んで、黒のクレヨンで×をつけてください。

〈時 間〉　各15秒

〈解 答〉　①左から２番目（カレーライス）　②左から２番目（肉）
③右から２番目（ニンジン）　④左から２番目（ネクタイ）

［2021年度出題］

アドバイス

2020年度入試では出題されなかったお話の記憶が、2021年度入試では出題されました。過去には何度も出題されていますので、必ず対策をしておきましょう。600字程度の標準的なお話ですが、解答時間が短いため、お話を聞きながら場面をイメージし、その場面を記憶しておかなければなりません。なお、当校では解答に12色のクレヨンを用います。問題ごとに、記入する色を指定されるので、しっかり聞き取るようにしてください。解答が合っていても、指示通りの色で記入されていないければ、減点されてしまいます。

【おすすめ問題集】

1話5分の読み聞かせお話集①・②、お話の記憶 初級編・中級編、
Ｊｒ・ウォッチャー19「お話の記憶」

家庭学習のコツ③ **効果的な学習方法～問題集を通読する**

過去問題集を始めるにあたり、いきなり問題に取り組んではいませんか？　それでは本書を有効活用しているとは言えません。まず、保護者の方が、すべてを一通り読み、当校の傾向、ポイント、問題のアドバイスを頭に入れてください。そうすることにより、保護者の方の指導力がアップします。また、日常生活のさまざまなことから、保護者の方自身が「作問」することができるようになっていきます。

問題29　分野：お話の記憶

〈準備〉　クレヨン（12色）

〈問題〉　お話を聞いて、後の質問に答えてください。

遊園地に行こうと、動物たちみんなが駅で待ち合わせをしました。来たのは、ウサギさん、タヌキさん、サルさん、ネコさん、イヌさん、ゾウさんです。キツネさんが来ていなかったので、みんな口々に「どうしてかな」と言って、キツネさんのお家に行ってみました。すると、キツネさんのお母さんが出てきて「キツネさんは、おばあさんのお見舞いに行ってから、おつかいをして帰ってくるのだけれど、遅いわね」と言いました。しばらくするとキツネさんが「ごめん、ごめん、すっかり遅くなっちゃったよ」と言いながら帰ってきました。キツネくんのお父さんが「みんな、キツネくんのせいで時間通りに出発できなくてごめんね。遊園地に行くには遅いから、近くの水族館に連れて行ってあげるよ」と言いました。水族館に着くと、みんな並んで、たくさんの海の生きものたちを見てまわりました。キツネさんのお母さんはイルカとクジラを見て喜んでいました。お父さんはホウボウとマンボウを見て喜びました。ウサギさんは、前から見たかったクラゲ、マンボウ、ウミガメ、エビ、サメを全部見られて喜びました。水族館を出てから、みんなでお弁当を広げて食べました。それぞれに、どんな生きものが面白かったのかを、楽しくお話しました。帰りは、みんなで駅に行ってから、それぞれの家に帰りました。

（問題29の絵を渡す）

①お話に出てこなかった動物は何ですか。１番上の段の絵から選んで、黄色いクレヨンで×をつけてください。

②ウサギさんが見たかったものは何ですか。上から２段目の絵から選んで、緑色のクレヨンで△をつけてください。

③キツネさんはどうして待ち合わせに来られなかったのでしょう。キツネさんが忙しかったからだと思う人は◇を、キツネさんがお父さんに怒られていたからだと思う人は○を、青いクレヨンでつけてください。

④キツネさんのお父さんが見て喜んだものに□を、お母さんが見て喜んだものに×を、黒いクレヨンでつけてください。

〈時間〉　各15秒

〈解答〉　①右から２番目（ブタ）　②左から２番目（クラゲ）
③◇　④□：右から２番目（マンボウ）　×：左から２番目（イルカ）

［2021年度出題］

アドバイス

この問題では、いくつも読み上げられる動物や海の生きものを、頭の中で整理して聞き取らなければなりません。複数のものが列挙される際には、「みんな」「○人の」や「たくさん」などの言葉が、あらかじめ置かれています。お子さまには「みんな」「たくさん」などの言葉には注意し、読み聞かせの際に「みんなって、誰だろう？」「たくさんって、どれぐらい？」などと聞いてみてください。また、質問される順番もお話の流れ通りではないので、ストーリー全体を把握しておく必要もあります。お話を聞き終わったら「どんなお話だった？」と聞くなど、ストーリーを振り返る練習をしておきましょう。

【おすすめ問題集】

1話5分の読み聞かせお話集①・②、お話の記憶 初級編・中級編、
Ｊｒ・ウォッチャー19「お話の記憶」

問題30　分野：図形（点図形）

〈準備〉　クレヨン（12色）

〈問題〉　上の段のお手本と同じ形になるように、下の段の点をクレヨンでつないでください。１ページ目は青色のクレヨンで、２ページ目は茶色のクレヨンで描いてください。

〈時間〉　２分

〈解答〉　省略

［2021年度出題］

アドバイス

点つなぎの問題です。点つなぎでは、まず、お手本の図をしっかり観察して形を把握してください。次に、始点と終点となる点の位置（座標）を正確に捉え、それから筆記用具を正しく使って線を引く、というのが正しい作業の進め方になります。当校ではクレヨンを使うので、均等でまっすぐな線が引きにくいかもしれません。ある程度の練習は必要でしょう。上から下に、右から左に（左利きならば左から右に）、右上から左下に、左上から右下にという４種類の直線を書けるよう練習してください。また、練習をするときは、最初は頂点の少ない単純な形から始めてください。最初は保護者の方が横に座って「上から○つ目だね」というように、始点と終点とを一緒に数えながら進めてもよいでしょう。反復練習で身に付ける課題なので、焦らず毎日練習することをおすすめします。

【おすすめ問題集】

Ｊｒ・ウォッチャー１「点・線図形」、51「運筆①」、52「運筆②」

問題31　分野：図形（回転図形）

〈準備〉　鉛筆

〈問題〉　左側の形を、矢印の向きに矢印の数だけ回すと、どのようになるでしょう。右側の四角から選んで、緑色のクレヨンで○をつけてください。

〈時間〉　１分

〈解答〉　下図参照

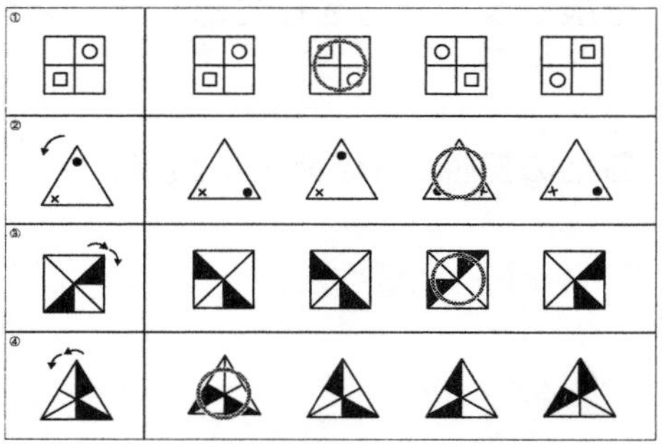

［2021年度出題］

アドバイス

回転図形の問題です。小学校入試の回転図形では「右へ１回まわす」というのは、図形の右の辺が底辺になるように回すという意味です。四角形ならば右へ90度、三角形ならば右へ120度回転させることになります。360度回転するのではありませんから、混乱しないよう理解させてください。図形の問題を解くには「重ねる」「回転させる」「裏返す」「反転させる」「組み合わせる」などの操作を頭の中で行う必要があります。そのためには、学習の段階でタングラムなどの具体物を使って操作する練習をして、図形の持つ特性や操作した際に「どのようになるか」を理解させてください。生活の中で「三角形を回転させる」「複雑な図形を反転させる」といったシチュエーションはなかなかありませんから、本問のような問題を解き、その過程でお子さまがつまずくようであれば、その都度実物を用意して、確認しながら進めた方がよいでしょう。言葉で説明するよりも効果的ですし、直感的に理解できます。

【おすすめ問題集】

Ｊｒ・ウォッチャー46「回転図形」

問題32　分野：推理

〈準　備〉　クレヨン（12色）

〈問　題〉　①上の段の絵を見てください。左側の四角に書いてある葉っぱをまっすぐにのばしたものを右側から選んで、赤色のクレヨンで○をつけてください。
②真ん中の段の絵を見てください。動物たちが順番に並ぶお話をします。順番が合っているものに青色のクレヨンで○をつけてください。
イヌさんが言いました。「ぼくはサルさんの右に並んでいたよ」
ウサギさんが言いました。「わたしはサルさんの左に並んでいたよ」
タヌキさんが言いました。「ぼくはウサギさんの左に並んでいたよ」
③下の段の絵を見てください。動物たちがかけっこをするお話をします。順位が合っているものに緑色のクレヨンで○をつけてください。
クマさんが言いました。「わたしよりブタさんの方が速かったよ」
カバさんが言いました。「ぼくはクマさんより１つ後の順位だよ」
ネコさんが言いました。「ぼくはブタさんの１つ後ろの順位だよ」

〈時　間〉　各45秒

〈解　答〉　①右から２番目　②真ん中　③左端

［2021年度出題］

アドバイス

①は、葉っぱの数や付き方を手がかりに、茎を直線にした時の形を推測する問題です。根拠を言えるとなおよいでしょう。②と③の問題では、まず誰かを固定して、その左右や前後は誰なのか、というように考えるとわかりやすいかもしれません。②ならイヌさんを基準に考えてみましょう。イヌさんの話から、イヌさんの左（向かって右）にサルさんが並んでいることがわかります。ウサギさんの話からはウサギさんがサルさんの左にいることが、タヌキさんの話からはタヌキさんがウサギさんの左にいることがわかります。③でも同様に、基準となる動物を決めて解いてみましょう。頭の中で並べるのが難しいようなら、動物の絵を切り抜いて並べながら考えてください。

【おすすめ問題集】
Ｊｒ・ウォッチャー31「推理思考」

問題33　分野：常識（理科）

〈準備〉　クレヨン（12色）

〈問題〉　①上の段の絵を見てください。キクはどれですか。オレンジ色のクレヨンで□をつけてください。
②真ん中の段の絵を見てください。チューリップはどれですか。緑色のクレヨンで△をつけてください。
③下の段の絵を見てください。カブトムシの幼虫はどれですか。黒のクレヨンで○をつけてください。

〈時間〉　30秒

〈解答〉　下図参照

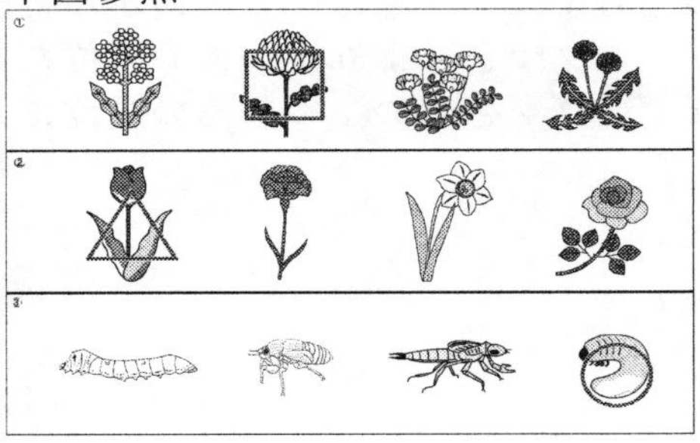

［2021年度出題］

アドバイス

小学校の理科で知るような知識については、日常生活で自然に触れ、観察することが１番効率のよい学習方法です。当校は学校の一角をビオトープにしたり、図書館に標本を集めたコーナーを設けたりと、身近なところで自然観察の機会を設け、子どもたちの探究心を育むことに力を入れています。この問題の観点も、お子さまの知識だけでなく、家庭の環境にもあるのかもしれません。なかなか自然に接する機会を作りづらい場合は、図鑑やインターネットを通じてでもよいので、お子さまに好奇心を抱かせるようにしてください。

【おすすめ問題集】
Ｊｒ・ウォッチャー11「いろいろな仲間」、34「季節」

問題34　分野：運動

〈準 備〉　音源（「ぞうさん」「チューリップ」）、再生機器
イス（先生が乗って動物のポーズをする）
ビニールテープ（イスの前に円形のスペースを作っておく）

〈問 題〉　この問題の絵はありません。
①音楽に合わせて踊ってください。どんな生き物なのかを考えて、堂々と踊ってください。
②片足で立ってください。

〈時 間〉　30秒

〈解 答〉　省略

［2021年度出題］

アドバイス

①では、自分で考えること、気後れせず踊れるかどうかがひとつのポイントです。「ぞうさん」はゆっくりした曲調ですが、「チューリップ」ではテンポが速くなります。ダンスそのものが特別上手である必要はありませんが、リズム感がないと評価されない程度に身体を動かせるようにしておきましょう。大切なことは、恥ずかしがらず、一生懸命最後まで行うことです。②は、バランス感覚をチェックする課題ですが、片足立ちはお子さまの体力やバランス力など、基礎体力を観るには適した内容です。普段から取り入れてみてください。片足立ちは、年齢相応にできていれば問題ありません。

【おすすめ問題集】
Ｊｒ・ウォッチャー28「運動」、新運動テスト問題集

問題35　分野：行動観察（サーキット運動）

〈準 備〉　ラダー（床に置いておく）
平均台（２台ずつ“く”の字型に置いておく）
ボール（コーン２つの上にそれぞれ載せておく）、的

〈問 題〉　この問題は絵を参考にしてください。
この問題の絵は縦に使用して下さい。
①先生が「はじめ」と言ったら、ラダーの上をケンパで進んでください。
②ケンパが終わったら、平均台を渡ってください。
③円のところで、動物（カマキリ・フラミンゴ・ゴリラのいずれか２つ）の真似をしてください。
④コーンの上にあるボールを取って的に向かって投げてください。跳ね返ってきたボールを拾ってはいけません。

〈時 間〉　５分

〈解 答〉　省略

[2021年度出題]

アドバイス

サーキット運動では、運動能力よりも指示をしっかり聞き取り、お手本をしっかり見て覚え、指示通りに行動することが求められています。①と②の間、②と③の間、③と④の間は走って移動しますが、特に口頭での指示はなく、お手本を見て行動します。チェックされるのは複数の運動を指示通りに、そしてスムーズに行えるかどうかだけなので、年齢なりに動ければそれで充分です。不安なようなら、まだ人の少ない早朝の公園などで、遊具を使って練習してみてはいかがでしょう。よい気分転換にもなるはずです。指示通りできるようになったら、待っている時の姿勢や返事などにも気を付けます。最後の指示は逆に難しいかもしれません。普段は使ったら片付けると言われているお子さまが多く、身についていると思います。しかし、ここでは拾わないと指示がされているので、守れたかしっかりチェックしましょう。

【おすすめ問題集】
Ｊｒ・ウォッチャー28「運動」、新運動テスト問題集

問題36　分野：制作（想像画）

〈準備〉　クレヨン（12色）、画用紙

〈問題〉　この問題の絵はありません。
次のお話を聞いてください。

おじいさんとおばあさんの前で、３人の男の人が「早業」の競争をしました。おじいさんとおばあさんが話し合って、「すごい」と思った順番を決めます。優勝したのは、おばあさんがお茶を飲んでいる間に、屋根の上で降りられなくなって「助けてくれぇ」と言っている人を見つけて、すぐに屋根に上って、その人を担いで降りてきました。２位の人は、おじいさんがミカンを食べている間に、庭に生えていた竹を切ってかごを作り、見ていた女の人の髪の毛を３本抜いてアリをつかまえ、かごにアリ入れてひっくり返しました。３位の人は、おじいさんとおばあさんがあくびをしている間に、庭にある梅の木から、ふろしきいっぱいの梅の実をとってきました。

このお話を聞いて、あなたはどんな「早業」をしたくなりましたか。その絵を描いてください。
①制作中に先生が「これは何をしているところなの？」「どうしてそれをしたいの？」などの質問をする。
②（書き終えた後で）お友だちに、自分の描いた絵を紹介してみましょう。

〈時間〉　20分

〈解答〉　省略

［2021年度出題］

アドバイス

この設問では、「早業」という言葉の意味をお話を通じて理解し、自分ならどんな「早業」をしたいかを考え、それを絵にするという、言葉の理解と発想力を評価するための課題です。さらに、みんなの前で発表するというプレゼンテーションの能力まで試されるわけです。さすがにこれは「うまくできればなおよし」という課題だと思いますが、お子さまにとってかなりの難問であることは間違いないでしょう。また、この問題は１人の先生がお話を読むのを16名の志願者が囲み、その後ろで15人の先生が志願者の様子を観ながら質問をする、という形式で行われました。たいていのお子さまは緊張するシチュエーションです。そんな中でも自分なりに落ち着いて、相手にわかるように話すこと。これができれば悪い評価はされないと思います。

【おすすめ問題集】
Ｊｒ・ウォッチャー22「想像画」、24「絵画」

2025 年度 慶應義塾横浜初等部 過去 無断複製／転載を禁ずる

日本学習図書株式会社

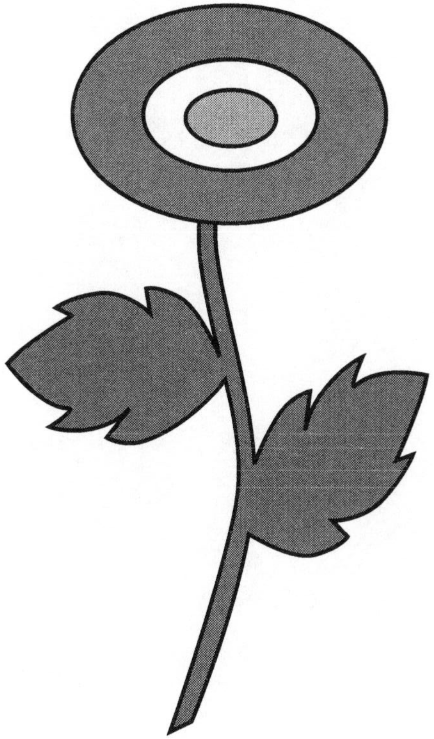

日本学習図書株式会社

2025 年度 慶應義塾横浜初等部 過去 無断複製／転載を禁ずる

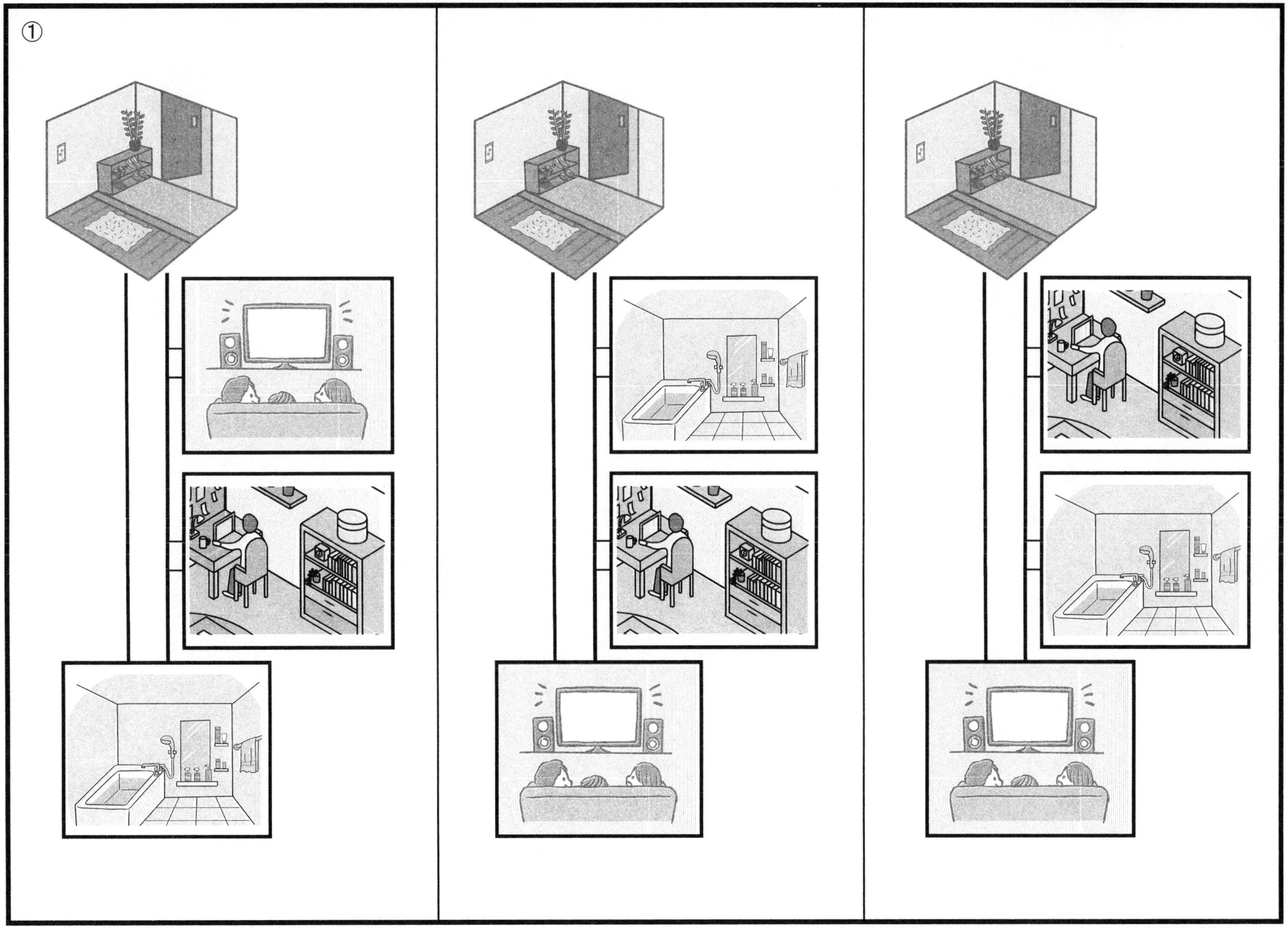

②

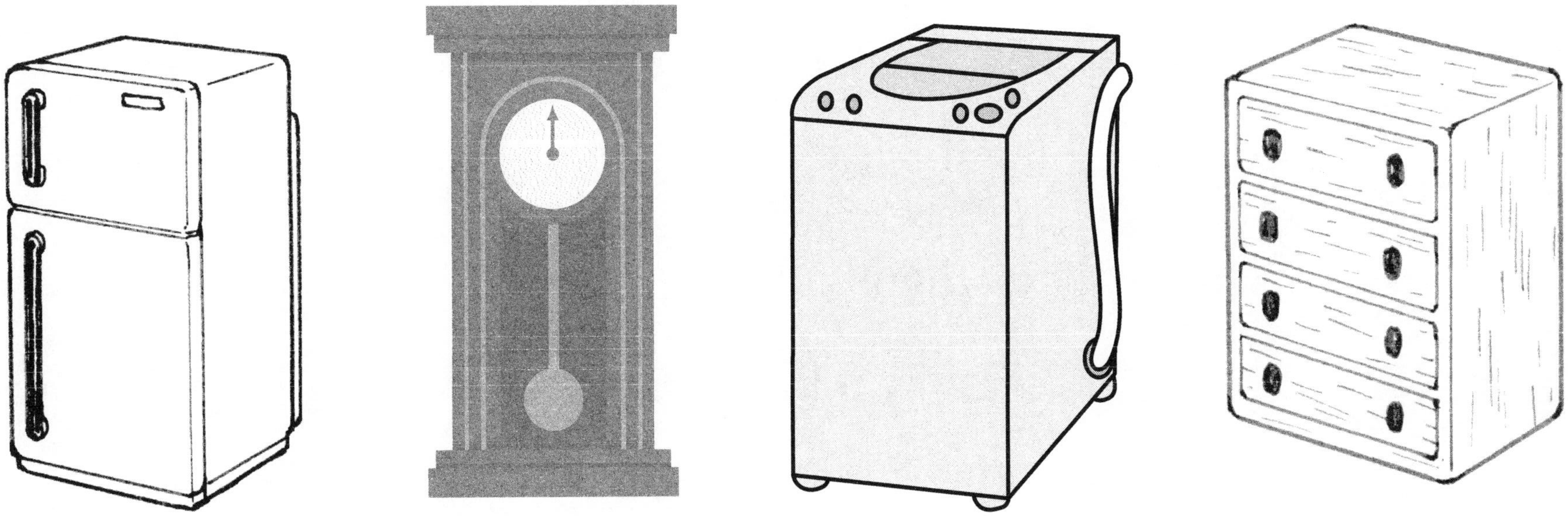

2025 年度 慶應義塾横浜初等部 過去　無断複製／転載を禁ずる　　日本学習図書株式会社

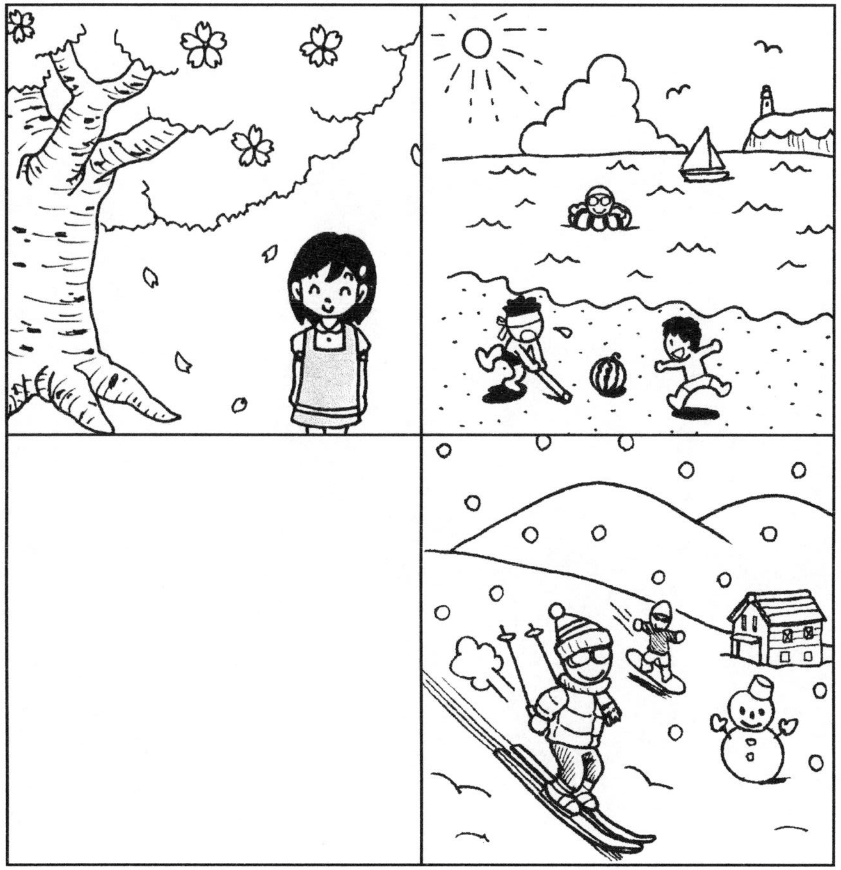

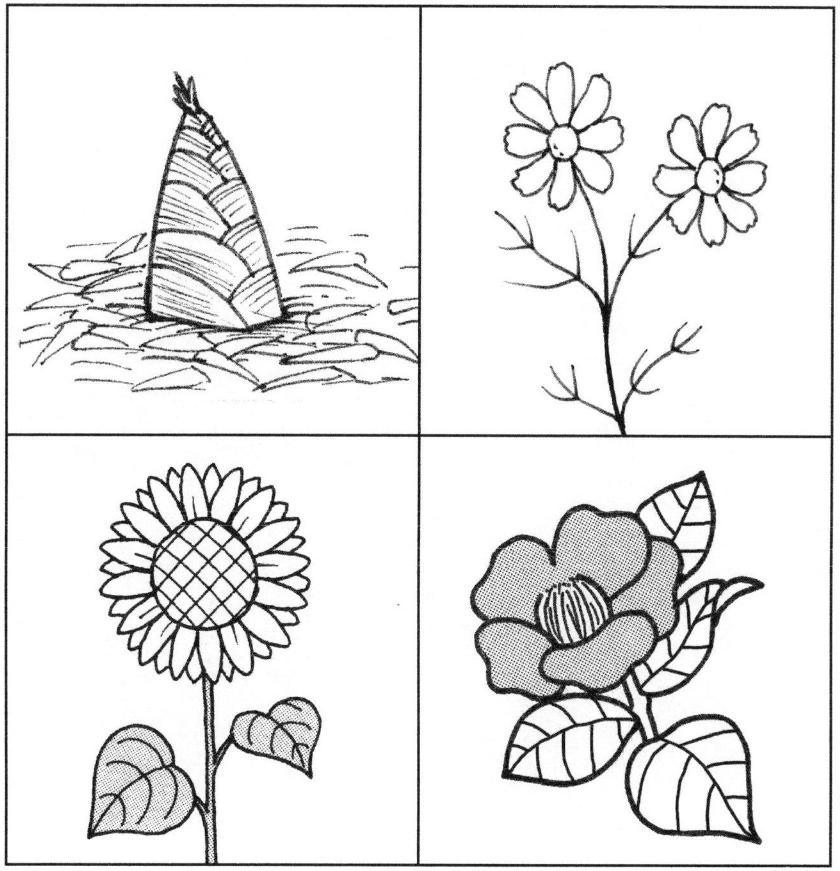

2025 年度 慶應義塾横浜初等部 過去 無断複製／転載を禁ずる 日本学習図書株式会社

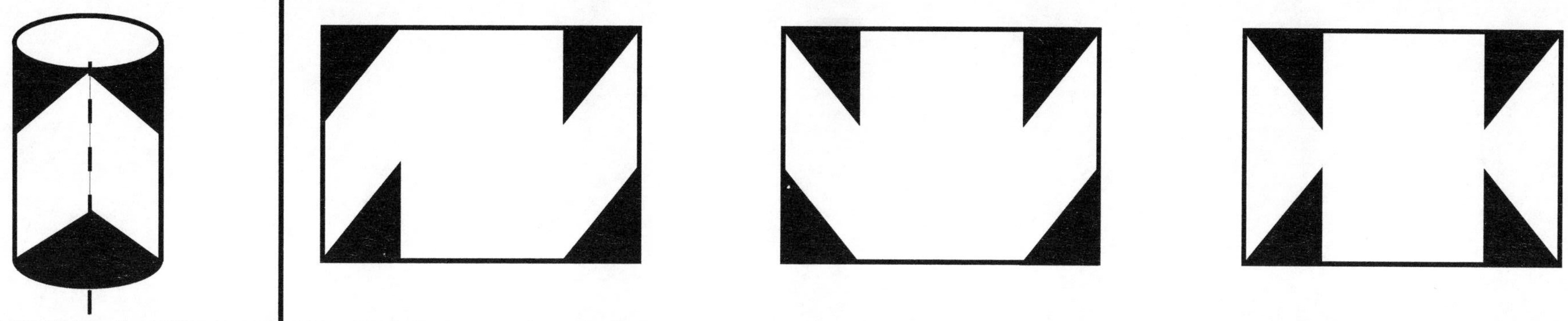

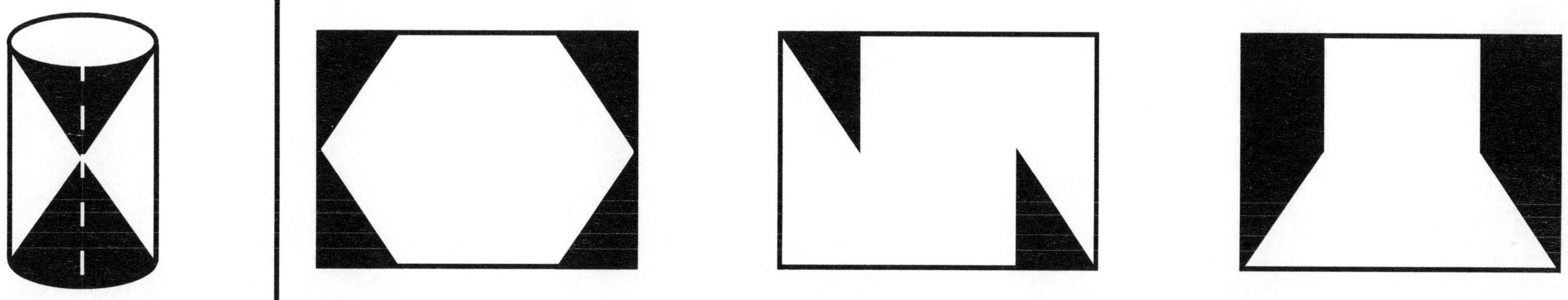

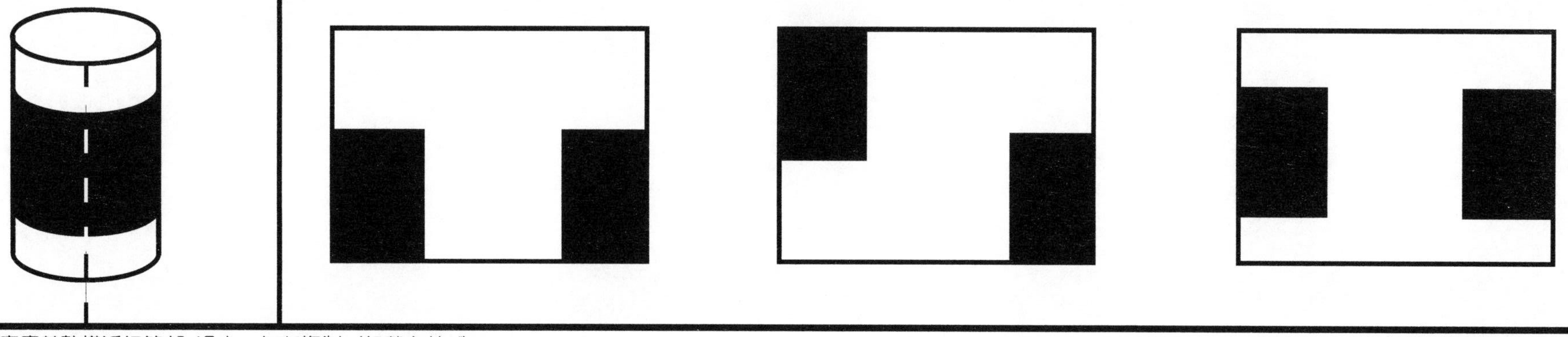

②

①

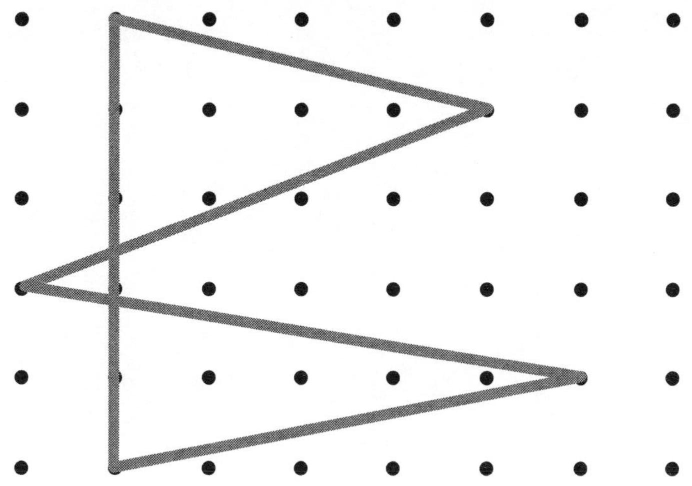

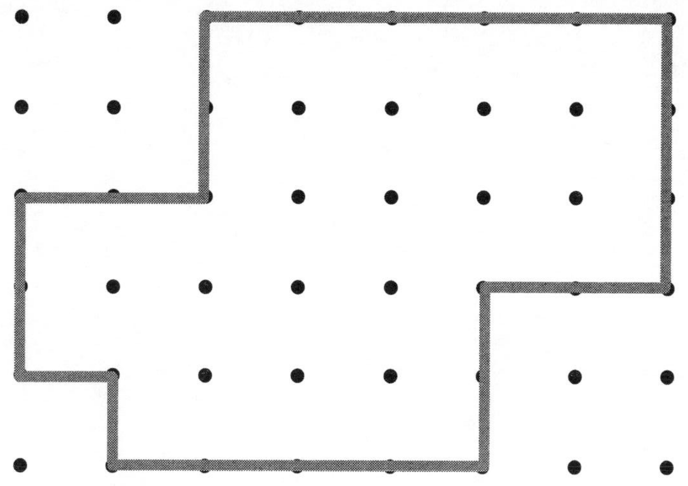

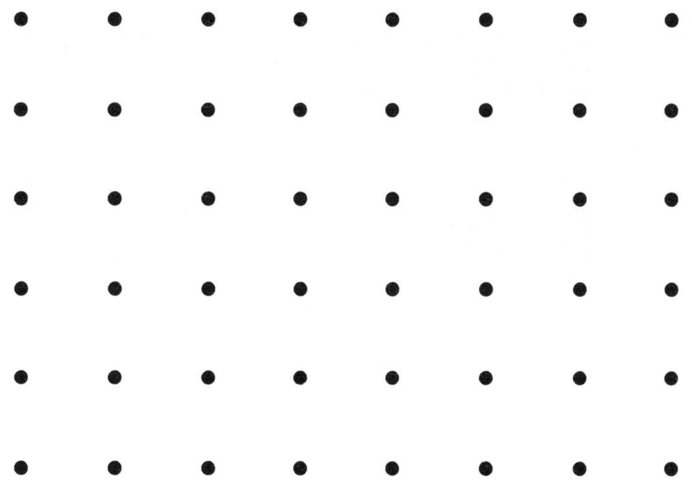

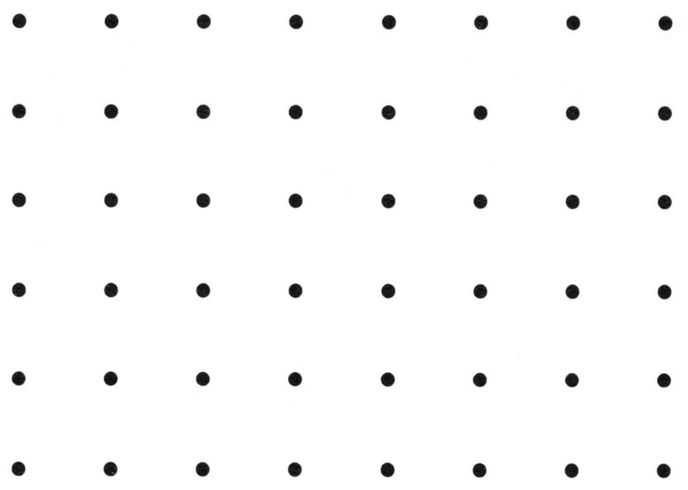

問題5－2

③

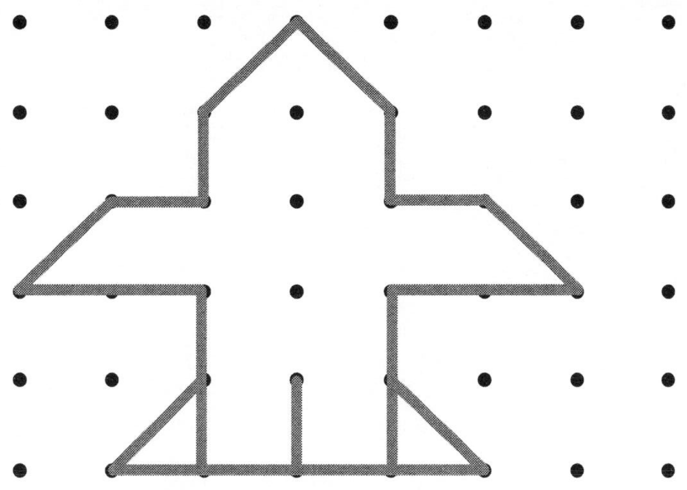

④

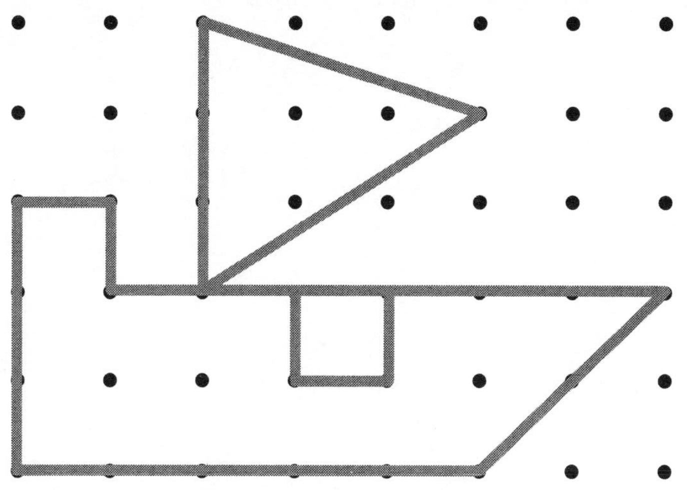

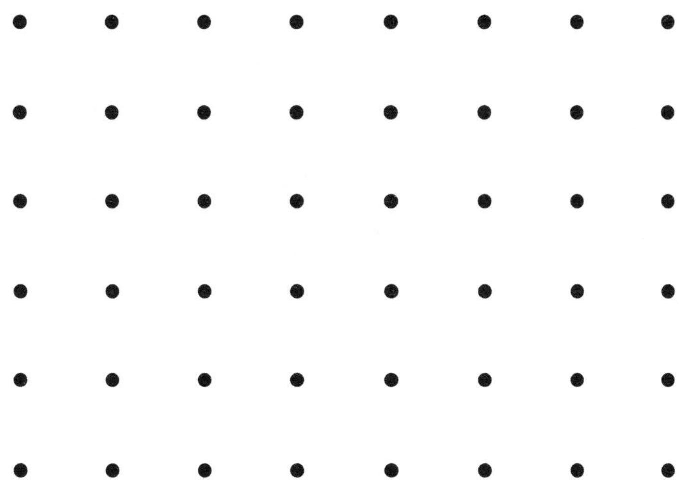

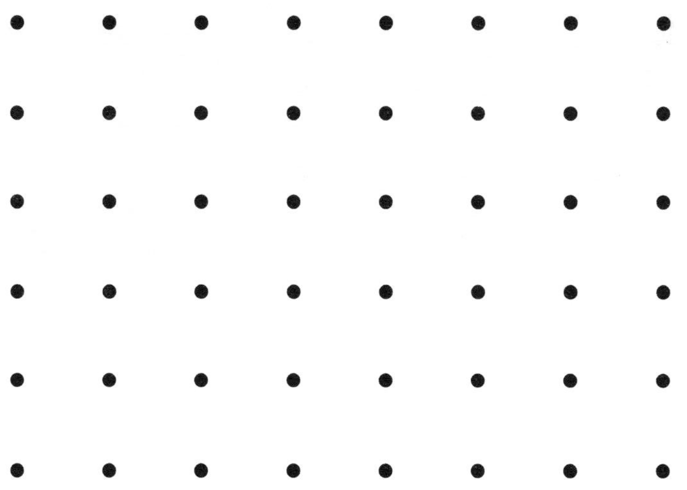

無断複製／転載を禁ずる

日本学習図書株式会社

日本学習図書株式会社

2025 年度 慶應義塾横浜初等部 過去 無断複製／転載を禁ずる

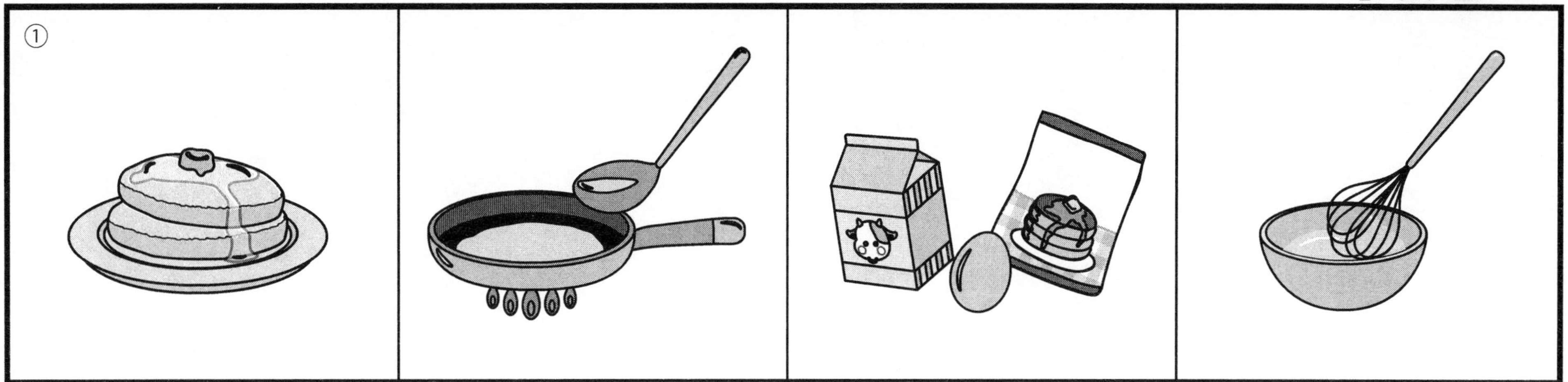

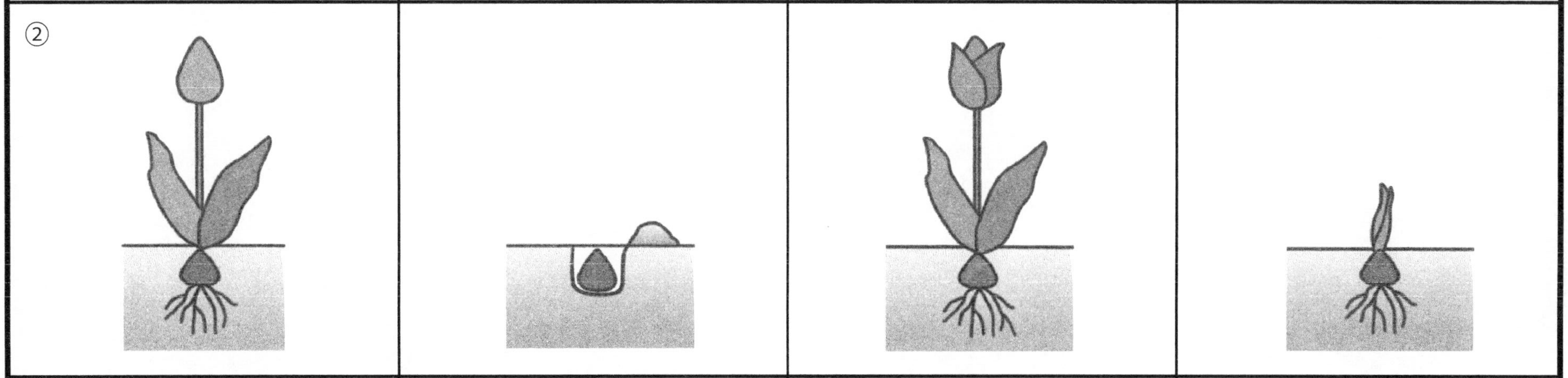

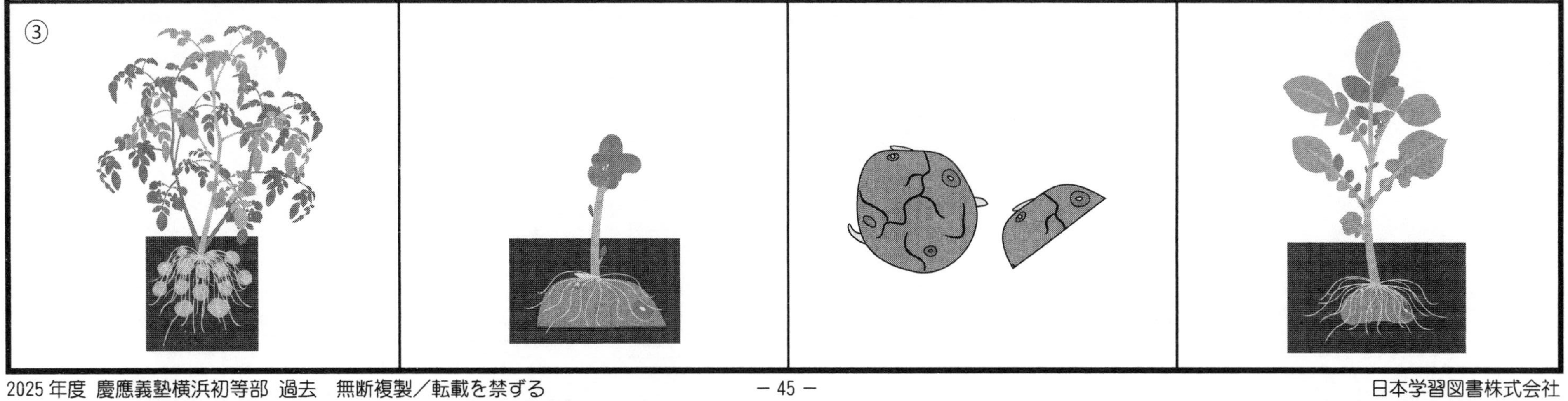

2025 年度 慶應義塾横浜初等部 過去 無断複製／転載を禁ずる

日本学習図書株式会社

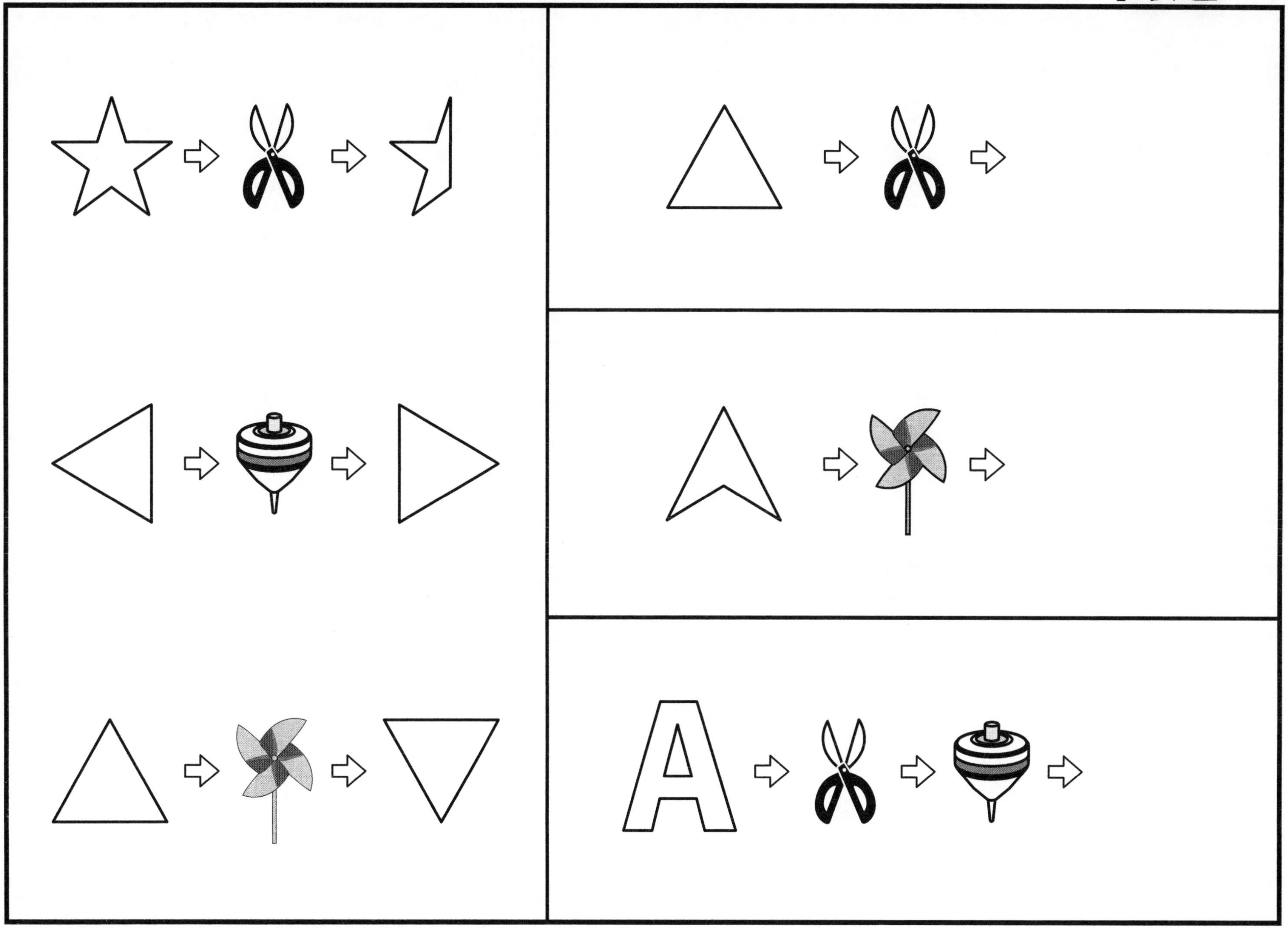

2025 年度 慶應義塾横浜初等部 過去 無断複製／転載を禁ずる

日本学習図書株式会社

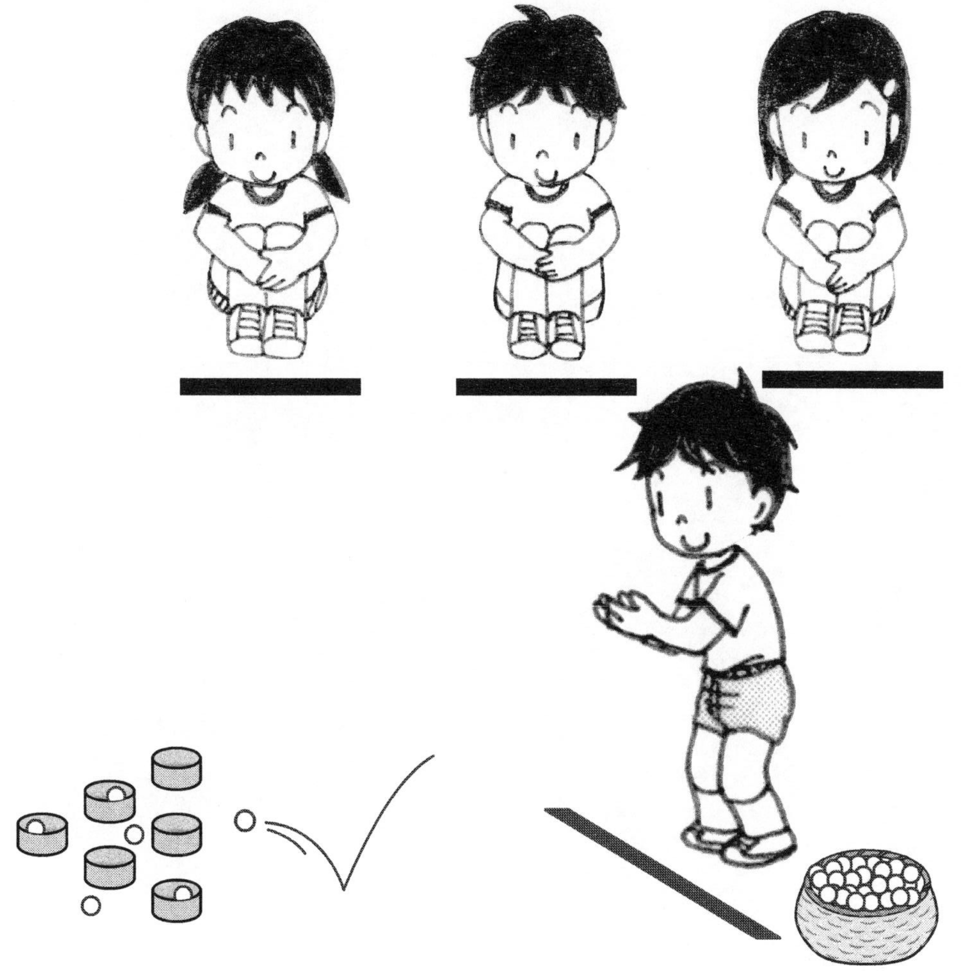

問題 9

終わったら
体育座りで整列する
2球は的に向かって投げる
もう2球はできるだけ遠くに投げる
後ろ向きジャンプで
ジグザグに進む
平均台を渡る
マットの上を手を
ついてウサギ飛び

問題１０－１

①

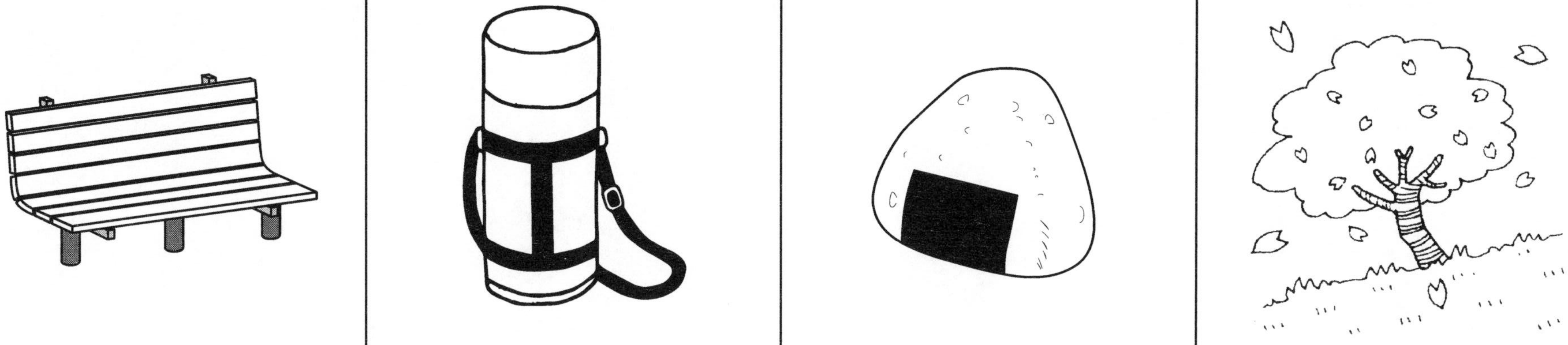

②

 無断複製／転載を禁ずる

日本学習図書株式会社

問題10－2

③

 無断複製／転載を禁ずる

問題１１－１

①

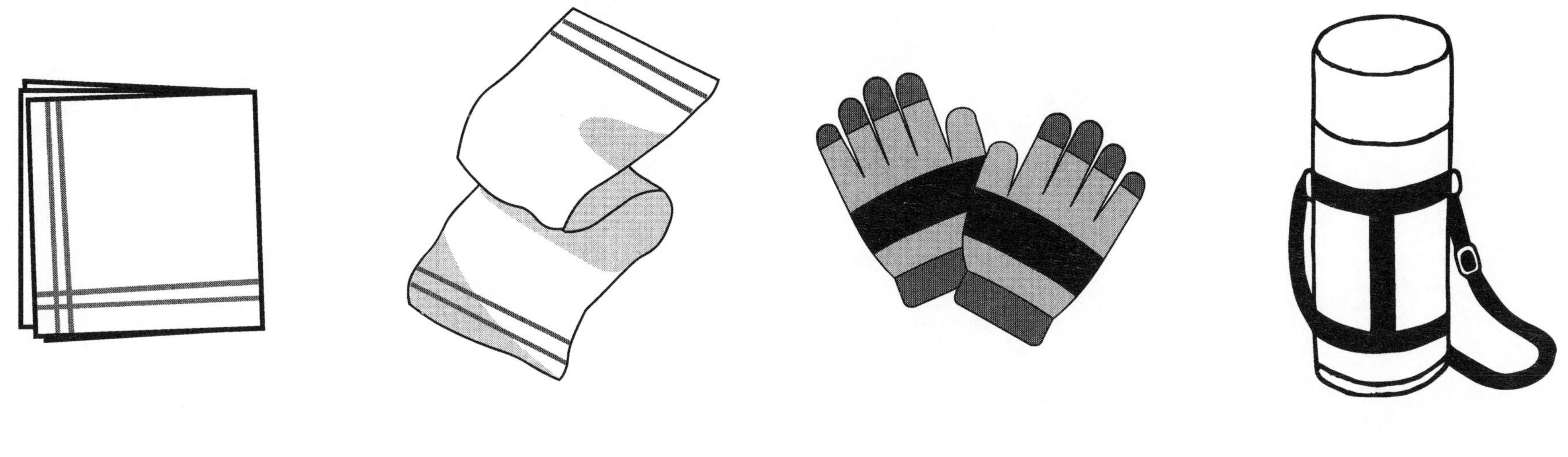

②

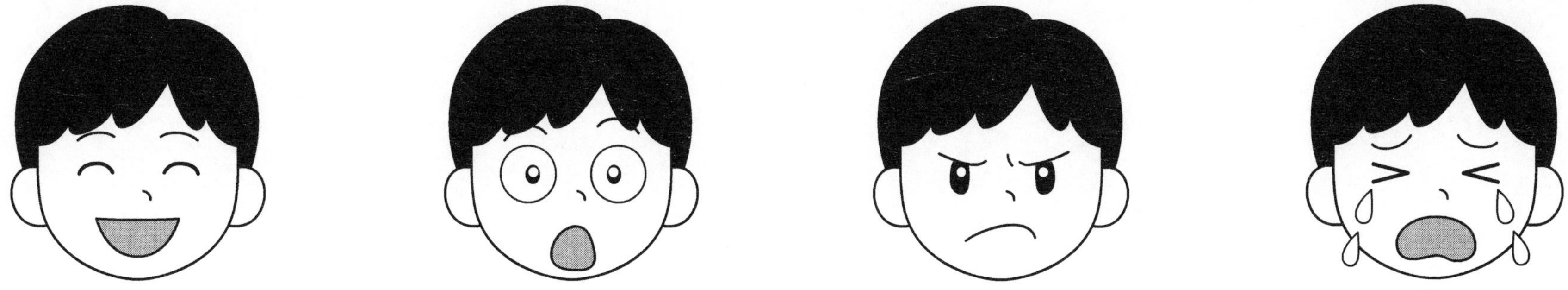

無断複製／転載を禁ずる

日本学習図書株式会社

日本学習図書株式会社

2025 年度 慶應義塾横浜初等部 過去 無断複製／転載を禁ずる

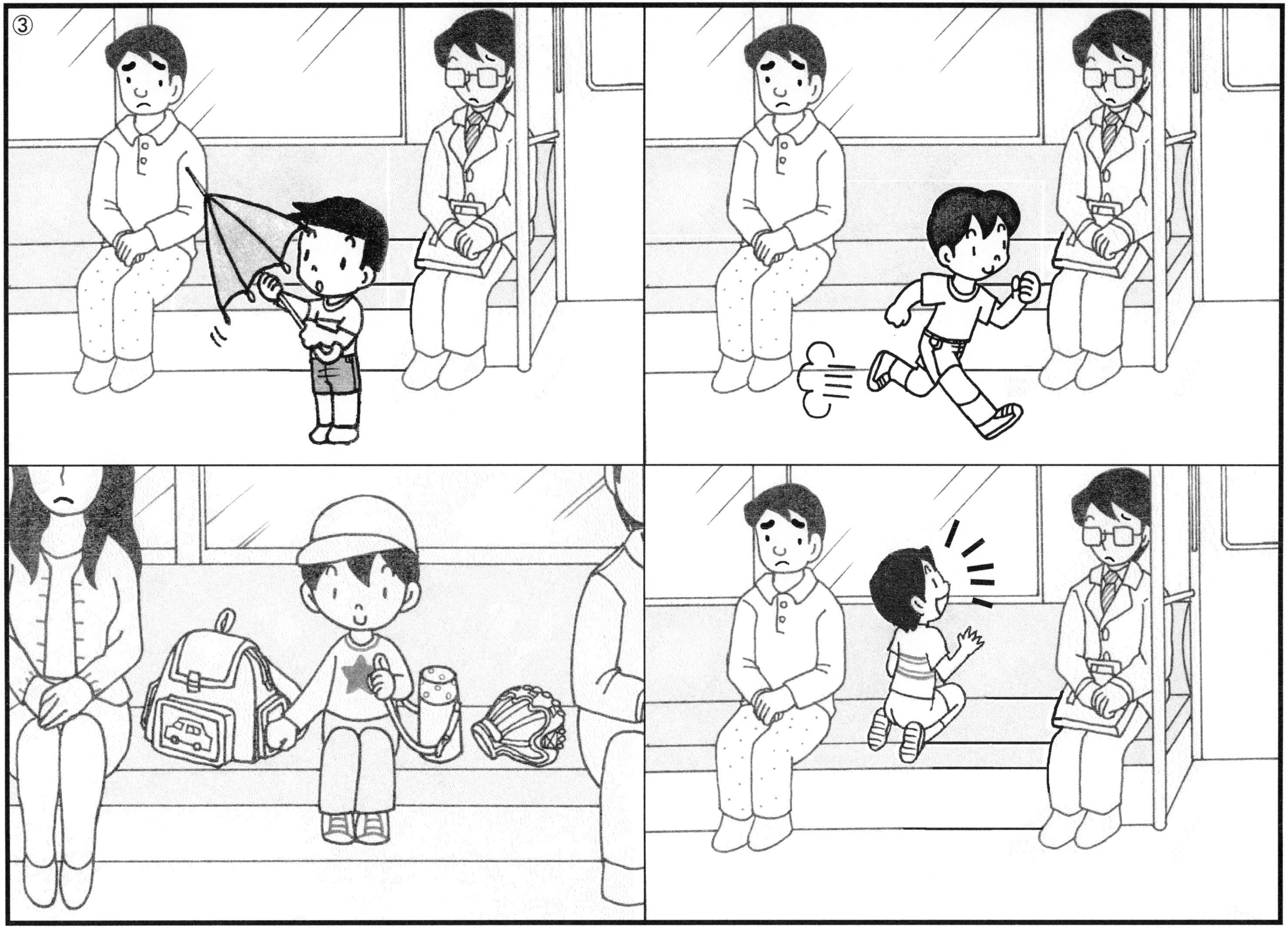

2025 年度 慶應義塾横浜初等部 過去 無断複製／転載を禁ずる

日本学習図書株式会社

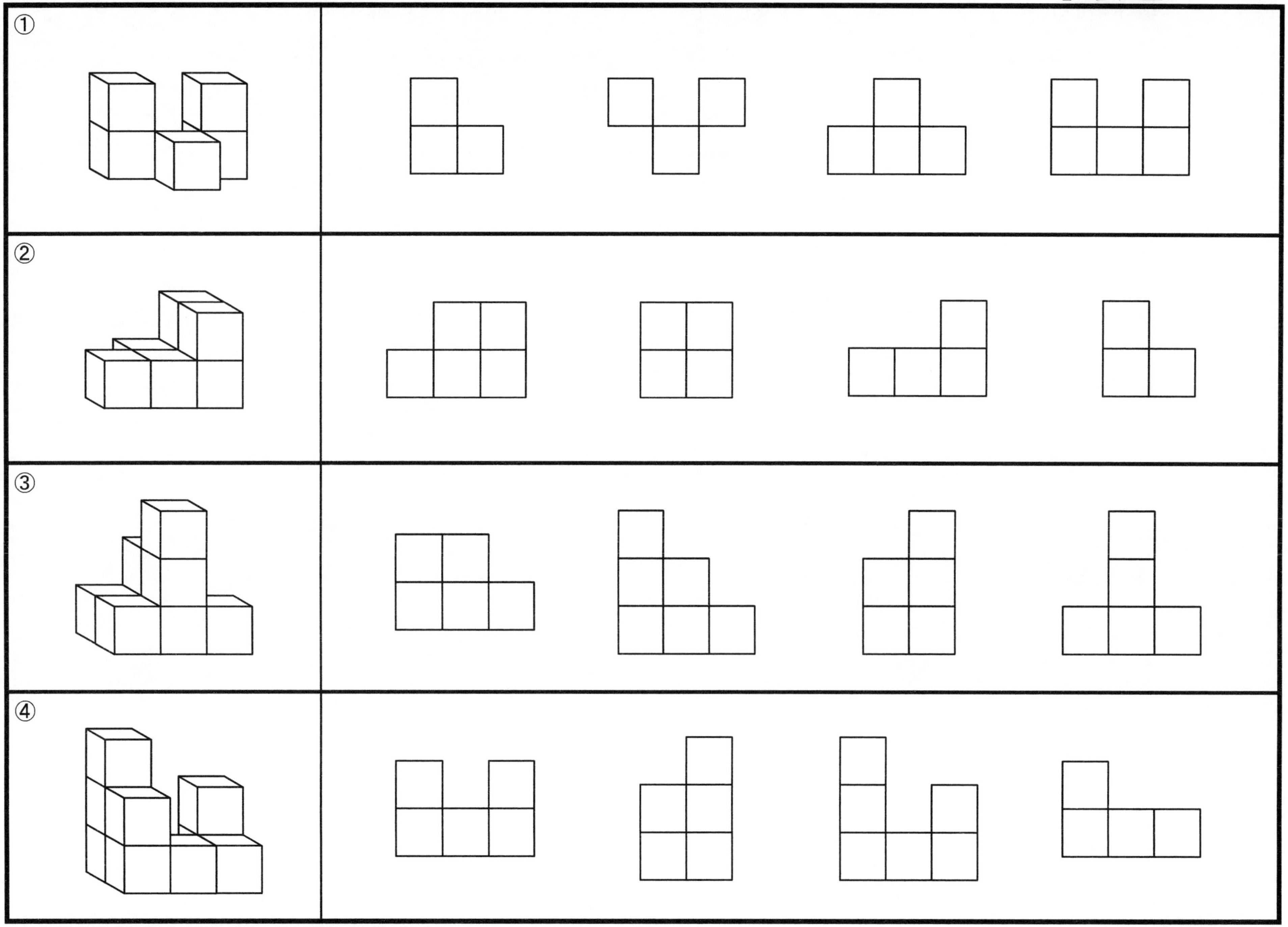

問題13

①

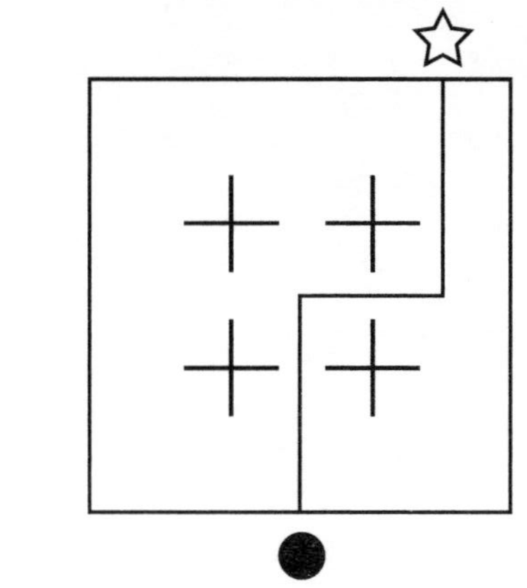

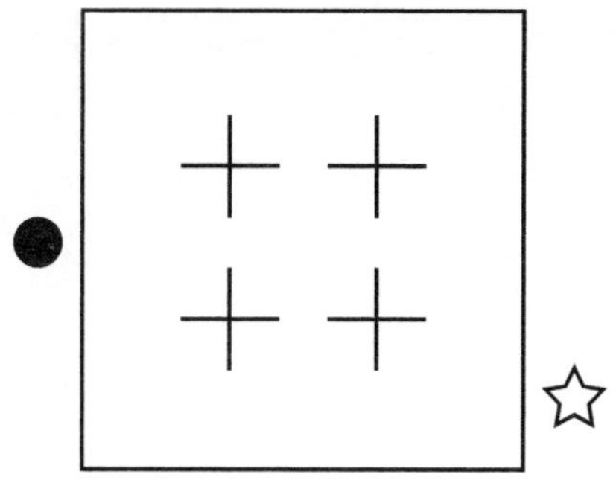

②

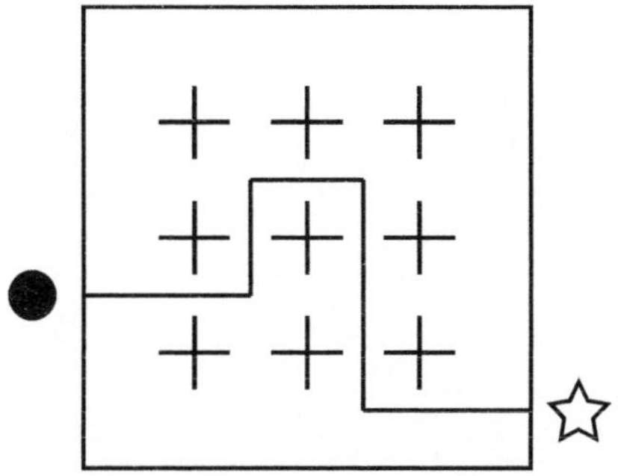

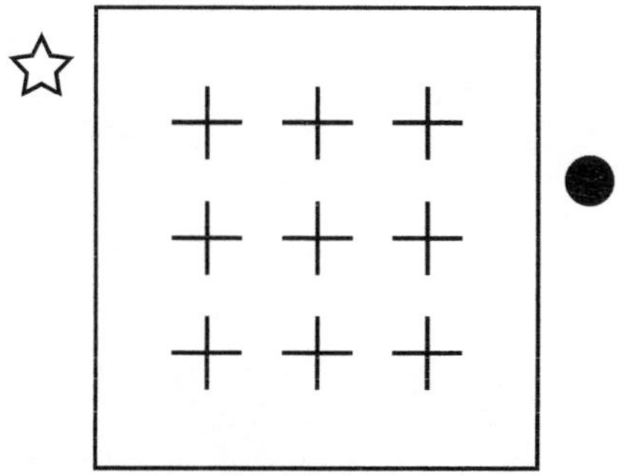

③

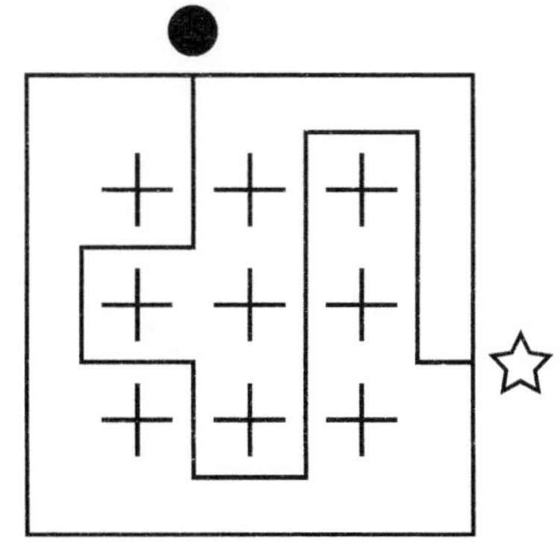

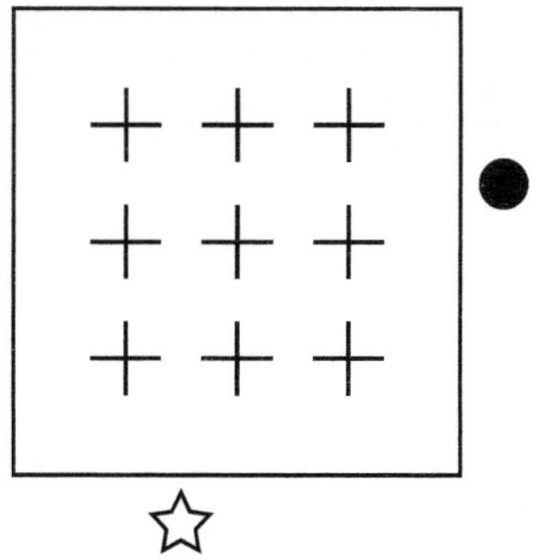

 無断複製／転載を禁ずる

2025 年度　慶應義塾横浜初等部　過去　無断複製／転載を禁ずる　日本学習図書株式会社

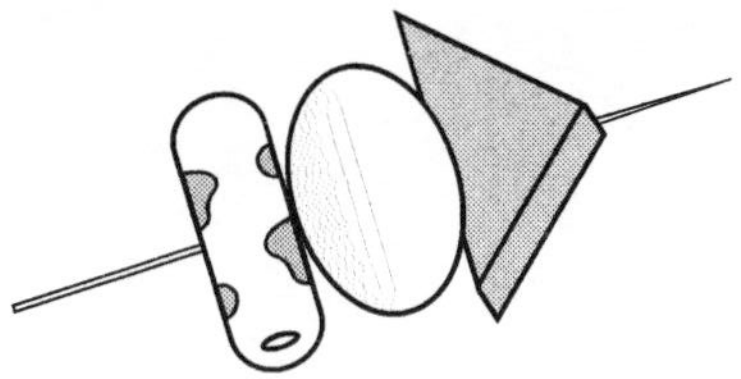

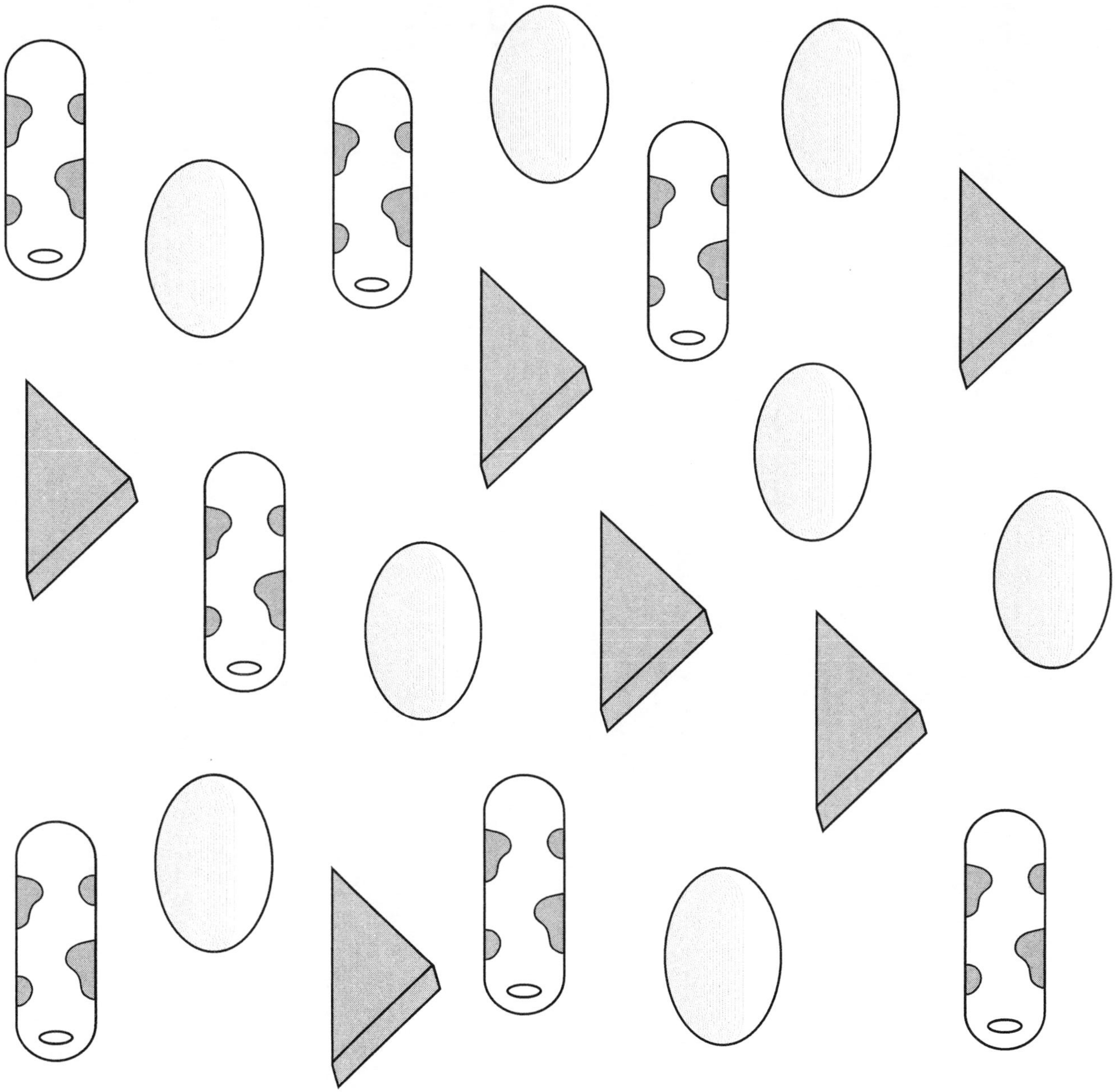

日本学習図書株式会社

2025年度 慶應義塾横浜初等部 過去 無断複製/転載を禁ずる

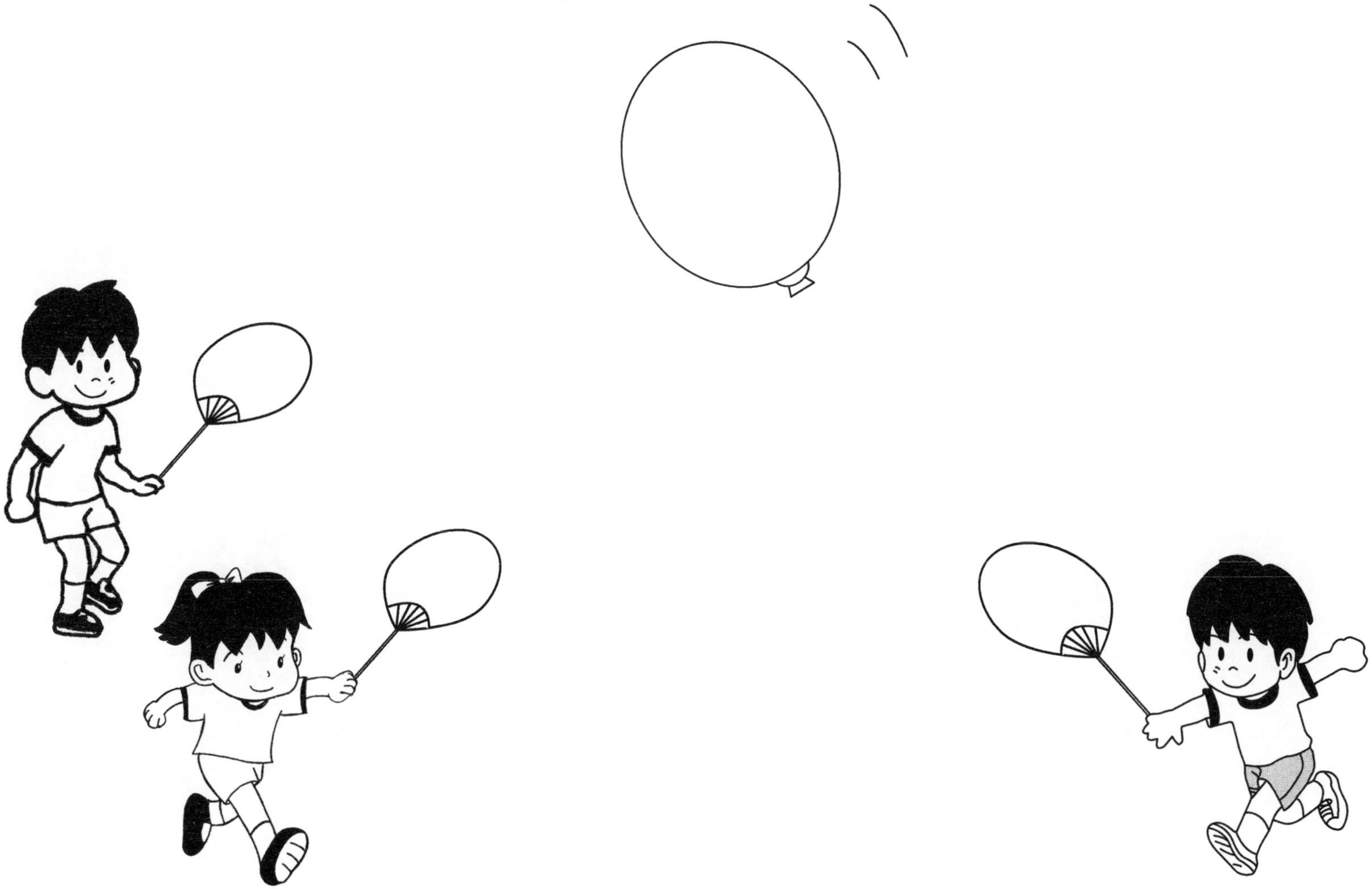

問題１８

クモ歩き
１マスに両足を交互に
入れて進む
全力で走る
２球は的に向かって投げる
もう２球はできるだけ遠くに投げる

問題１９

 無断複製／転載を禁ずる 日本学習図書株式会社

問題２０

無断複製／転載を禁ずる

日本学習図書株式会社

2025 年度 慶應義塾横浜初等部 過去 無断複製／転載を禁ずる

日本学習図書株式会社

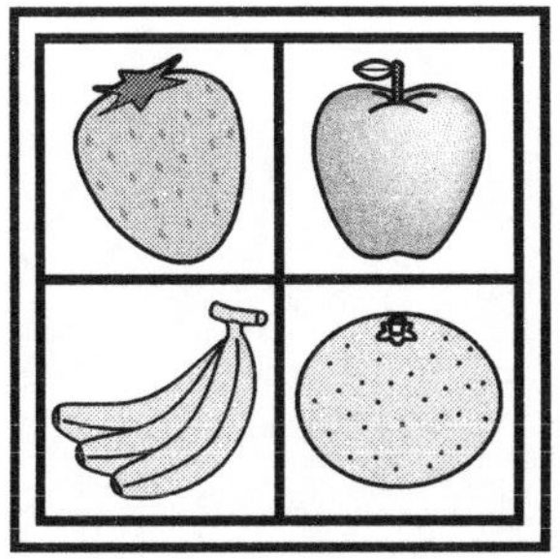

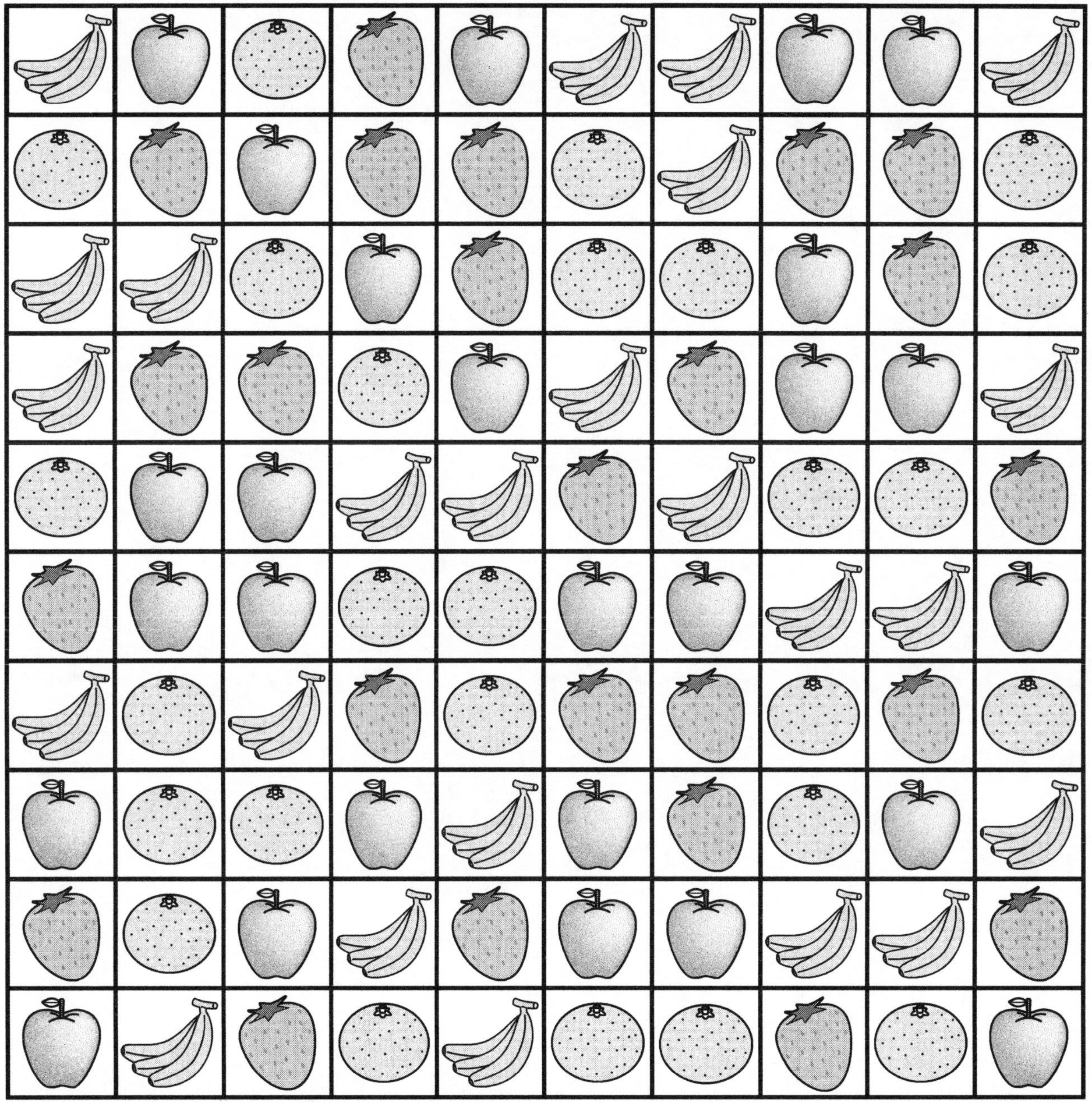

問題２１－２

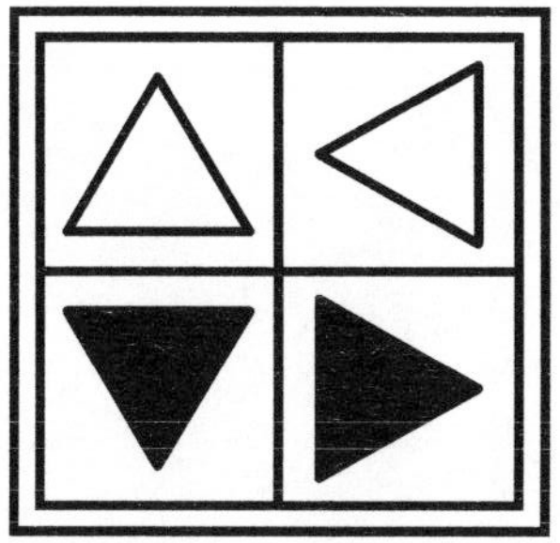

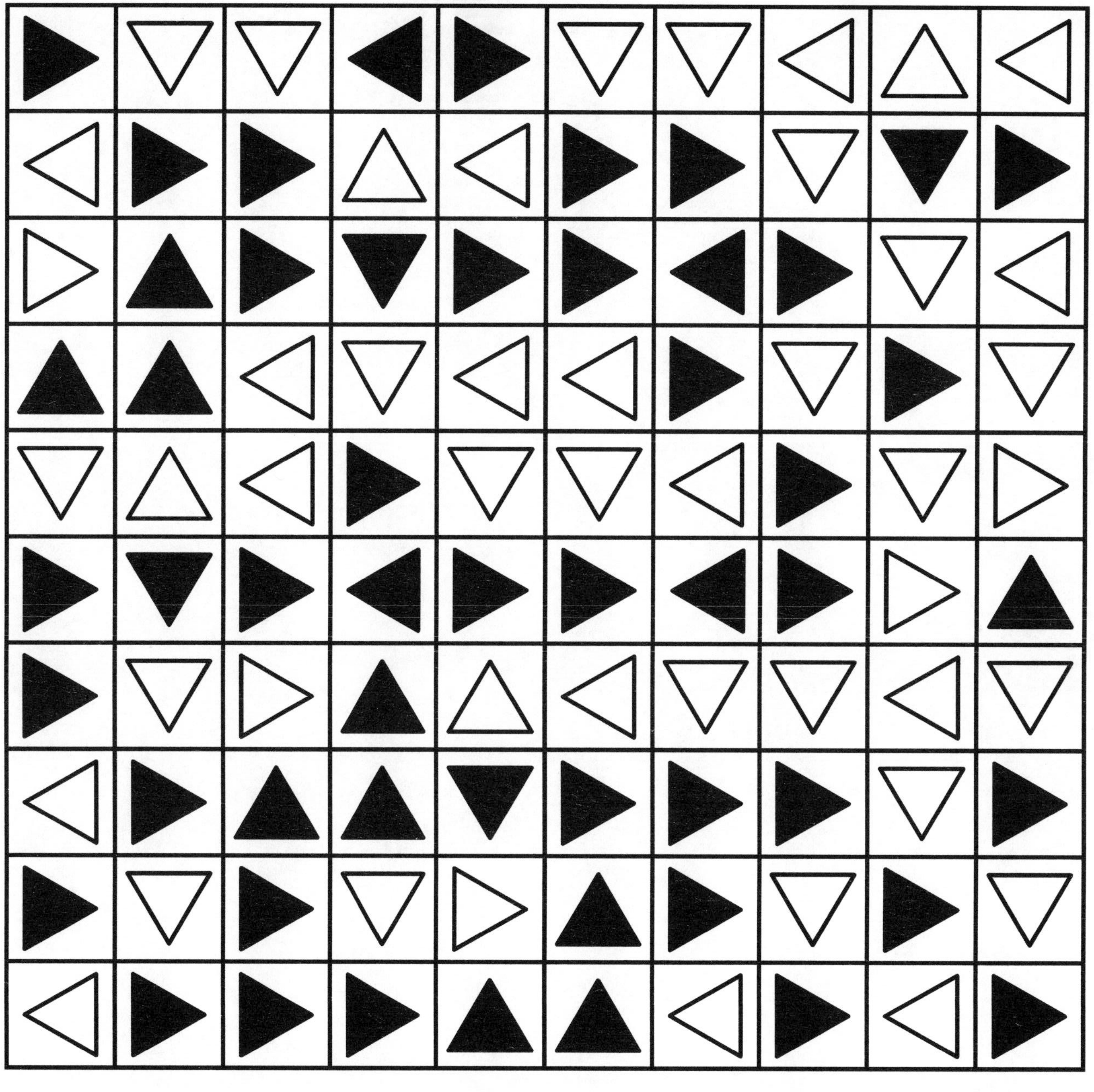

 無断複製／転載を禁ずる

日本学習図書株式会社

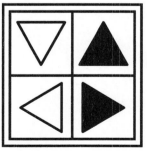

問題22

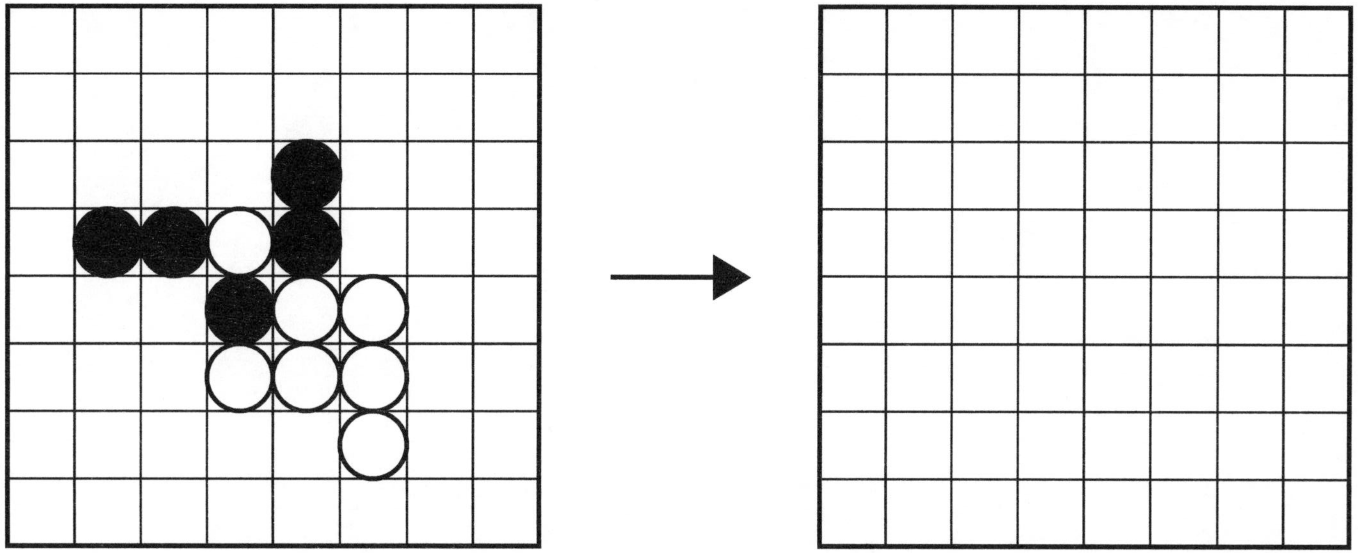

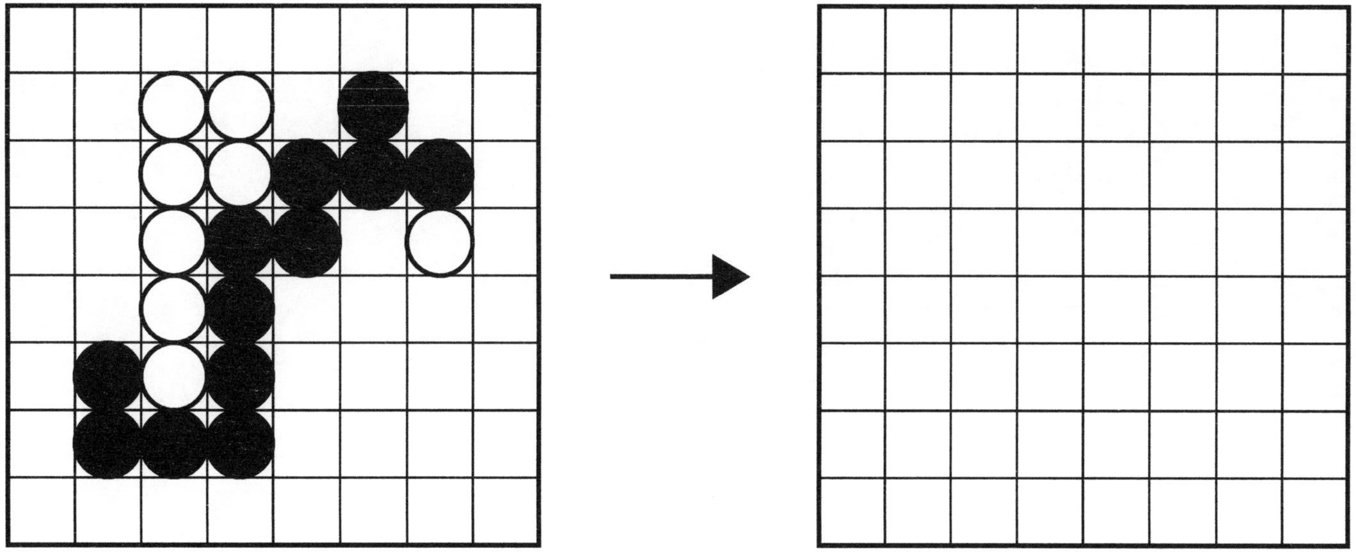

無断複製／転載を禁ずる

問題２３

 無断複製／転載を禁ずる

日本学習図書株式会社

2025 年度　慶應義塾横浜初等部　過去　無断複製／転載を禁ずる

日本学習図書株式会社

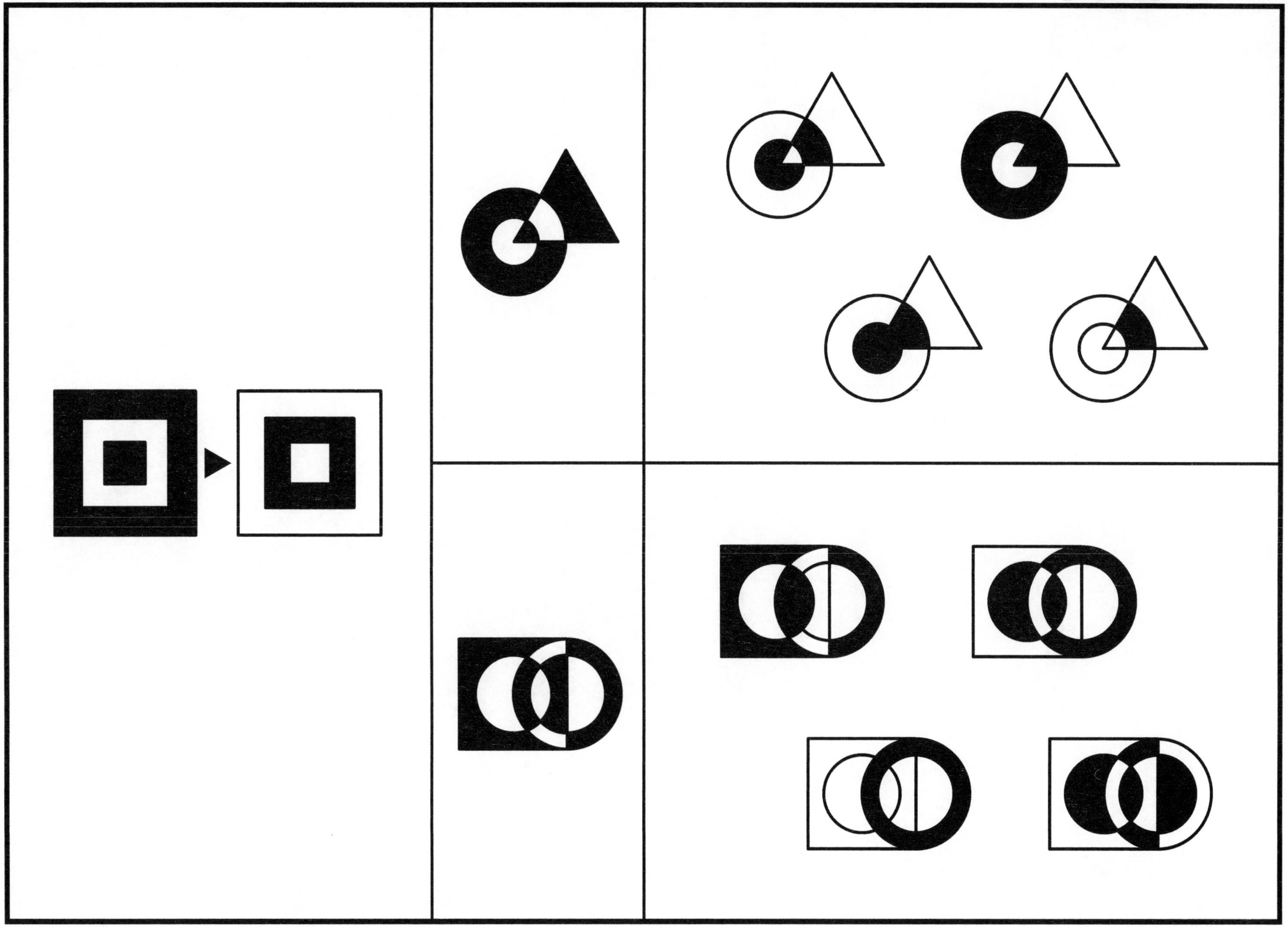

問題２５

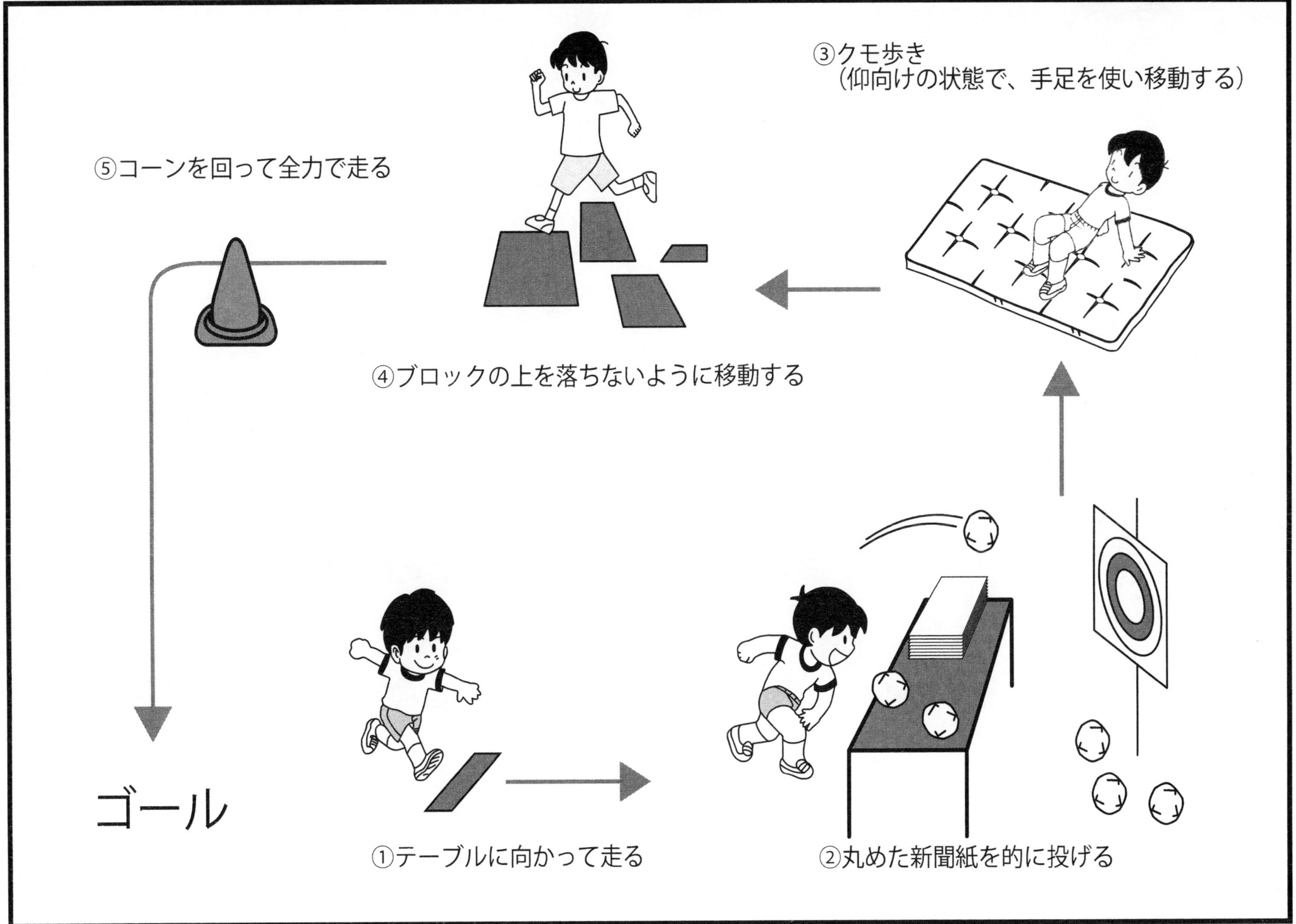

③クモ歩き
（仰向けの状態で、手足を使い移動する）
⑤コーンを回って全力で走る
④ブロックの上を落ちないように移動する
ゴール
①テーブルに向かって走る
②丸めた新聞紙を的に投げる

日本学習図書株式会社

2025 年度 慶應義塾横浜初等部 過去 無断複製／転載を禁ずる

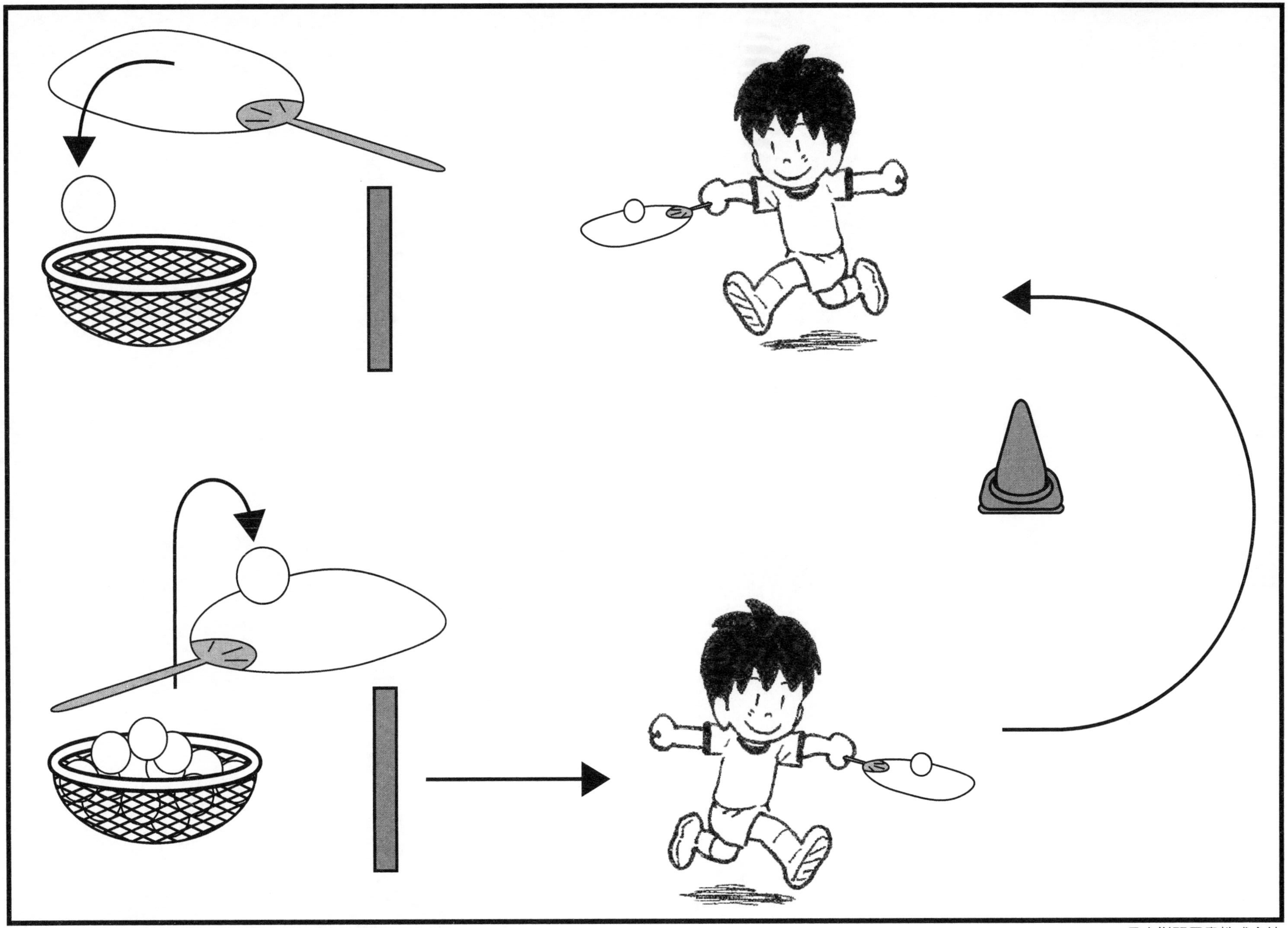

問題28

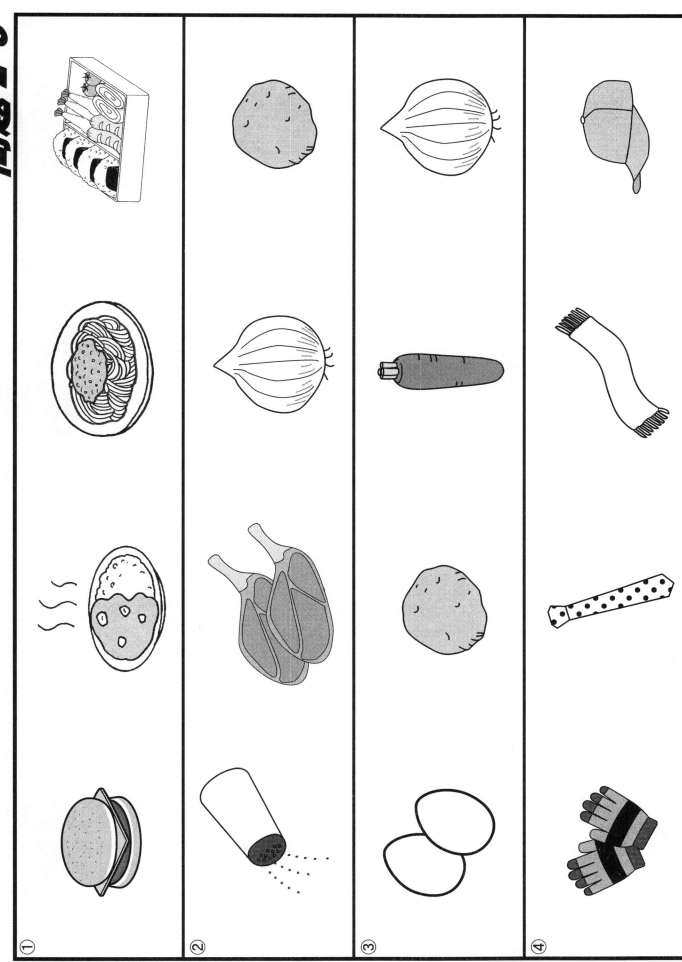

①

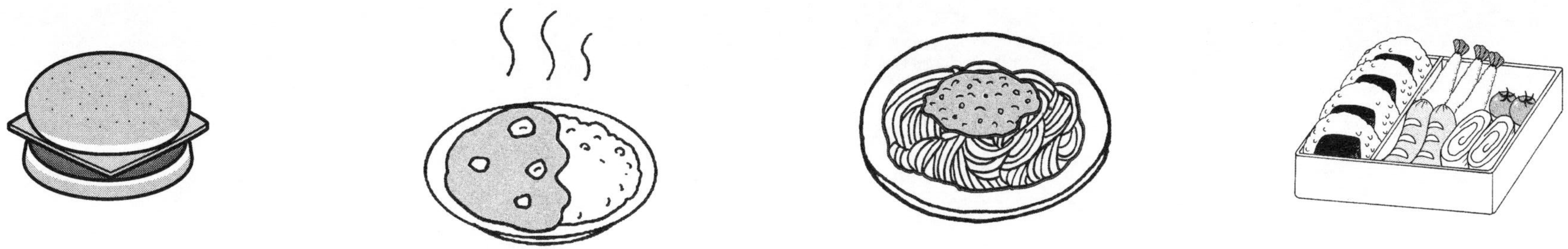

②

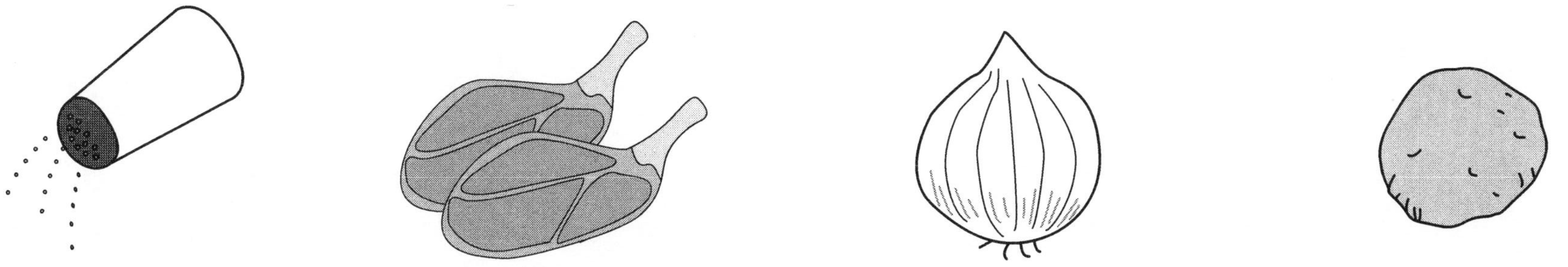

③

④

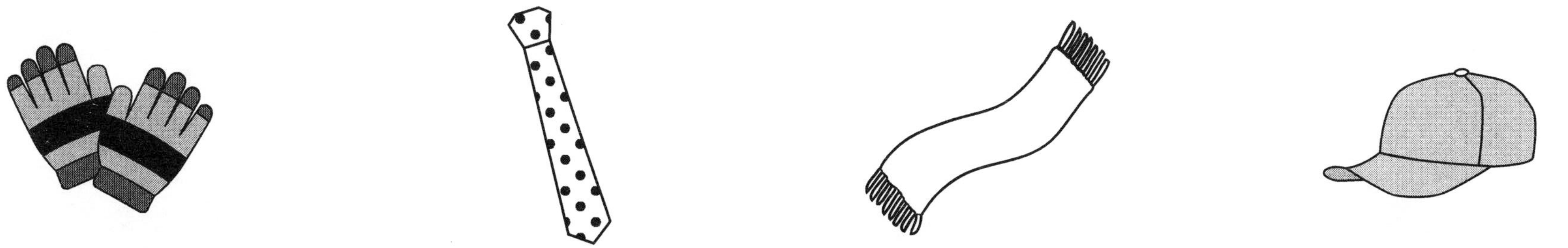

2025年度 慶應義塾横浜初等部 過去　無断複製／転載を禁ずる

日本学習図書株式会社

2025 年度 慶應義塾横浜初等部 過去 無断複製／転載を禁ずる

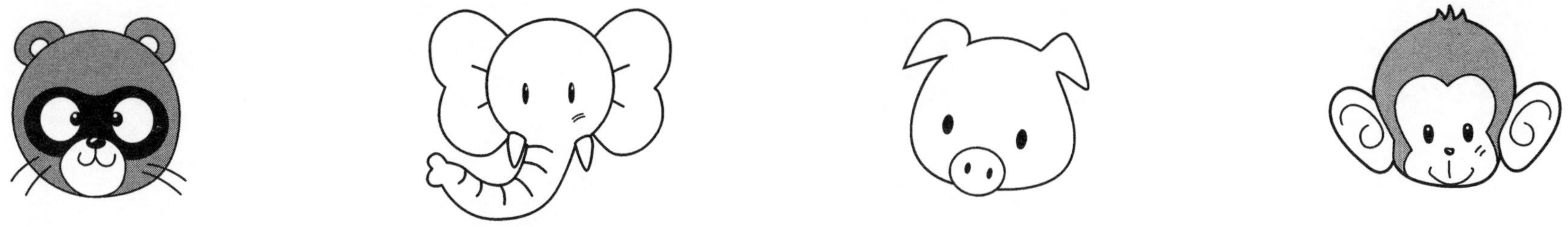

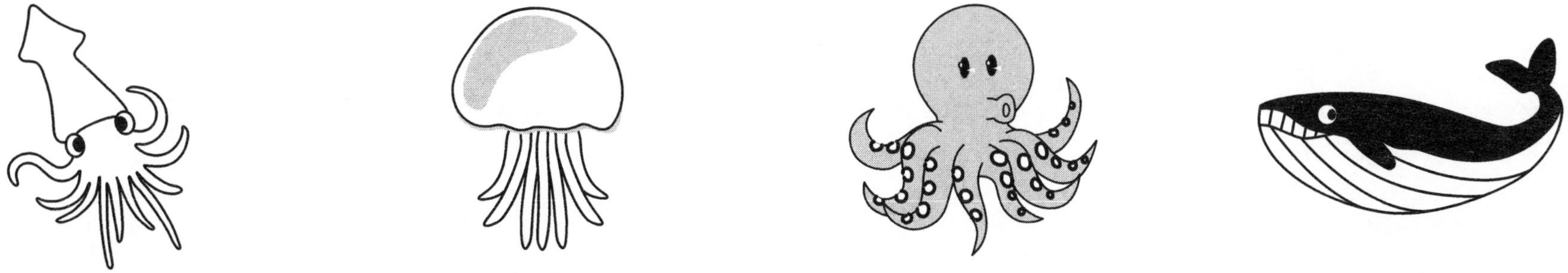

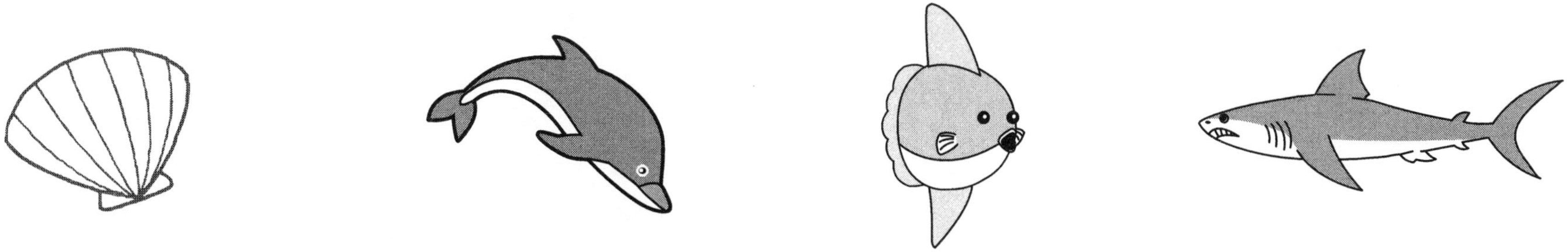

問題３０－１

①

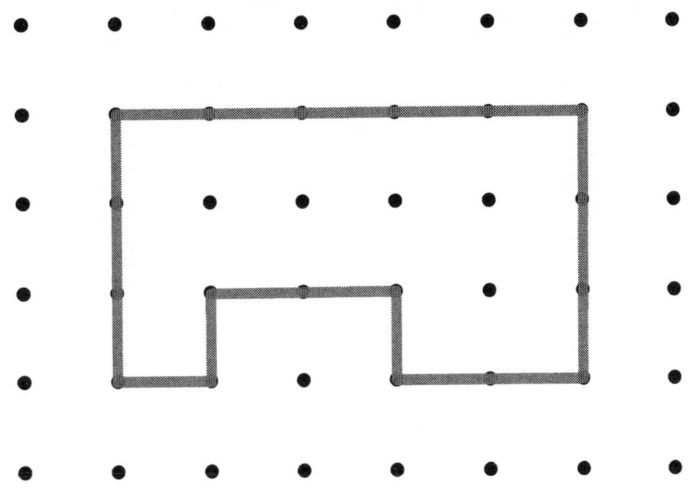

②

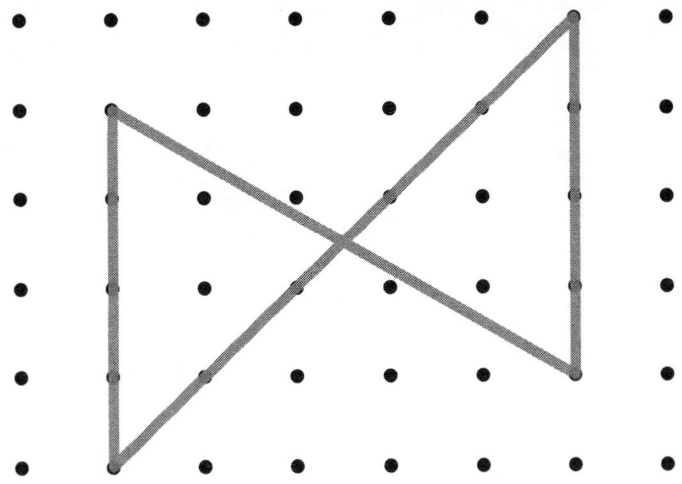

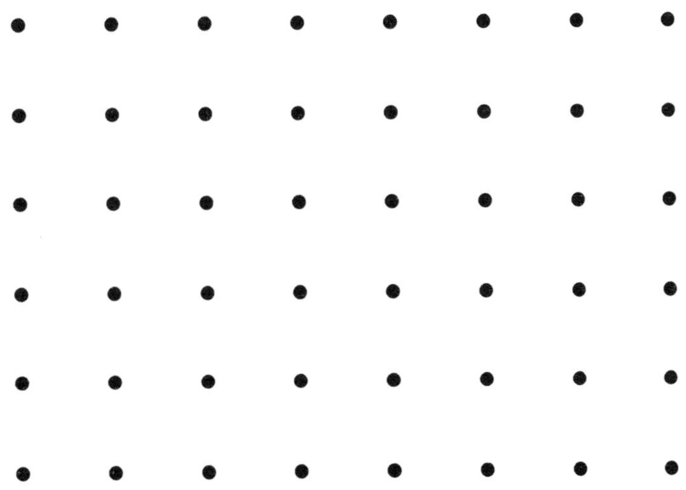

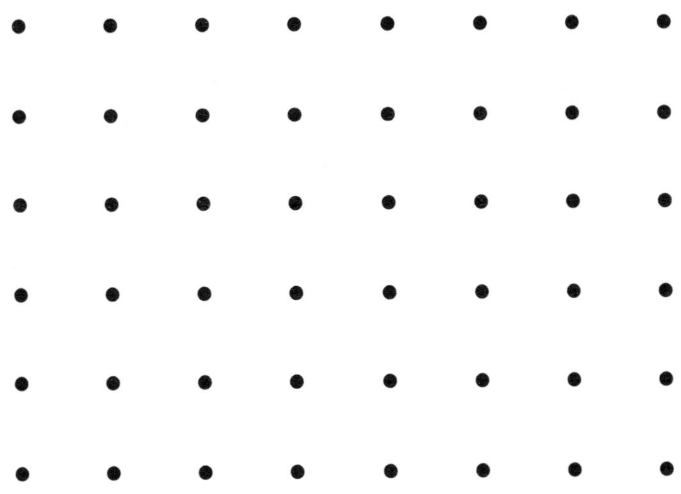

無断複製／転載を禁ずる

日本学習図書株式会社

問題30－2

③

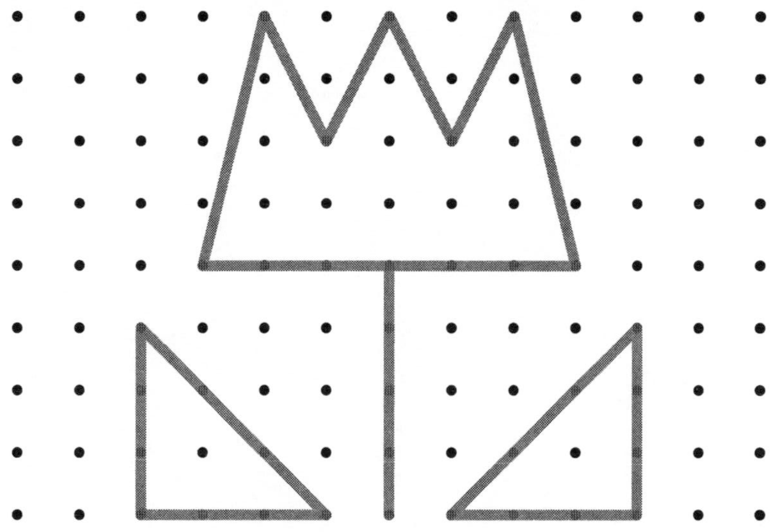

④

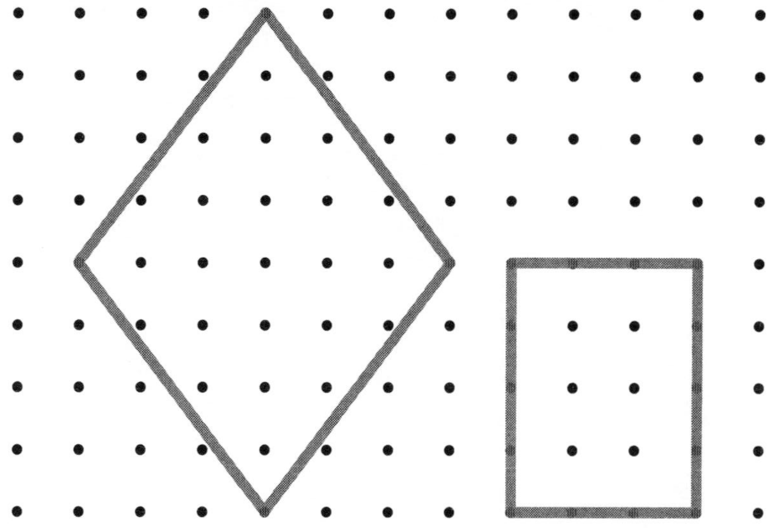

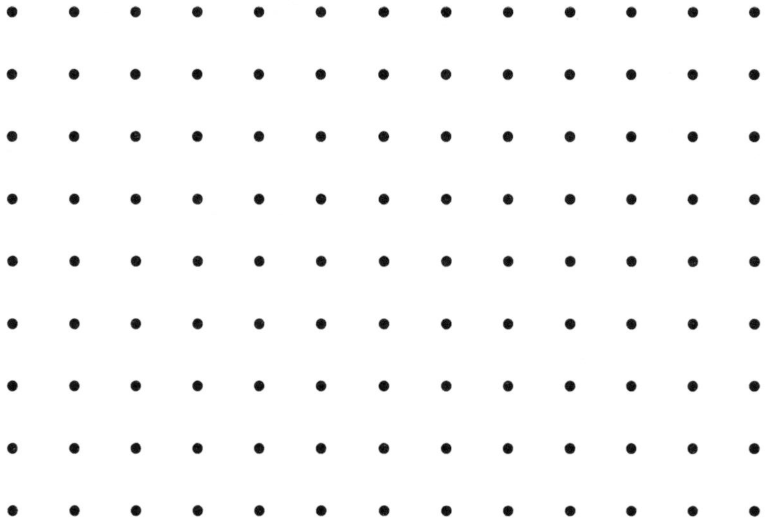

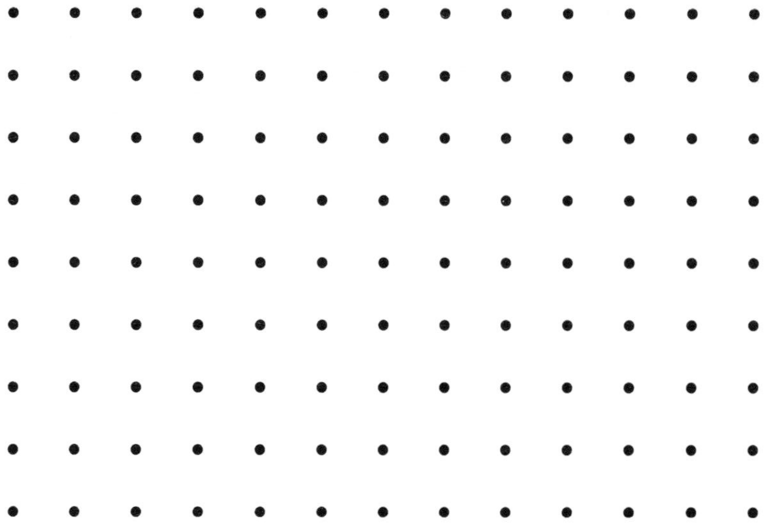

 無断複製／転載を禁ずる

日本学習図書株式会社

問題31

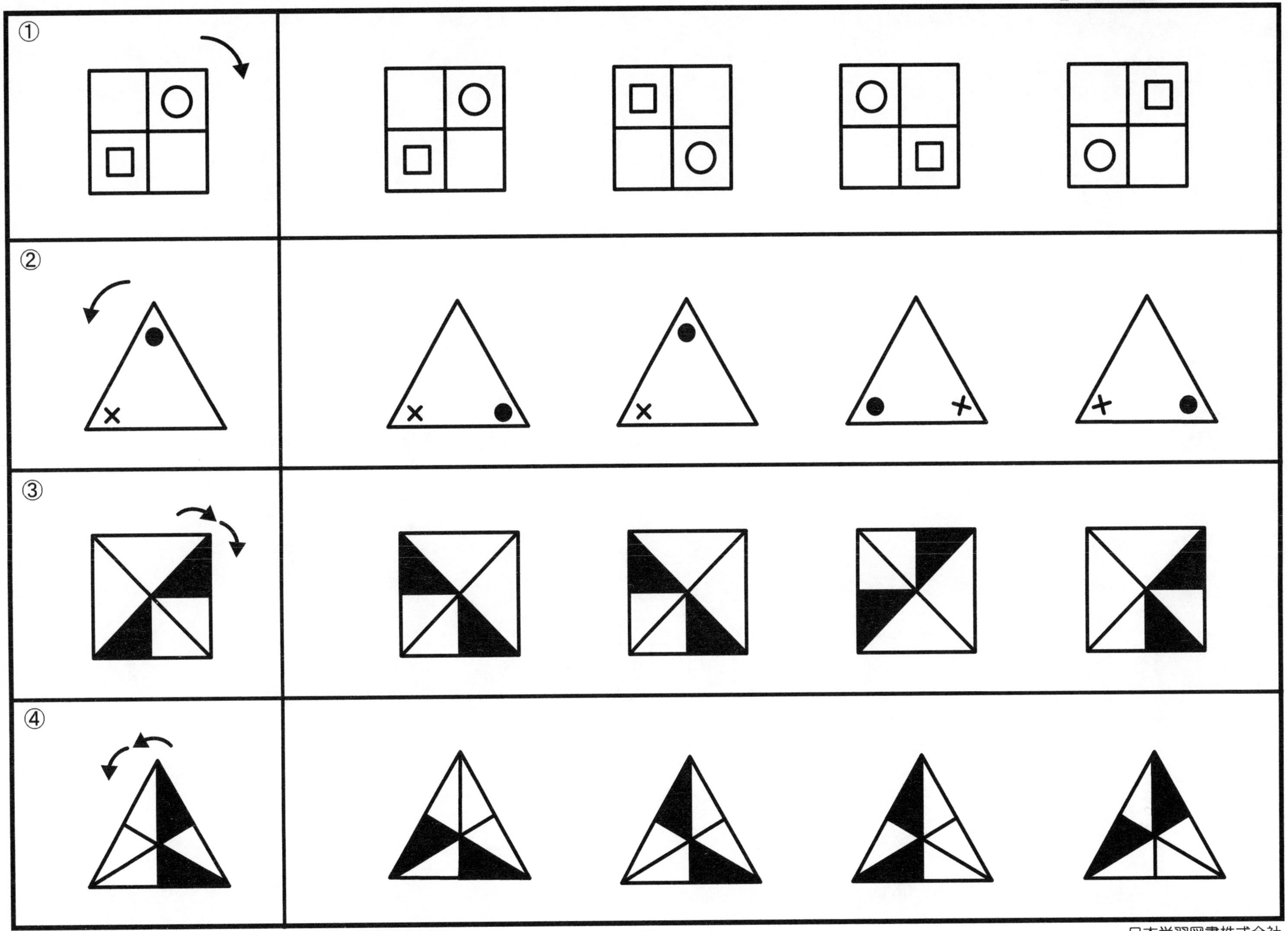

 無断複製／転載を禁ずる

日本学習図書株式会社

問題３２

①

②

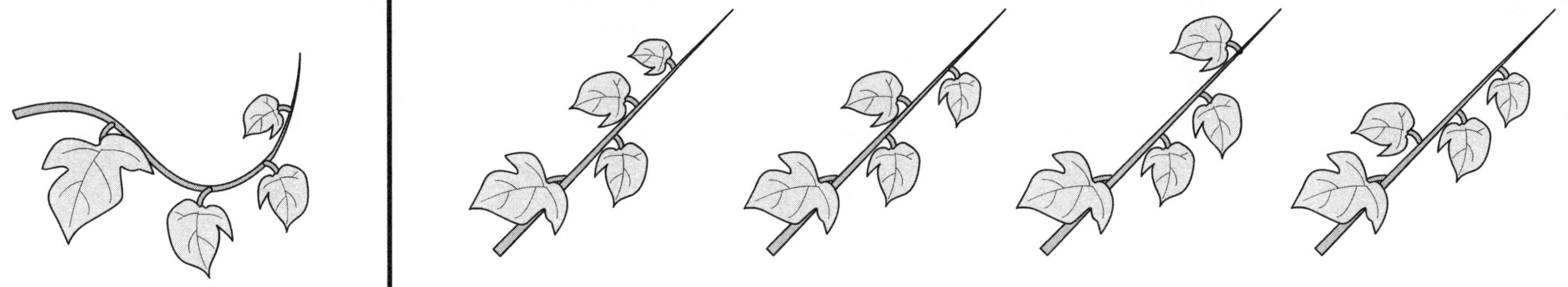

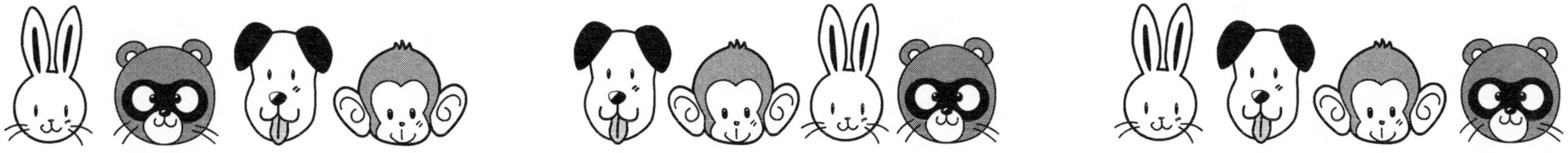

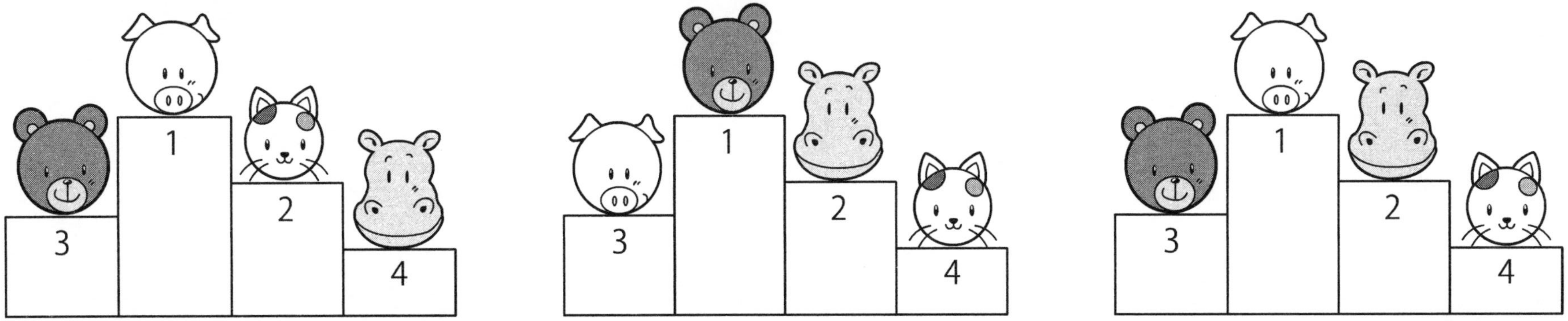

問題３３

①

②

③

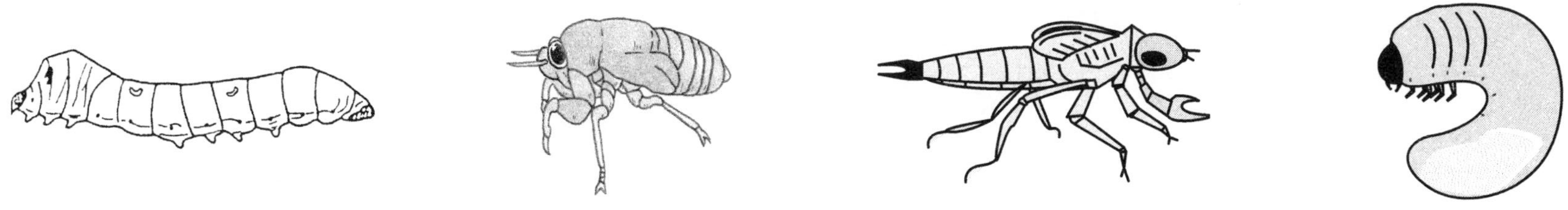

 無断複製／転載を禁ずる

日本学習図書株式会社

問題35

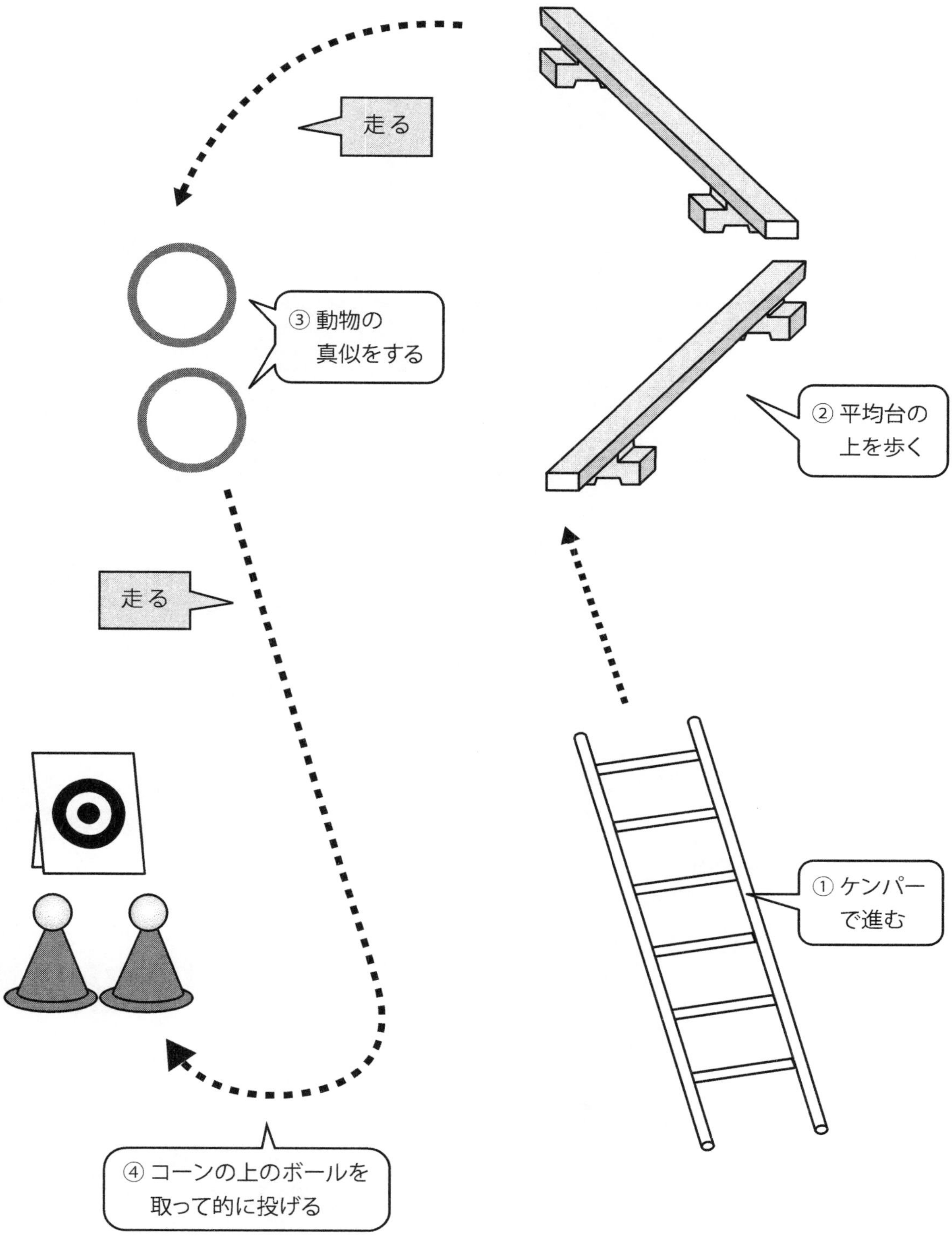

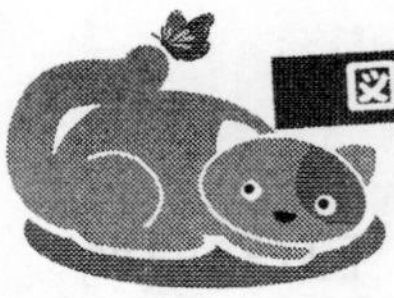

図書カード1000円分プレゼント

ご記入日 令和　　年　　月　　日

☆国・私立小学校受験アンケート☆

※可能な範囲でご記入下さい。選択肢は○で囲んで下さい。

〈小学校名〉＿＿＿＿＿＿＿＿＿＿＿＿　〈お子さまの性別〉男・女　〈誕生月〉＿＿月

〈その他の受験校〉（複数回答可）＿＿＿＿＿＿＿＿＿＿＿＿＿＿＿＿

〈受験日〉①：＿＿月＿＿日〈時間〉＿＿時＿＿分　～　＿＿時＿＿分

②：＿＿月＿＿日〈時間〉＿＿時＿＿分　～　＿＿時＿＿分

〈受験者数〉男女計＿＿名（男子＿＿名　女子＿＿名）

〈お子さまの服装〉＿＿＿＿＿＿＿＿＿＿＿＿＿＿＿＿

〈入試全体の流れ〉（記入例）準備体操→行動観察→ペーパーテスト

＿＿＿＿＿＿＿＿＿＿＿＿＿＿＿＿＿＿＿＿＿＿＿＿

Eメールによる情報提供

日本学習図書では、Eメールでも入試情報を募集しております。

下記のアドレスに、アンケートの内容をご入力の上、メールをお送り下さい。

ojuken@nichigaku.jp

●行動観察　（例）好きなおもちゃで遊ぶ・グループで協力するゲームなど

〈実施日〉＿＿月＿＿日〈時間〉＿＿時＿＿分　～　＿＿時＿＿分　〈着替え〉□有　□無

〈出題方法〉□肉声　□録音　□その他（　　　　　）〈お手本〉□有　□無

〈試験形態〉□個別　□集団（　　　人程度）

〈会場図〉

〈内容〉

□自由遊び

＿＿＿＿＿＿＿＿＿＿＿＿＿＿＿＿＿＿＿＿

□グループ活動

＿＿＿＿＿＿＿＿＿＿＿＿＿＿＿＿＿＿＿＿

□その他

＿＿＿＿＿＿＿＿＿＿＿＿＿＿＿＿＿＿＿＿

●運動テスト（有・無）　（例）跳び箱・チームでの競争など

〈実施日〉＿＿月＿＿日〈時間〉＿＿時＿＿分　～　＿＿時＿＿分　〈着替え〉□有　□無

〈出題方法〉□肉声　□録音　□その他（　　　　　）〈お手本〉□有　□無

〈試験形態〉□個別　□集団（　　　人程度）

〈会場図〉

〈内容〉

□サーキット運動

□走り　□跳び箱　□平均台　□ゴム跳び

□マット運動　□ボール運動　□なわ跳び

□クマ歩き

□グループ活動＿＿＿＿＿＿＿＿＿＿＿＿＿＿＿＿

□その他＿＿＿＿＿＿＿＿＿＿＿＿＿＿＿＿＿＿

●知能テスト・口頭試問

〈実施日〉＿＿月＿＿日〈時間〉＿＿時＿＿分　～＿＿時＿＿分〈お手本〉□有 □無

〈出題方法〉□肉声 □録音 □その他（　　　　　）〈問題数〉＿＿枚　＿＿問

分野	方法	内　　容	詳　細・イ　ラ　ス　ト
（例） お話の記憶	☑筆記 □口頭	動物たちが待ち合わせをする話	（あらすじ） 動物たちが待ち合わせをした。最初にウサギさんが来た。次にイヌくんが、その次にネコさんが来た。最後にタヌキくんが来た。 （問題・イラスト） ３番目に来た動物は誰か 
お話の記憶	□筆記 □口頭		（あらすじ） （問題・イラスト）
図形	□筆記 □口頭		
言語	□筆記 □口頭		
常識	□筆記 □口頭		
数量	□筆記 □口頭		
推理	□筆記 □口頭		
その他	□筆記 □口頭		

日本学習図書株式会社

●制作　（例）ぬり絵・お絵かき・工作遊びなど

〈実施日〉＿＿月＿＿日　〈時間〉＿＿時＿＿分　～　＿＿時＿＿分

〈出題方法〉 □肉声 □録音 □その他（　　　　　）〈お手本〉□有 □無

〈試験形態〉 □個別 □集団（　　　人程度）

材料・道具	制作内容
□ハサミ □のり（□つぼ □液体 □スティック） □セロハンテープ □鉛筆 □クレヨン（　色） □クーピーペン（　色） □サインペン（　色）□ □画用紙（□ A4 □ B4 □ A3 □その他：　　　　） □折り紙 □新聞紙 □粘土 □その他（　　　　　　）	□切る □貼る □塗る □ちぎる □結ぶ □描く □その他（　　　　） タイトル：＿＿＿＿＿＿＿＿＿＿

●面接

〈実施日〉＿＿月＿＿日　〈時間〉＿＿時＿＿分　～　＿＿時＿＿分〈面接担当者〉＿＿名

〈試験形態〉□志願者のみ（　　）名 □保護者のみ □親子同時 □親子別々

〈質問内容〉

※試験会場の様子をご記入下さい。

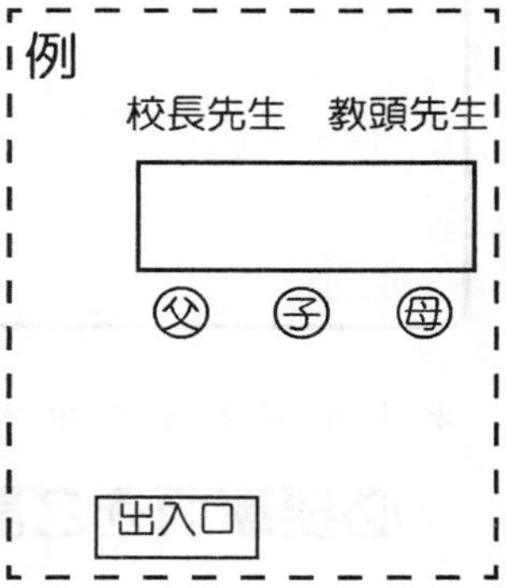

□志望動機　□お子さまの様子

□家庭の教育方針

□志望校についての知識・理解

□その他（　　　　　　　　　　　）

（　詳　細　）

・

・

・

・

●保護者作文・アンケートの提出（有・無）

〈提出日〉 □面接直前 □出願時 □志願者考査中 □その他（　　　　　　）

〈下書き〉 □有 □無

〈アンケート内容〉

（記入例）当校を志望した理由はなんですか（150字）

●説明会（□有　□無）〈開催日〉＿＿月＿＿日〈時間〉＿＿時＿＿分～＿＿時＿＿分

〈上履き〉 □要　□不要　〈願書配布〉 □有　□無　〈校舎見学〉 □有　□無

〈ご感想〉

●参加された学校行事（複数回答可）

公開授業〈開催日〉＿＿月＿＿日〈時間〉＿＿時＿＿分～＿＿時＿＿分

運動会など〈開催日〉＿＿月＿＿日〈時間〉＿＿時＿＿分～＿＿時＿＿分

学習発表会・音楽会など〈開催日〉＿＿月＿＿日〈時間〉＿＿時＿＿分～＿＿時＿＿分

〈ご感想〉

※是非参加したほうがよいと感じた行事について

●受験を終えてのご感想、今後受験される方へのアドバイス

※対策学習（重点的に学習しておいた方がよい分野）、当日準備しておいたほうがよい物など

＊＊＊＊＊＊＊＊＊＊＊＊＊　ご記入ありがとうございました　＊＊＊＊＊＊＊＊＊＊＊＊＊

必要事項をご記入の上、ポストにご投函ください。

なお、本アンケートの送付期限は入試終了後３ヶ月とさせていただきます。また、入試に関する情報の記入量が当社の基準に満たない場合、謝礼の送付ができないことがございます。あらかじめご了承ください。

ご住所：〒＿＿＿＿＿＿＿＿＿＿＿＿＿＿＿＿＿＿＿＿

お名前：＿＿＿＿＿＿＿＿＿＿　メール：＿＿＿＿＿＿＿＿＿＿

TEL：＿＿＿＿＿＿＿＿＿＿　FAX：＿＿＿＿＿＿＿＿＿＿

アンケートのご記入
ありがとうございました

ご記入頂いた個人に関する情報は、当社にて厳重に管理致します。弊社の個人情報取り扱いに関する詳細は、www.nichigaku.jp/policy.php の「個人情報の取り扱い」をご覧下さい。

分野別 小学入試練習帳 ジュニアウォッチャー

1．点・線図形	小学校入試で出題頻度の高い『点・線図形』の模写を、難易度の低いものから段階別に幅広く練習することができるように構成。
2．座標	図形の位置模写という作業を、難易度の低いものから段階別に練習できるように構成。
3．パズル	様々なパズルの問題を難易度の低いものから段階別に練習できるように構成。
4．同図形探し	小学校入試で出題頻度の高い、同図形選びの問題を繰り返し練習できるように構成。
5．回転・展開	図形などを回転、または展開したとき、形がどのように変化するかを学習し、理解を深められるように構成。
6．系列	数、図形などの様々な系列問題を、難易度の低いものから段階別に練習できるように構成。
7．迷路	迷路の問題を繰り返し練習できるように構成。
8．対称	対称に関する問題を４つのテーマに分類し、各テーマごとに問題を段階別に練習できるように構成。
9．合成	図形の合成に関する問題を、難易度の低いものから段階別に練習できるように構成。
10．四方からの観察	もの（立体）を様々な角度から見て、どのように見えるかを推理する問題を段階別に整理し、１つの形式で複数の問題を練習できるように構成。
11．いろいろな仲間	ものや動物、植物の共通点を見つけ、分類していく問題を中心に構成。
12．日常生活	日常生活における様々な問題を６つのテーマに分類し、各テーマごとに一つの問題形式で複数の問題を練習できるように構成。
13．時間の流れ	『時間』に着目し、様々なものごとは、時間が経過するとどのように変化するのかということを学習し、理解できるように構成。
14．数える	様々なものを『数える』ことから、数の多少の判定やかけ算、わり算の基礎までを練習できるように構成。
15．比較	比較に関する問題を５つのテーマ（数、高さ、長さ、量、重さ）に分類し、各テーマごとに問題を段階別に練習できるように構成。
16．積み木	数える対象を積み木に限定した問題集。
17．言葉の音遊び	言葉の音に関する問題を５つのテーマに分類し、各テーマごとに問題を段階別に練習できるように構成。
18．いろいろな言葉	表現力をより豊かにするいろいろな言葉として、擬態語や擬声語、同音異義語、反意語、数詞を取り上げた問題集。
19．お話の記憶	お話を聴いてその内容を記憶、理解し、設問に答える形式の問題集。
20．見る記憶・聴く記憶	「見て憶える」「聴いて憶える」という『記憶』分野に特化した問題集。
21．お話作り	いくつかの絵を元にしてお話を作る練習をして、想像力を養うことができるように構成。
22．想像画	描かれてある形や景色に好きな絵を描くことにより、想像力を養うことができるように構成。
23．切る・貼る・塗る	小学校入試で出題頻度の高い、はさみやのりなどを用いた巧緻性の問題を繰り返し練習できるように構成。
24・絵画	小学校入試で出題頻度の高い、お絵かきやぬり絵などクレヨンやクーピーペンを用いた巧緻性の問題を繰り返し練習できるように構成。
25．生活巧緻性	小学校入試で出題頻度の高い日常生活の様々な場面における巧緻性の問題集。
26．文字・数字	ひらがなの清音、濁音、拗音、拗長音、促音と１～20までの数字に焦点を絞り、練習できるように構成。
27．理科	小学校入試で出題頻度が高くなりつつある理科の問題を集めた問題集。
28．運動	出題頻度の高い運動問題を種目別に分けて構成。
29．行動観察	項目ごとに問題提起をし、「このような時はどうか、あるいはどう対処するのか」の観点から問いかける形式の問題集。
30．生活習慣	学校から家庭に提起された問題と思って、一問一問絵を見ながら話し合い、考える形式の問題集。
31．推理思考	数、量、言語、常識（含理科、一般）など、諸々のジャンルから問題を構成し、近年の小学校入試問題傾向に沿って構成。
32．ブラックボックス	箱や筒の中を通ると、どのようなお約束でどのように変化するかを推理・思考する問題集。
33．シーソー	重さの違うものをシーソーに乗せた時どちらに傾くのか、またどうすればシーソーは釣り合うのかを思考する基礎的な問題集。
34．季節	様々な行事や植物などを季節別に分類できるように知識をつける問題集。
35．重ね図形	小学校入試で頻繁に出題されている「図形を重ね合わせてできる形」についての問題を集めました。
36．同数発見	様々な物を数え「同じ数」を発見し、数の多少の判断や数の認識の基礎を学べるように構成した問題集。
37．選んで数える	数の学習の基本となる、いろいろなものの数を正しく数える学習を行う問題集。
38．たし算・ひき算１	数字を使わず、たし算とひき算の基礎を身につけるための問題集。
39．たし算・ひき算２	数字を使わず、たし算とひき算の基礎を身につけるための問題集。
40．数を分ける	数を等しく分ける問題です。等しく分けたときに余りが出るものもあります。
41．数の構成	ある数がどのような数で構成されているか学んでいきます。
42．一対多の対応	一対一の対応から、一対多の対応まで、かけ算の考え方の基礎学習を行います。
43．数のやりとり	あげたり、もらったり、数の変化をしっかりと学びます。
44．見えない数	指定された条件から数を導き出します。
45．図形分割	図形の分割に関する問題集。パズルや合成の分野にも通じる様々な問題を集めました。
46．回転図形	「回転図形」に関する問題集。やさしい問題から始め、いくつかの代表的なパターンから、段階を踏んで学習できるよう編集されています。
47．座標の移動	「マス目の指示通りに移動する問題」と「指示された数だけ移動する問題」を収録。
48．鏡図形	鏡で左右反転させた時の見え方を考えます。平面図形から立体図形、文字、絵まで。
49．しりとり	すべての学習の基礎となる「言葉」を学ぶこと、特に「語彙」を増やすことに重点をおき、さまざまなタイプの「しりとり」問題を集めました。
50．観覧車	観覧車やメリーゴーラウンドなどを舞台にした「回転系列」の問題集。「推理思考」分野の問題ですが、要素として「図形」や「数量」も含みます。
51．運筆①	鉛筆の持ち方を学び、点線なぞり、お手本を見ながらの模写で、線を引く練習をします。
52．運筆②	運筆①からさらに発展し、「欠所補完」や「迷路」などを楽しみながら、より複雑な鉛筆運びを習得することを目指します。
53．四方からの観察 積み木編	積み木を使用した「四方からの観察」に関する問題を練習できるように構成。
54．図形の構成	見本の図形がどのような部分によって形づくられているかを考えます。
55．理科②	理科的知識に関する問題を集中して練習する「常識」分野の問題集。
56．マナーとルール	道路や駅、公共の場でのマナー、安全や衛生に関する常識を学べるように構成。
57．置き換え	さまざまな具体的・抽象的事象を記号で表す「置き換え」の問題を扱います。
58．比較②	長さ・高さ・体積・数などを数学的な知識を使わず、論理的に推測する「比較」の問題を練習できるように構成。
59．欠所補完	線と線のつながり、欠けた絵に当てはまるものなどを求める「欠所補完」に取り組める問題集です。
60．言葉の音（おん）	しりとり、決まった順番の音をつなげるなど、「言葉の音」に関する問題に取り組める練習問題集です。

◆◆ニチガクのおすすめ問題集◆◆

より充実した家庭学習を目指し、ニチガクではさまざまな問題集をとりそろえております!!

サクセスウォッチャーズ（全18巻）

①〜⑱
本体各￥2,200＋税

全9分野を「基礎必修編」「実力アップ編」の2巻でカバーした、合計18冊。
各巻80問と豊富な問題数に加え、他の問題集では掲載していない詳しいアドバイスが、お子さまを指導する際に役立ちます。
各ページが、すぐに使えるミシン目付き。本番を意識したドリルワークが可能です。

ジュニアウォッチャー（既刊60巻）

①〜60（以下続刊）
本体各￥1,500＋税

入試出題頻度の高い9分野を、さらに60の項目にまで細分化。基礎学習に最適のシリーズ。
苦手分野におけるつまずきを、効率よく克服するための60冊です。
ポイントが絞られているため、無駄なく高い効果を得られます。

国立・私立NEWウォッチャーズ

言語／理科／図形／記憶
常識／数量／推理
本体各￥2,000＋税

シリーズ累計発行部数40万部以上を誇る大ベストセラー「ウォッチャーズシリーズ」の趣旨を引き継ぐ新シリーズ!!
実際に出題された過去問の「類題」を32問掲載。全問に「解答のポイント」付きだから家庭学習に最適です。「ミシン目」付き切り離し可能なプリント学習タイプ！

実践 ゆびさきトレーニング①・②・③

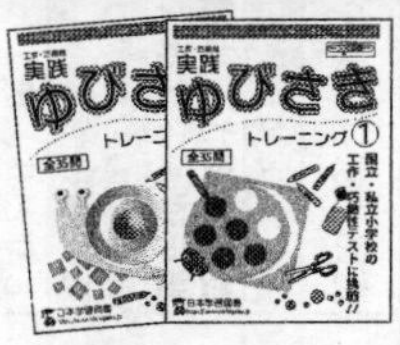

本体各￥2,500＋税

制作問題に特化した一冊。有名校が実際に出題した類似問題を35問掲載。
様々な道具の扱い（はさみ・のり・セロハンテープの使い方）から、手先・指先の訓練（ちぎる・貼る・塗る・切る・結ぶ）、また、表現することの楽しさも経験できる問題集です。

お話の記憶・読み聞かせ

[お話の記憶問題集]
中級／上級編
本体各￥2,000＋税
初級／過去類似編／ベスト30
本体各￥2,600＋税

1話5分の読み聞かせお話集①・②、入試実践編①
本体各￥1,800＋税

あらゆる学習に不可欠な、語彙力・集中力・記憶力・理解力・想像力を養うと言われているのが「お話の記憶」分野の問題。問題集は全問アドバイス付き。

分野別 苦手克服シリーズ（全6巻）

図形／数量／言語／
常識／記憶／推理
本体各￥2,000＋税

数量・図形・言語・常識・記憶の6分野。アンケートに基づいて、多くのお子さまがつまづきやすい苦手問題を、それぞれ40問掲載しました。
全問アドバイス付きですので、ご家庭において、そのつまづきを解消するためのプロセスも理解できます。

運動テスト・ノンペーパーテスト問題集

新 運動テスト問題集
本体￥2,200＋税

新 ノンペーパーテスト問題集
本体￥2,600＋税

ノンペーパーテストは国立・私立小学校で幅広く出題される、筆記用具を使用しない分野の問題を全40問掲載。
運動テスト問題集は運動分野に特化した問題集です。指示の理解や、ルールを守る訓練など、ポイントを押さえた学習に最適。全35問掲載。

口頭試問・面接テスト問題集

新 口頭試問・個別テスト問題集
本体￥2,500＋税

面接テスト問題集
本体￥2,000＋税

口頭試問は、主に個別テストとして口頭で出題解答を行うテスト形式。面接は、主に「考え」やふだんの「あり方」をたずねられるものです。
口頭で答える点は同じですが、内容は大きく異なります。想定する質問内容や答え方の幅を広げるために、どちらも手にとっていただきたい問題集です。

小学校受験 厳選難問集 ①・②

本体各￥2,600＋税

実際に出題された入試問題の中から、難易度の高い問題をピックアップし、アレンジした問題集。応用問題への挑戦は、基礎の理解度を測るだけでなく、お子さまの達成感・知的好奇心を触発します。
①は数量・図形・推理・言語、②は位置・常識・比較・記憶分野の難問を掲載。それぞれ40問。

国立小学校　対策問題集

国立小学校入試問題A・B・C
（全3巻）本体各￥3,282＋税

新 国立小学校直前集中講座
本体￥3,000＋税

国立小学校頻出の問題を厳選。細かな指導方法やアドバイスが掲載してあり、効率的な学習が進められます。「総集編」は難易度別にA〜Cの3冊。付録のレーダーチャートにより得意・不得意を認識でき、国立小学校受験対策に最適です。入試直前の対策には「新 直前集中講座」！

おうちでチャレンジ ①・②

本体各￥1,800＋税

関西最大級の模擬試験である小学校受験標準テストのペーパー問題を編集した実力養成に最適な問題集。延べ受験者数10,000人以上のデータを分析しお子さまの習熟度・到達度を一目で判別。
保護者必読の特別アドバイス収録！

Q＆Aシリーズ

『小学校受験で知っておくべき125のこと』
『小学校受験に関する 保護者の悩みQ＆A』
『新 小学校受験の入試面接Q＆A』
『新 小学校受験 願書・アンケート文例集500』
本体各￥2,600＋税
『小学校受験のための
願書の書き方から面接まで』
本体￥2,500＋税

「知りたい！」「聞きたい！」「こんな時どうすれば…？」そんな疑問や悩みにお答えする、オススメの人気シリーズです。

書籍についてのご注文・お問い合わせ
☎ 03-5261-8951

http://www.nichigaku.jp
※ご注文方法、書籍についての詳細は、Webサイトをご覧ください。

日本学習図書　検索

『読み聞かせ』×『質問』＝『聞く力』

お話の記憶の練習に最適

1話5分の 読み聞かせお話集①②

「アラビアン・ナイト」「アンデルセン童話」「イソップ寓話」「グリム童話」、日本や各国の民話、昔話、偉人伝の中から、教育的な物語や、過去に小学校入試でも出題された有名なお話を中心に掲載。お話ごとに、内容に関連したお子さまへの質問も掲載しています。「読み聞かせ」を通して、お子さまの『聞く力』を伸ばすことを目指します。　①巻・②巻　各48話

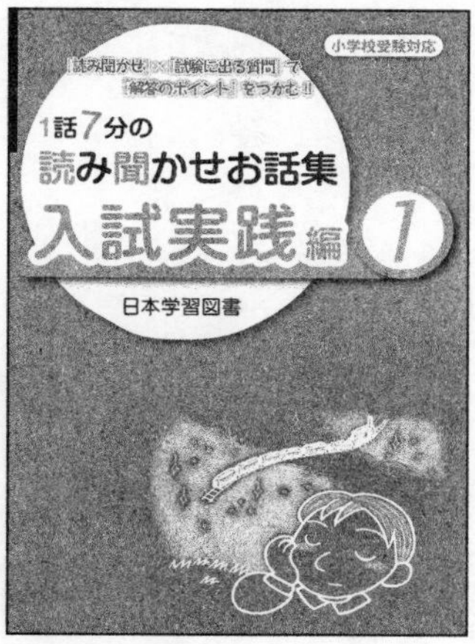

国立·私立小学校受験対応

1話7分の読み聞かせお話集 入試実践編①

最長1,700文字の長文のお話を掲載。有名でない＝「聞いたことのない」お話を聞くことで、『集中力』のアップを目指します。設問も、実際の試験を意識した設問としています。ペーパーテスト実施校の多くが「お話の記憶」の問題を出題します。毎日の「読み聞かせ」と「試験に出る質問」で、「解答のポイント」をつかんで臨みましょう！　50話収録

ニチガクの この5冊で受験準備も万全！

小学校受験入門 願書の書き方から面接まで リニューアル版

主要私立・国立小学校の願書・面接内容を中心に、学校選びや入試の分野傾向、服装コーディネート、持ち物リストなども網羅し、受験準備全体をサポートします。

小学校受験で知っておくべき 125のこと

小学校受験の基本から怪しい「ウワサ」まで、保護者の方々からの 125 の質問にていねいに解答。目からウロコのお受験本。

新　小学校受験の 入試面接Q＆A リニューアル版

過去十数年に遡り、面接での質問内容を網羅。小学校別、父親・母親・志願者別、さらに学校のこと・志望動機・お子さまについてなど分野ごとに模範解答例やアドバイスを掲載。

新　願書・アンケート 文例集 500 リニューアル版

有名私立小、難関国立小の願書やアンケートに記入するための適切な文例を、質問の項目別に収録。合格を掴むためのヒントが満載！願書を書く前に、ぜひ一度お読みください。

小学校受験に関する 保護者の悩みQ＆A

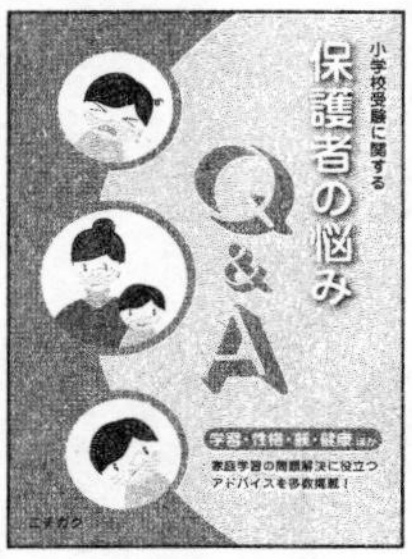

保護者の方約 1,000 人に、学習・生活・躾に関する悩みや問題を取材。その中から厳選した 200 例以上の悩みに、「ふだんの生活」と「入試直前」のアドバイス２本立てで悩みを解決。

日本学習図書株式会社

慶應義塾横浜初等部　専用注文書

年　　月　　日

合格のための問題集ベスト・セレクション

＊入試頻出分野ベスト３

1st	お話の記憶	集中力　聞く力
2nd	図　形	観察力　思考力
3rd	制　作	聞く力　話す力　創造力

受験者数はこの状況でも増え、基礎学力を観る１次試験の合格のボーダーラインは高く、ミスのできない入試になっています。苦手分野は早めに克服しておきましょう。

分野	書　名	価格(税込)	注文	分野	書　名	価格(税込)	注文
図形	Ｊｒ・ウォッチャー１「点・線図形」	1,650円	冊	数量	Ｊｒ・ウォッチャー42「一対多の対応」	1,650円	冊
図形	Ｊｒ・ウォッチャー４「同図形探し」	1,650円	冊	図形	Ｊｒ・ウォッチャー46「回転図形」	1,650円	冊
図形	Ｊｒ・ウォッチャー６「系列」	1,650円	冊	図形	Ｊｒ・ウォッチャー47「座標の移動」	1,650円	冊
図形	Ｊｒ・ウォッチャー８「対称」	1,650円	冊	巧緻性	Ｊｒ・ウォッチャー51「運筆①」	1,650円	冊
図形	Ｊｒ・ウォッチャー10「四方からの観察」	1,650円	冊	巧緻性	Ｊｒ・ウォッチャー52「運筆②」	1,650円	冊
記憶	Ｊｒ・ウォッチャー19「お話の記憶」	1,650円	冊	図形	Ｊｒ・ウォッチャー53「四方からの観察　積み木編」	1,650円	冊
想像	Ｊｒ・ウォッチャー22「想像画」	1,650円	冊	常識	Ｊｒ・ウォッチャー55「理科②」	1,650円	冊
巧緻性	Ｊｒ・ウォッチャー24「絵画」	1,650円	冊	常識	Ｊｒ・ウォッチャー56「マナーとルール」	1,650円	冊
巧緻性	Ｊｒ・ウォッチャー25「生活巧緻性」	1,650円	冊		１話５分の読み聞かせお話集①②	1,980円	各　冊
常識	Ｊｒ・ウォッチャー27「理科」	1,650円	冊		お話の記憶　初級編	2,860円	冊
運動	Ｊｒ・ウォッチャー28「運動」	1,650円	冊		お話の記憶　中級編	2,200円	冊
行動観察	Ｊｒ・ウォッチャー29「行動観察」	1,650円	冊		新 運動テスト問題集	2,420円	冊
推理	Ｊｒ・ウォッチャー31「推理思考」	1,650円	冊		実践 ゆびさきトレーニング①②③	2,750円	各　冊
常識	Ｊｒ・ウォッチャー34「季節」	1,650円	冊				

合計	冊	円

（フリガナ） 氏　名	電　話 ＦＡＸ E-mail
住 所　〒　　　　－	以前にご注文されたことはございますか。 有　・　無

★お近くの書店、または記載の電話・FAX・ホームページにてご注文をお受けしております。
電話：03-5261-8951　FAX：03-5261-8953　代金は書籍合計金額＋送料がかかります。
※なお、落丁・乱丁以外の理由による商品の返品・交換には応じかねます。

★ご記入頂いた個人に関する情報は、当社にて厳重に管理致します。なお、ご購入の商品発送の他に、当社発行の書籍案内、書籍に関する調査に使用させて頂く場合がございますので、予めご了承ください。

日本学習図書株式会社
https://www.nichigaku.jp

家庭学習をトータルサポート！ニチガクのオリジナル 効果的 学習法

1 まずはアドバイスページを読む！

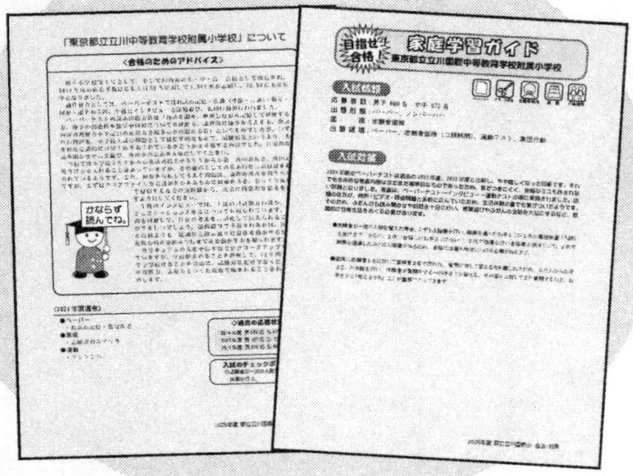

ピンク色です

対策や試験ポイントがぎっしりつまった「家庭学習ガイド」。分野アイコンで、試験の傾向をおさえよう！

過去問のこだわり

最新問題は問題ページ、イラストページ、解答・解説ページが独立しており、お子さまにすぐに取り掛かっていただける作りになっています。
ニチガクの学校別問題集ならではの、学習法を含めたアドバイスを利用して効率のよい家庭学習を進めてください。

2 問題をすべて読み、出題傾向を把握する

3 「学習のポイント」で学校側の観点や問題の解説を熟読

4 はじめて過去問題にチャレンジ！

各問題のジャンル

問題8 分野：図形（構成・重ね図形）

〈準備〉 鉛筆、消しゴム

〈問題〉 ①この形は、左の三角形を何枚使ってできていますか。その数だけ右の四角に○を書いてください。
②左の絵の一番下になっている形に○をつけてください。
③左には、透明な板に書かれた３枚の絵があります。この絵をそのまま３枚重ねると、どうなりますか。右から選んで○をつけてください。
④左には、透明な板に書かれた３枚の絵があります。この絵をそのまま３枚重ねると、どうなりますか。右から選んで○をつけてください。

〈時間〉 各20秒

〈解答〉 ①○４つ　②中央　③右端　④右端

学習のポイント

空間認識力を総合的に観ることができる問題構成といえるでしょう。これらの３問を見て、どの問題もすんなりと解くことができたでしょうか。当校の入試は、基本問題は確実に解き、難問をどれだけ正解するかで合格が近づいてきます。その観点からいうなら、この問題は全問正解したい問題に入ります。この問題も、お子さま自身に答え合わせをさせることをおすすめいたします。自分で実際に確認することでどのようになっているのか把握することが可能で、理解度が上がります。実際に操作したとき、どうなっているのか。何処がポイントになるのかなど、質問をすると、答えることが確認作業になるため、知識の習得につながります。形や条件を変え、色々な問題にチャレンジしてみましょう。

【おすすめ問題集】
Jr.ウォッチャー45「図形分割」

5 プラスα 対策問題集や類題で力を付ける

学習のポイント

各問題の解説や学校の観点、指導のポイントなどを教えます。
今日から保護者の方が家庭学習の先生に！

おすすめ対策問題集

分野ごとに対策問題集をご紹介。苦手分野の克服に最適です！
＊専用注文書付き。

2025年度版　慶應義塾横浜初等部
過去問題集

発行日　2024年5月31日
発行所　〒162-0821 東京都新宿区津久戸町 3-11-9F
日本学習図書株式会社
電　話　03-5261-8951 (代)
・本書の一部または全部を無断で複写転載することは禁じられています。
乱丁、落丁の場合は発行所でお取り替え致します。

ISBN978-4-7761-5565-2
C6037 ¥2100E
9784776155652

定価 2,310 円
（本体 2,100 円＋税 10％）
1926037021001

詳細は https://www.nichigaku.jp　日本学習図書　検索

首都圏版㊷ **最新入試に対応！　家庭学習に最適の問題集!!**

東京都立 立川国際 中等教育学校附属 小学校

JN046694

2025年度版 過去・対策問題集

2022～2024年度 実施試験 計3年分収録

問題集の効果的な使い方

①学習を始める前に、まずは保護者の方が「入試問題」の傾向や、どの程度難しいか把握をします。すべての「アドバイス」にも目を通してください。
②各分野の学習を先に行い、基礎学力を養いましょう！
③力が付いてきたと思ったら「過去問題」にチャレンジ！
④お子さまの得意・苦手がわかったら、その分野の学習を進め、全体的なレベルアップを図りましょう！

厳選! 合格必携 問題集セット

記　憶	Jr. ウォッチャー ⑲「お話の記憶」
知　識	Jr. ウォッチャー ㉞「季節」
推　理	Jr. ウォッチャー ㊿「観覧車」
巧緻性	Jr. ウォッチャー (51)「運筆①」
面　接	保護者のための入試面接最強マニュアル

日本学習図書 ニチガク

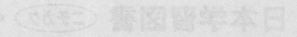

ニチガク式学習支援!!

日本学習図書 ニチガク

こんなこと…ありませんか？

「ニチガクの問題集…買ったはいいけど、、、
この問題の教え方がわからない（汗）」

メールでお悩み解決します！

☆ ホームページ内の専用フォームで必要事項を入力！

☆ 教え方に困っているニチガクの問題を教えてください！

☆ 確認終了後、具体的な指導方法をメールでご返信！

☆ 全国どこでも！ スマホでも！ ぜひご活用ください！

<質問回答例>

アドバイス

推理分野の学習では、後の学習に活きる思考力を養うことができます。ご家庭で指導する場合にも、テクニックにたよらず、保護者の方が先に基本的な考え方を理解した上で、お子さまによく考えさせることを大切にして指導してください。

Q.「お子さまによく考えさせることを大切にして指導してください」と学習のポイントにありますが、考える習慣をつけさせるためには、具体的にどのようにしたらいいですか？

A. お子さまが考える時間を持てるように、質問の仕方と、タイミングに工夫をしてみてください。
たとえば、「答えはあっているけど、どうやってその答えを見つけたの」「答えは○○なんだけど、どうしてだと思う？」という感じです。
はじめのうちは、「必ず 30 秒考えてから手を動かす」などのルールを決める方法もおすすめです。

まずは、ホームページへアクセスしてください!!

https://www.nichigaku.jp　日本学習図書　検索

目指せ！合格！

家庭学習ガイド

東京都立立川国際中等教育学校附属小学校

ペーパー　工作・巧緻性　志願者面接　運　動　行動観察

入試情報

応 募 者 数：男子 689名　女子 675名
出 題 形 態：ペーパー、ノンペーパー
面　　　接：志願者面接
出 題 領 域：ペーパー、志願者面接（口頭試問）、運動テスト、集団行動

入試対策

2024年度のペーパーテストは過去の2022年度、2023年度と比較し、やや難しくなった印象です。それでも全体的な考査内容はまだまだ標準的なものであったため、差がつきにくく、些細なミスも許されない試験となりました。考査は、ペーパーテスト→インタビュー→運動テストの順に実施されました。出題の仕方が、肉声・ビデオ・録音問題と多岐に及んでいたため、生活体験の量でも差がついたようです。そのため、ふだんから読み聞かせや対話を十分に行い、言葉遊びやふだんの会話を大切にするなど、意識的に日常生活をおくる必要があります。

●志願者が一定の人数を超えた場合、まず1次抽選を行い、抽選を通ったお子さまが２次の適性検査（入試）を受けます。さらに、２次で合格したお子さまについて、３次で抽選を行い合格者が決まります。２次で試験を通過したあとにも抽選があるため、合格には運も味方につける必要があります。

●面接は志願者１名に対して面接官２名で行われ、質問に対して答える力を観られるため、ふだんからお子さまとの会話を行い、保護者が質問をする→お子さまが答える、その答えに対してまた質問するなど、お子さまに「考えさせる」ことが重要になってきます。

「東京都立立川中等教育学校附属小学校」について

＜合格のためのアドバイス＞

都立小学校第１号として、そして国内初の小・中・高一貫校として開校され、2024年度の応募者数は募集人員58名に対して1,364名が志願し、23.52倍もの倍率となりました。

適性検査としては、ペーパーテストではお話の記憶・常識（季節・言語）・数量・図形・運筆の５題、午後にインタビューと運動遊び、集団行動が行われました。

ペーパーテストの基本出題方針は「物語を聞き、整理しながら記憶して理解する力、物事の関連性や数量や図形についての理解力、論理的に物事を考える力、指示内容の理解力や筆記具の使用力を観るのが出題の方針」というものでしたが、いずれの問題も、小学校入試の問題としては標準的なもので、試験対策というより、ある程度意識的に日常生活をおくれているかどうかを重視する内容でした。日常的な読み聞かせや言葉遊び、外出中の会話を大切にしてください。

当校では小学校１年生からの英語の授業や３年生からの第二外国語など、外国語教育に力を入れることを謳っていますが、その礎石としての基本的な言語感覚を観られているようです。また、図形を反転して考える問題は、論理的思考を問うものですが、まずはクリアファイルなど透過性のあるものに図形を書き、ひっくり返して観察するなどの実経験から、次第に抽象的な思考を促すようにしてください。

午後のインタビューでは、上述の言語能力のほか、コミュニケーションスキルについても観られています。質問を理解して、自分の考えを言語化して伝えられることが望ましいでしょう。運動遊びで重視されるのは、運動の巧拙よりも、協調性と指示通りに身体を動かせるか、複数の動きを組み合わせて体を動かす力を観られます。

カリキュラムの先進や倍率などがクローズアップされていますが、学校が求めることを理解して、12年間当校で学び続けることを念頭に、試験対策だけでなく思考力や判断力、表現力といった視野で臨まれることをおすすめします。

＜2024年度選考＞

●ペーパー
・お話の記憶・数量など
●面接
・志願者のみで行う
●運動
・ケンケンパー

◇過去の応募状況

2024年度	男689名	女675名
2023年度	男187名	女190名
2022年度	男916名	女881名

入試のチェックポイント

◇志願者が一定の人数を超えた場合抽選を行う。

東京都立
立川国際中等教育学校附属小学校
過去・対策問題集

〈はじめに〉

現在、少子化が叫ばれているにもかかわらず、私立・国立小学校の入学試験には一定の応募者があります。入試は、ただやみくもに学習するだけでは成果を得ることはできません。志望校の過去における出題傾向を研究・把握した上で、練習を進めていくこと、試験までに志願者の不得意分野を克服していくことが必須条件です。そこで、本問題集は小学校を受験される方々に、志望校の出題傾向をより詳しく知って頂くために、出題頻度の高い問題を結集いたしました。最新のデータを含む精選された過去問題集で実力をお付けください。

また、志望校の選択には弊社発行の「**2025年度版　首都圏・東日本　国立・私立小学校　進学のてびき**」をぜひ参考になさってください。

〈本書ご使用方法〉

◆出題者は出題前に一度問題を通読し、出題内容などを把握した上で、**〈 準　備 〉**の欄に表記してあるものを用意してから始めてください。
◆お子さまに絵の頁を渡し、出題者が問題文を読む形式で出題してください。問題を読んだ後で、絵の頁を渡す問題もありますのでご注意ください。
◆**「分野」**は、問題の分野を表しています。弊社の問題集の分野に対応していますので、復習の際の目安にお役立てください。
◆一部の描画や工作、常識等の問題については、解答が省略されているものがあります。お子さまの答えが成り立つか、出題者が各自でご判断ください。
◆**〈 時　間 〉**につきましては、目安とお考えください。
◆本文右端の**［〇年度］**は、問題の出題年度です。**［2024年度］**は、「2023年の秋に行われた2024年度入学志望者向けの考査で出題された問題」という意味です。
◆**学習のポイント**は、指導の際にご参考にしてください。
◆**【おすすめ問題集】**は各問題の基礎力養成や実力アップにご使用ください。

〈本書ご使用にあたっての注意点〉

◆文中に**この問題の絵は縦に使用してください。**と記載してある問題の絵は縦にしてお使いください。
◆**〈 準　備 〉**の欄で、クレヨン・クーピーペンと表記してある場合は12色程度のものを、画用紙と表記してある場合は白い画用紙をご用意ください。
◆文中に**この問題の絵はありません。**と記載してある問題には絵の頁がありませんので、ご注意ください。なお、問題の絵の右上にある番号が連番でなくても、中央下の頁番号が連番の場合は落丁ではありません。
下記一覧表の●が付いている問題は絵がありません。

問題１	問題２	問題３	問題４	問題５	問題６	問題７	問題８	問題９	問題10
							●		
問題11	問題12	問題13	問題14	問題15	問題16	問題17	問題18	問題19	問題20
			●	●					
問題21	問題22	問題23	問題24	問題25	問題26	問題27	問題28	問題29	問題30
			●		●				
問題31	問題32	問題33	問題34	問題35	問題36	問題37	問題38		

㊙ 先輩ママたちの声！

◆実際に受験をされた方からのアドバイスです。
ぜひ参考にしてください。

東京都立立川国際中等教育学校附属小学校

・「お話の記憶」は文字数が多いわけではないので、頭に情景を浮かべて聞き逃さないようにすることが重要です。

・「図形」と「季節」は各１～２問ずつ出題されていました。難易度は高くありませんので、ふだんからの学習で対応可能です。

・志願者の控室や保護者の待合室が寒く、長く待たされたのでカイロや防寒着などが必要でした。飲み物も持参したほうがいいでしょう。寒い時期なので、体調管理が重要です。

・待ち時間が長いので、しっかりと待つ訓練もやったほうがよいです。この待機時の様子も観られているようでした。保護者も、試験が終わるまで会場から出られないので、時間をつぶす本などを所持したほうがよいでしょう。

・保護者と志願者は会場で離されるので、離れても大丈夫なように訓練したほうがよいと思いました。

・運動テストがあるので女子のスカートは避けたほうがよさそうです。そしてなるべく、動きやすい服装を心がけてください。

・試験官に受験番号を聞かれるので、志願者と保護者は自分の番号を覚えておいたほうがよいでしょう。

・「座ってください」という先生からのアナウンスがありましたが、椅子はないので敷物やひざ掛けなどを持参したほうがよいでしょう。

・あまり色々とつめ込まないこと、受験直前は楽しくすごすこと。（子どもの表情に出ます）毎日をていねいにすごし、気負わず楽しく、一日を大切にすごすことをおすすめします。

・子どもたちが試験の間、水分補給ができないことが気になりました。

◎学習効果を上げるため、前掲の「家庭学習ガイド」及び「合格のためのアドバイス」をお読みになり、各校が実施する入試の出題傾向を、よく把握した上で問題に取り組んでください。
※冒頭の「本書のご使用方法」「ご使用にあたっての注意点」も併せてご覧ください。

2024年度の最新入試問題

問題１　分野：記憶（お話の記憶）

〈準備〉　鉛筆

〈問題〉　お話を聞いて後の質問に答えてください。

今日からネズミが動物村の新しい仲間になります。ネズミがイヌに動物村を案内してもらいます。ネズミがイヌの家に着くと、イヌが家の横の畑で待っていました。「ようこそ、ネズミさん。ここは、うちの畑だよ。動物村ではどの家でも畑で野菜や果物を育てているんだ」と言いました。ネズミは「じゃあ、イヌさんの家では何を育てているの」と聞きました。「ぼくはキャベツを育てているよ。さあ、これからニワトリさん、ゴリラさん、シマウマさんが、それぞれ好きな場所を紹介してくれるよ」と広場に向かって歩き始めました。歩きながらネズミは「ニワトリさんの家では何を育てているの」と聞きました。「ニワトリさんの家では甘いメロンを育てているよ」とイヌは答えました。広場に着くと、ニワトリが待っていました。「初めまして、ネズミさん。この広場では、ボール遊びや鬼ごっこができるよ」とニワトリは言いました。イヌは「よし、次は公園に行こう。シマウマさんが待っているよ」と案内しました。公園に向かって歩きながら、ネズミがイヌに「シマウマさんの家では何を育てているの」と聞きました。イヌは「シマウマさんの家では大きなカブを育てているよ」と答えました。公園に着くと、シマウマはネズミに「この公園には、たくさんの遊び道具があるよ」と教えました。イヌは「よし、最後は学校に行こう。ゴリラさんが待っているよ」と誘いました。学校に向かって歩きながら、ネズミはイヌに「ゴリラさんの家では何を育てているの」と聞きました。「ゴリラさんの家では大きなバナナを育てているよ」と答えました。学校に着くと、ゴリラが待っていました。ゴリラはネズミに「こんにちは、ネズミさん。ここは、ネズミさんが通う学校だよ。みんなで勉強しようね」とあいさつしました。ネズミも「うん、これからどうぞよろしくね」と元気にあいさつしました。みんなが優しくて、ネズミは心がポカポカになりました。

（問題１の絵を渡す）
①イヌが育てているものはどれですか。そのものを○で囲んでください。
②この動物の中で、公園で待っていた動物はどれですか。その動物を大きな○で囲んでください。

弊社の問題集は、同封の注文書の他に、
ホームページからでもお買い求めいただくことができます。
右のQRコードからご覧ください。
（東京都立立川国際中等教育学校附属小学校おすすめ問題集のページです）

〈時 間〉　30秒

〈解 答〉　下図参照

アドバイス

登場する動物やそれに付随する情報があり、難しく感じるかもしれません。お話を聞くときは、その情景を思い浮かべながら聞くと記憶に残りやすくなります。また、複数の人物や動物が登場する物語では、登場する順番も解答に関わってくることがあります。お話を聞くことは、言語、常識、数量などの学習にも活用できます。お話からいろいろな設問をしてみるとよいでしょう。途中、「誰が出てきた？」「何をしたの？」「どんなお話だった？」というように思考を促す質問をすると、考える力がつき、長いお話も集中して聞けるようになるでしょう。

【おすすめ問題集】

1話5分の読み聞かせお話集①②、　お話の記憶 初級編・中級編、
Ｊｒ・ウォッチャー19「お話の記憶」

家庭学習のコツ①　**「先輩ママの声」を読みましょう！**

本書冒頭の「先輩ママのアドバイス」には、実際に試験を経験された方の貴重なお話が掲載されています。対策学習への取り組み方だけでなく、試験場の雰囲気や会場での過ごし方、お子さまの健康管理、家庭学習の方法など、さまざまなことがらについてのアドバイスもあります。先輩ママの体験談、アドバイスに学び、ステップアップを図りましょう！

問題2　分野：言語（しりとり）・常識（季節）

〈準備〉　鉛筆

〈問題〉　①この４つの生きものでしりとりをすると、全部つながるようになります。そのとき、しりとりの最後になる生きものはどれですか。その絵に○をつけてください。

②太い線の四角の中に、ツバメの絵があります。日本には、春、夏、秋、冬の季節があります。ツバメが巣を作り始める季節と、同じ季節によく見られるものが、隣の４つの絵の中に１つだけあります。その絵に○をつけてください。

〈時間〉　各30秒

〈解答〉　下図参照

アドバイス

季節に関する問題は、これまでのところ毎年出題されています。年中行事や食べ物、植物、動物の行動、レジャーなど、季節感のある事柄は多岐にわたります。普段の生活の中で体験しながら覚えていくのが理想的です。年中行事については、それぞれが行われる背景もお子さまに説明し、楽しく覚えていきましょう。

【おすすめ問題集】

Ｊｒ・ウォッチャー34「季節」、49「しりとり」、60「言葉の音（おん）」

問題3　分野：数量（数える）

〈準 備〉　鉛筆

〈問 題〉　庭にお花が咲いています。この花を1つの花瓶に2本ずつ入れます。全部の花を入れるには、いくつの花瓶が必要ですか。右の四角の中にある花瓶を、必要な数だけ大きく囲んでください。

〈時 間〉　30秒

〈解 答〉　下図参照

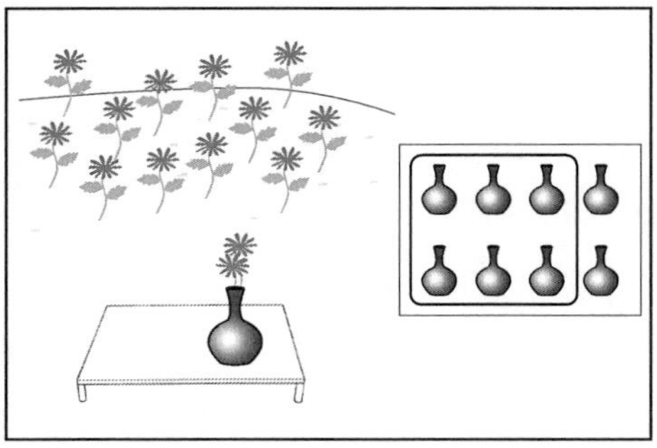

アドバイス

この問題の難易度自体は高くありません。お花を2つずつ鉛筆で囲んで、最終的にいくつになるかやってみる方法もあります。この問題の要点は、数を正しく導き出すことのほかに、6つの花瓶を囲む際、線が乱れたりはみ出したりせず、きれいに書くことです。これはどの問題についてもいえることですが、回答欄に記入する記号や線はきれいに書くよう普段の学習から気を配りましょう。

【おすすめ問題集】
　Ｊｒ・ウォッチャー38「たし算・ひき算1」、39「たし算・ひき算2」

問題4　分野：図形（回転）

〈準 備〉　鉛筆

〈問 題〉　左上の絵を見てください。三角のマークのスタンプがあります。黒くて少し盛り上がったところが上にくるように、スタンプを押すと右の絵のようになりました。では、左下の絵を見てださい。このカードにも同じようにスタンプを押して、真上から見ると、どのように見えるでしょうか。右側の4個の四角から選び、その下の四角に○を書いてください。

〈時 間〉　30秒

〈解 答〉　右端

アドバイス

このような回転する図形の問題はペーパー上で学習するのではなく、実際に図をトレーシングペーパーなどに描いて、どのような向きになるのか試してみることが大切です。特にスタンプは鏡のように左右が反転します。この点をしっかり理解しましょう。そして、実物を使って理解できたら、「回転・展開」、「重ね図形」、「同図形発見」など図形分野など範囲を広げ、具体物を使用し学習することで、より理解を深めていくことをお勧めします。そうすれば、お子さまに問題を解く上で不可欠な「図形をイメージする力」が自然と備わってくるでしょう。

【おすすめ問題集】
Ｊｒ・ウォッチャー５「回転・展開」、20「見る記憶・聴く記憶」、48「鏡図形」

問題５　分野：図形（系列）

〈準備〉　鉛筆

〈問題〉　絵のような本棚があります。この本棚の本は、あるきまりで並んでいます。１番下の段の、真ん中に入っていた４冊の本が、机の上に置いたままになっています。その４冊の本を、同じきまりになるように、本棚に戻します。どのように本が並ぶか考えて、右側から選んで、その右の四角に、○を書いてください。

〈時間〉　30秒

〈解答〉　１番上

アドバイス

法則を見つけ出す問題です。上下左右の図（本）をよく観察し、どのような法則で並んでいるのか考えてみましょう。この場合、各マークの位置を見ることで、トランプのマークの位置を確認することができます。また、巻数を表した４つの点がどのように並んでいるのかにも注意を向けましょう。このような問題を繰り返し解き、法則について理解を深めることができれば、入学後のさまざまな学習にも役立つでしょう。

【おすすめ問題集】
Ｊｒ・ウォッチャー６「系列」、14「数える」、36「同数発見」、
54「図形の構成」、58「比較②」

問題6　分野：図形（展開）

〈準 備〉　鉛筆

〈問 題〉　左の絵のような模様がついた折り紙があります。この折り紙は裏にも同じ模様が描かれています。この折り紙の4つの角をそれぞれ真ん中にくるように折ると、どのような模様が見えますか。右の四角の中から一つ選んで、○で囲んでください。

〈時 間〉　30秒

〈解 答〉　左端

アドバイス

折り紙の問題は、２つ折ならば折れ線を軸に相互に対称になるので比較的簡単です。しかし、今回の問題のような折り方の場合は、頭でイメージしただけでは解答を導き出すのは難しいかもしれません。この問題を理解するコツはやはり実際に折って絵柄がどのようになるのか気づかせることです。その気づいたことを必ず話してもらうことで、正しく理解しているか判断できます。幸い、折り紙はどのご家庭にもあるでしょうから、この問題の絵柄だけでなく、オリジナルの模様を描いてみて、折ったときにどのようになるのか、数多くやることでさまざまな形に対応していけるようになります。

【おすすめ問題集】
　Ｊｒ・ウォッチャー５「回転・展開」、48「鏡図形」、59「欠所補完」

家庭学習のコツ②　「家庭学習ガイド」はママの味方！

問題演習を始める前に、試験の概要をまとめた「家庭学習ガイド（本書カラーページに掲載）」を読みましょう。「家庭学習ガイド」には、応募者数や試験課目の詳細のほか、学習を進める上で重要な情報が掲載されています。それらの情報で入試の傾向をつかみ、学習の方針を立ててから、対策学習を始めてください。

問題７　分野：巧緻性（運筆）

〈準　備〉　赤色の鉛筆

〈問　題〉　宝の地図があります。スタートの●の所から、宝箱までの道を、赤色の鉛筆で線を引いてください。このとき、道からはみ出したり、道の線にぶつかったりしないようにしてください。

線を描き終わったら、宝箱の周りににある宝３個全体に、色鉛筆で色を塗りましょう。はみ出したり、白いところが残ったりしないように、色を塗ってください。

〈時　間〉　３分

〈解　答〉　省略

アドバイス

この種の問題はていねいに描くことはもとより、時間にも気を付ける必要があります。今回の問題については、線を書くこと自体はそう難しくはないでしょう。正しい鉛筆の持ち方で道の中心部に線を引いていきましょう。色を塗る際も、姿勢を良くし、指示通りはみ出さないように丁寧に塗っていきます。塗り方についてコツを身につけるには習うより慣れろです。さまざまな塗り絵を数多くこなし、素早く丁寧に塗る方法を覚えましょう。

【おすすめ問題集】

Ｊｒ・ウォッチャー23「切る・貼る・塗る」、24「絵画」、51「運筆①」、52「運筆②」

問題8　分野：集団行動

〈準 備〉　なし

〈問 題〉　この問題の絵はありません。

①４人１組のグループを作る。
②４人それぞれにブロックが渡される。
③各自ブロックで動物を作る。
④グループの４人全員の動物ができたら、トレーの上に乗せて、４人全員で協力して別の机に運ぶ。

〈時 間〉　30分

〈解 答〉　省略

アドバイス

この課題の要点は、ブロックで作る動物の出来不出来ではないことはすぐに分かると思います。４人ずつのグループになっていることから、出来上がったブロックを初対面の４人が協力して別の机に運ぶ。その行動や協調性を観る試験です。他の３人の進み具合を観察し、運ぶ際には一人だけ走ったりせず、指示通り息を合わせて運べるか。こうした点を総合的に判断されます。かといって全員の意見をまとめる、あるいは行動を指示するといったリーダーシップが必要というわけではありません。無理に目立とうなどとせず、ふだんどおりの行動をすればよいでしょう。

【おすすめ問題集】
新 口頭試問・個別テスト 問題集、Ｊｒ・ウォッチャー29「行動観察」

問題9　分野：記憶（お話の記憶）

〈準備〉　鉛筆

〈問題〉　お話を聞いて後の質問に答えてください。

もうすぐ動物村のお楽しみ会です。サルさんとカメさんとクマさんとニワトリさんたちが集まって「お楽しみ会」で何をやろうか相談をしていました。しかし、なかなか思いつきませんでした。そこで、ニワトリさんがサルさんに「お楽しみ会に何をしたらよいと思う」と聞きました。するとサルさんは「ニワトリさんは絵をかくのがうまいから、村のみんなに聞いて、みんなの好きな絵をクレヨンで描いて、プレゼントをしたらどうかな」と言いました。今度は、サルさんがカメさんに「お楽しみ会でどうしようかな」と相談しました。カメさんは「サルさんは、毎日畑のお手伝いをやって、野菜のことをよく知っているから、野菜のクイズを出したら盛り上がると思うよ」と言ってくれました。「そうか、それならキュウリやトマトなどを使って面白いクイズを出そう」と言いました。すると今度はカメさんがクマさんに「お楽しみ会でなにをしたらいいと思う」と聞きました。クマさんは「カメさんは折り紙を折るのがうまいから、折り紙で何かを折って、村のみんなにプレゼントをしたらよいと思うよ」と答えました。クマさんは、サルさんやカメさん、ニワトリさんのお話を聞いていて、ニワトリさんに聞きました。するとニワトリさんは「虫の紙芝居を使って虫のことを村のみんなに教えてあげたらよいと思うな。この間、図書館に行ったとき、タヌキさんが紙芝居を読んでいて、それを聞いていたお友だちはとても楽しそうだったよ」と言いました。「そうか、村にはテントウムシやチョウチョウがいるから、その紙芝居を作ろう。と言いました。その話を聞いていたサルさんもカメさんも「よいと思う」と言ってくれました。

（問題9の絵を渡す）

①ニワトリさんは「お楽しみ会」で何をしたらよいかを誰に聞きましたか。聞いた動物を大きな○で囲んでください。

②クマさんは何を作ったらよいといわれましたか。そのものを大きな○で囲んでください。

〈時間〉　30秒

〈解答〉　下図参照

アドバイス

お話は短く、シンプルな内容となっていますが、それぞれの動物が誰に聞き、聞かれた動物はどう答えたかをしっかりと結び付けて記憶することが求められます。このような問題の場合、単に解答がどうであったかを問うよりも、それぞれの内容をしっかりと結びつけて記憶ができているか確認してください。家庭学習で最も大切なことは、しっかりと記憶力を身につけることにあります。そのためには、何を問われてもしっかりと答えられなければなりません。問題にはありませんが、口頭試問形式で、他の関連性を問うことを取り入れてみてください。こうした力を身につけるには、読み聞かせを行うこと、また、お手伝いなどの指示はまとめて伝えるなど、しっかりと聞き、覚え、実践させることを取り入れることをおすすめ致します。このように、学習以外での経験量を増やすことで、記憶する力をさらに伸ばしていきましょう。

【おすすめ問題集】

1話5分の読み聞かせお話集①②、　お話の記憶 初級編・中級編、
Ｊｒ・ウォッチャー19「お話の記憶」

問題10　分野：言語（しりとり）・常識（季節）

〈準 備〉　鉛筆

〈問 題〉　①左の□の絵に続いてしりとりをしたときに、1つの絵が使われません。その絵を大きな○で囲んでください。

②左には笹飾りがあります。日本には春夏秋冬の季節があります。笹飾りを飾る季節と同じ季節の物を大きな○で囲んでください。

〈時 間〉　30秒

〈解 答〉　下図参照

アドバイス

しりとりの問題は、左の四角の中からしりとりをつないでいく解答方法や、選択肢の中だけでつないでいく方法もあります。この場合、順番につないでいく方法と、最初に2つの絵をつなぎ、それを更につないでいく方法があります。この問題は選択肢の中だけでしりとりをして、一つだけつながらずに残ったものが、これが解答になります。この方法で解答しましょうとはいいませんが、複数の解答方法を身につけておくと、より正答に近づきます。この複数のアプローチ方法を修得しておくことは、他の領域の問題でも同じことが言えますので、色々な解答方法を習得しましょう。この問題は、近年、出題頻度の高い季節（常識）の問題です。こうしたことは言葉や絵などで説明するよりも、実際に体験した方がしっかりとお子さまの中に残ります。よく、生活体験を積みましょう、と言われますが、こうした問題のときに生活体験が活きてきます。

【おすすめ問題集】

Ｊｒ・ウォッチャー34「季節」、49「しりとり」、60「言葉の音（おん）」

問題11　数量（１：１の対応）・回転図形

〈準 備〉　クーピーペン

〈問 題〉　①上の絵を見てください。縄跳びをかけておくフックが４つあります。ここにある縄跳びをかけるには、あといくつのフックがあればよいでしょうか。その数だけ右のフックを1つの〇で大きく囲んでください。

②左下の絵を見てください。上のタオルを裏側の方に下から上へ半分に折りました。見えている半分の方が、矢印の下の絵です。見えていない裏側の絵は右側のどれでしょうか。〇を付けてください。

〈時 間〉　30秒

〈解 答〉　下図参照

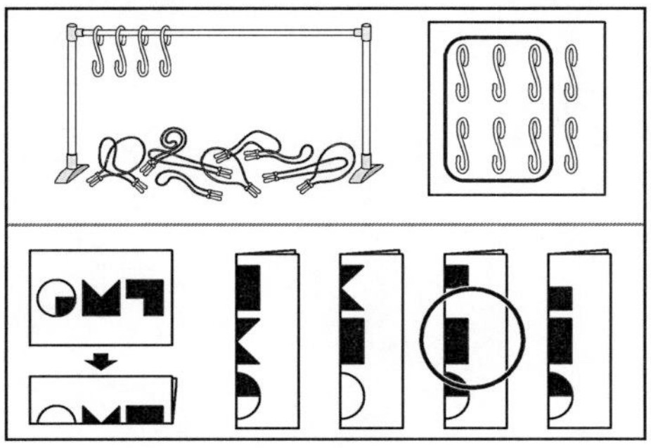

アドバイス

上の問題は、問題をしっかりと聞いているか。数を正確に数えられているか、解答方法をしっかりと理解して対応できているか。この３点がこの問題の観点となります。中でも解答方法の「足りない数だけフックを○で『囲む』」という指示が出ています。『囲む』わけですから、しっかりと全体を○の中に納めなければなりません。小さなことかもしませんが、こうした小さなことが合否を分けることを知っておいてください。②の問題は、お子さま自身に答え合わせをさせてみるとよいでしょう。まず、どのようにしたら答え合わせができるか、という点から考えるとよいと思います。考えるだけで論理的思考力を鍛えることができます。この問題の場合、クリアファイルを使用しても、鏡を使用してもよいと思います。時間がかかるかもしれませんが、お子さまの思考力を鍛えることはできます。また、正解以外のものは、どこが違うのかを言わせましょう。このような問題は、急にできるようにはなりません。日々少しずつ練習をしましょう。

【おすすめ問題集】

Ｊｒ・ウォッチャー38「たし算・ひき算1」、39「たし算・ひき算2」、
59「欠所補完」

問題12　分野：数量・図形（展開）

〈準備〉　なし

〈問題〉　（12-１の絵を見せる）
左側にいろいろな形をつないだ紐が描いてあります。この紐の両端を結んでつないだとき、真ん中の絵に描いてある大きな□の所には、どの形がくるでしょう。その形を右から選んで○を付けてください。

（12-２の絵を見せる）
左の上の絵を見てください。折り紙に絵が描いてあります。この折り紙の裏側にも同じ絵が描いてあります。この折り紙を真ん中から手前に半分に折ると下のようになります。これをまた右から左に半分に折った時、上にはどの絵がくるでしょうか。右から探して○をつけてください。

〈時間〉　1分

〈解答〉　12-１：１番上　12-２：左から2番目

アドバイス

この問題は、系列を解くときに使用する方法を応用して解くことができます。系列の場合、１つの絵の中で指を同じ方向に動かして解くと思います。この問題の場合、同じ絵の中で行うのではなく、左の絵と真ん中の絵を比較することで解答を見つけることができます。ただし、この方法を用いる場合でも、起点となる場所を素早く見つけなければ、解答時間は過ぎてしまいます。特徴となる箇所を素早く見つけることがこの問題を解くポイントといえるでしょう。大きな資格の左下の三角の向きがなぜちがうのか、実際に作ってみると分かるでしょう。ぜひ理解してほしいところです。回転図形は、実際に折り紙に描いて折ってみると理屈がよくわかります。こうした学習はリラックスして取り組むことが大切です。保護者の方は焦らず、笑顔でお子さまの取り組んでいる状況を観察し、お子さまの特徴をしっかりと把握しましょう。できなかった場合、ダメということはありません。できない箇所はできるようになる種であると、前向きに捉えるようにしてください。その取り組みのとき、できないことについて簡単なアドバイスをしてあげてください。このときすべてを教えてはいけません。最後の部分はお子さま自身が発見したようにすることがポイントであることを忘れないでください。

【おすすめ問題集】

Ｊｒ・ウォッチャー50「観覧車」、59「欠所補完」

問題13　分野：　巧緻性

〈準備〉　色鉛筆

〈問題〉　この問題の絵は縦に使用して下さい。

アサガオが描いてあります。アサガオの根の●の所から、葉の★の所まで、線の間を青色の鉛筆で線を引いてください。このとき、両脇から線がはみ出したり、描いてある線に重ならないようにしてください。

線を描き終わったら、★が描いてある葉と花を色鉛筆ではみ出したり白く残したりしないように色を塗ってください。

〈時間〉　３分

〈解答〉　省略

アドバイス

巧緻性の問題ですが、時間配分を考えて取り組まなければなりません。この問題の場合、線を引くことに関しては、特別難しいという内容ではありませんから、時間をかけずに書きたいものです。こうした線を書く、塗る問題の場合、練習量も必要ですが、筆記用具の持ち方もポイントになります。正しい持ち方、手首の使い方、姿勢がきちんとよくできていないと、素早く、綺麗に仕上げることは難しいでしょう。まずは、筆記用具の持ち方、手首の使い方をしっかりと身につけることから始めるとよいでしょう。筆記用具の使い方ですが、大きな画用紙に絵を描いたり、線を引いたりする場合は手首ではなく腕を動かし、生きた線を書くことが求められます。この問題のように、小さな用紙に書く場合は、手首の動かし方が大切になります。同じ描く、書く、線を引くにしても違いがあることを把握して取り組みましょう。

【おすすめ問題集】

Ｊｒ・ウォッチャー23「切る・貼る・塗る」、24「絵画」

問題14　分野：口頭試問

〈準　備〉　クーピーペン（赤）

〈問　題〉　**この問題の絵はありません。**

お話を聞いて後の質問に答えてください。

先生が質問しますので「です」「ます」を付けてお話をしてください。

・部屋と外のどちらで遊ぶのが好きですか。

・何を使って遊ぶのが好きですか。それはどうしてですか。

〈時　間〉　１分

〈解　答〉　省略

アドバイス

当校の質問は特に難しいというものはありません。だからといって対策をとらなくてよいということとは違います。むしろ、質問が少ないという場合は、回答内容だけでなく、態度面などのウエートも高くなります。面接の特徴ですが、一問一頭形式の場合、大半の方は対策をとっているので対応ができます。しかし、自分が答えた回答に対して更に質問をされた場合、答えに窮するお子さまが増えてきます。これが繰り返される度に答えられないお子さまが増えてくる傾向があります。この理由として、対策をとる際、お子さまの意見と正解とを正しく理解していないこと、日常会話においての会話不足が挙げられます。まずは、お子さまが自分の意見を気軽に言える環境を整え、会話量を増やすことが大切です。また、初対面の大人との会話のマナーもしっかりと習得しましょう。こうした、回答以外の対策が重要となってきます。また、修得するには時間のかかる内容ですから、早めに始めることをおすすめ致します。

【おすすめ問題集】

新 口頭試問・個別テスト 問題集、Ｊｒ・ウォッチャー29「行動観察」

問題15　分野：　行動観察

〈準　備〉　お手玉、フープ（なければ直径1メートル程度の輪を描いておく）、マット

〈問　題〉　**この問題の絵はありません。**

①お手玉をフープの中に入れる。（投げるところから1mほど離れた所に線を書いておく）

②マットの四角の中に入り、白線を超えるところまでジャンプをする。（□のところから50㎝のところに線の印をつけておく）

③まず、片足で立ちます。次に今持ち上げた足をもう片方の足の上に乗せ、マットの上で木のポーズをする。

〈時　間〉　５分

〈解　答〉　省略

アドバイス

運動テストに関する対策は、何をしたかも気になると思いますが、その運動をするときに必要なこと、求められていることをリストアップして、その対策をとるようにすることです。この問題の場合、最後まで指示を聞く、理解する、指示通り行動する。待っている時の態度、投げる、脚を使った運動、バランス感覚、一生懸命取り組む意欲などがそれにあたり、複数の動きを組み合わせて体を動かす力を見られています。コロナ禍により、外での活動が難しくなっていますが、外で遊ぶことも運動対策となります。走り回ることで脚の力やバランス感覚の向上につながります。こうして身についたことが入試においても発揮されるということです。また、運動に関する対策ですが、実はペーパーテスト対策にも影響することを知っておくとよいでしょう。運動不足になりますと、お子さまの集中力が落ちます。これはストレスが溜まることが原因といわれています、思いっきり運動をすることで、ストレスの解消となり、それが集中力のアップにもつながります。

【おすすめ問題集】

Ｊｒ・ウォッチャー28「運動」、29「行動観察」

2022年度の入試問題

問題16　分野：お話の記憶

〈準 備〉　鉛筆

〈問 題〉　今日はお休みの日です。秋のよく晴れた、気持ちのよい日です。キツネ、サル、ヒツジ、リスの４匹は公園で遊ぶ約束をしていました。サルは公園の近くに住んでいるので、一番早く公園にやってきました。３匹を待つために木の下のベンチへ行くと、見たこともない木の実を見つけました。サルは、なんの実か名前が知りたくなって、持ってきた木の実の図鑑を見始めました。サルが色々な木の実の名前を図鑑で調べていると、次にキツネがやってきました。「おはよう。サルさん。わあー、色々な木の実があるんだね。紙とクレヨンを持ってきたから、一緒に木の実の絵を描こうよ」「それはいいね。キツネさん」２匹は、 クレヨンで 紙にどんどん色々な木の実の絵を描きました。２匹が木の実の絵を描いていると、今度はヒツジがやってきました。「おはよう。キツネさん、サルさん。よく飛ぶ紙飛行機の折り方を教わったよ。みんなの紙飛行機も作って持ってきたから、一緒に飛ばそうよ」「そうだね。そうしよう」「せえの」３匹がすっと紙飛行機を飛ばすと、紙飛行機は風に乗ってすいすいと飛んでいきました。「わーい。並んで飛んでいったね。本当によく飛ぶ紙飛行機だね。ヒツジさん、ありがとう」３匹が紙飛行機で遊んでいると、最後にリスがやってきました。「おはよう。ヒツジさん、キツネさん、サルさん。畑のリンゴが大きく育ったから、持ってきたよ。みんなで食べよう」「わーい、ありがとう。リスさん、たくさん遊んでおなかがへったので、嬉しいよ」おいしいリンゴをもりもり食べて、４匹は元気が出ました。リスが、「今度は砂場で遊ぼうよ。」と言うと、４匹は仲良く砂場へ走っていき、みんなで楽しく遊びました。

（問題16の絵を渡す）
①上の段の動物の絵を見てください。この動物の中で、公園に１番目にやってきて、見たこともない木の実を見つけた動物に大きく○をつけてください。
②上の段の動物の絵を見てください。４番目に公園にやってきて、みんなに砂場で遊ぼうと言った動物はどれですか。その動物に大きく△をつけてください。
③下の段を見てください。ヒツジが持ってきた物はどれですか。その物に大きく○をつけてください。
④下の段を見てください。キツネが持ってきた物はどれですか。その物に大きく△をつけてください。

〈時 間〉　各15秒

〈解 答〉　①○：サル　②△：リス　③○：紙飛行機　④△：紙とクレヨン

弊社の問題集は、同封の注文書の他に、
ホームページからでもお買い求めいただくことができます。
右のQRコードからご覧ください。
（東京都立立川国際中等教育学校附属小学校おすすめ問題集のページです）

アドバイス

当校で出題されたお話の記憶は、小学校入試問題における標準的な長さです。話の内容も複雑ではなく、問題の内容も難しくはないので、取り組みやすい問題といえるでしょう。このような課題では、正解率も高いので、ケアレスミスのないように解答する必要があります。また、登場人物の気持ちを推察する問題や、ストーリーとは直接関係ない分野の質問（季節や理科的常識など）を聞くといった応用力を必要とした出題はなさそうですが、油断は禁物です。「登場人物は～の～で」「～は～した」といった「事実」を整理しながら聞けば、それほど苦労しないはずです。まずは短いお話をからはじめて、記憶する訓練から始めてみましょう。

【おすすめ問題集】

1話5分の読み聞かせお話集①・②、お話の記憶 初級編・中級編・上級編、
Ｊｒ・ウォッチャー19「お話の記憶」

問題17　分野：言語（しりとり）

〈準 備〉　鉛筆

〈問 題〉　太い線で囲まれた四角の中を見てください。この中で、矢印の方向にしりとりをすると、全部つながるようになっています。真ん中の四角に入る２つの生き物はどれですか。下の２つの生き物が並んで描いてあるものを選んで、その下の四角に○を書いてください。

〈時 間〉　30秒

〈解 答〉　イカ→カタツムリ（サイ→イカ→カタツムリ→リス）

アドバイス

このようなしりとりなどの言語問題は、年齢なりの語彙があるかがチェックの対象になります。ここではかなり基礎的なものについて聞いているので、問題なく正解したいところです。答えに窮するようであれば年齢なりの語彙が不足ということを認識する必要があります。普段の生活で、さまざまな内容を取り入れたコミュニケーションをとることに心がけてください。問題をやることで覚えるのもよいのですが、「スイカ」という言葉をしりとりの問題で知っていたら、どんな味がするのか、旬はいつなのか、といった付加価値もつけていくとよいでしょう。

【おすすめ問題集】

Ｊｒ・ウォッチャー17「言葉の音遊び」、18「いろいろな言葉」、
49「しりとり」、60「言葉の音（おん）」

問題18　分野：常識（季節）

〈準 備〉　鉛筆

〈問 題〉　太い線で囲まれた四角の中に、門松の絵があります。日本には、春、夏、秋、冬の季節があります。門松を飾る季節と、同じ季節を表している絵が隣の４つの絵の中に１つだけあります。その絵に大きく○をつけてください。

〈時 間〉　30秒

〈解 答〉　○：雪だるま作り

アドバイス

小学校入試における季節を問う問題は「３～５月」を春、「６～８月」を夏、「９～11月」を秋、「12～２月」を冬として出題されます。最近は春秋でも暑かったりするので、違和感を感じるかもしれませんが、お約束として覚えておいてください。よく聞かれるのは季節の行事、草花、旬の野菜などです。なかなか難しいことですが、できれば体験しながら覚えていきましょう。お子さまの印象に残りやすくなります。出題例を見る限りそれほど難しいものは出題されないようですが、多くの問題をやることで、季節に関連したことを押さえていきましょう。

【おすすめ問題集】

Ｊｒ・ウォッチャー11「いろいろな仲間」、34「季節」

家庭学習のコツ①　「先輩ママの声」を読みましょう！

本書冒頭の「先輩ママのアドバイス」には、実際に試験を経験された方の貴重なお話が掲載されています。対策学習への取り組み方だけでなく、試験場の雰囲気や会場での過ごし方、お子さまの健康管理、家庭学習の方法など、さまざまなことがらについてのアドバイスもあります。先輩ママの体験談、アドバイスに学び、ステップアップを図りましょう！

問題19　分野：数量（計数）

〈準備〉　お盆、茶碗、お椀、箸

〈問題〉　４人分の食事を用意したお盆に、お箸を置いたところです。残りの全部のお盆にもお箸を置きます。他のお盆に必要なお箸は何本ですか。右に並んでいるお箸に必要な数だけ〇で囲んでください 。

〈時間〉　30秒

〈解答〉　５本

アドバイス

数えたり分けたり、数に触れる機会は生活の中にたくさんあります。家族やお友だちとお菓子などを分けたり、お手伝いで人数分のお皿を用意するなど、まずは、日常の中から学んでいきましょう。そして、ペーパー形式の学習を始める前に、おはじきなどの具体物を用いて何度も数を変え、動かしながら、数の概念を身につけることが大切です。そうしていくうちに頭の中で数字を把握出来るようになり、ペーパーにも移行しやすくなっていきます。そのような土台が出来ていると、応用や初めて見る問題にも対応出来るようになります。すべてのことにいえることですが、文章を理解できなければ、問題を解くことはできません。併せて語彙数、表現力、文章の理解力をつけるように指導しておきましょう。

【おすすめ問題集】
　Ｊｒ・ウォッチャー14「数える」

問題20　分野：数量（計数）

〈準備〉　積み木

〈問題〉　同じ決まりを使って、机の上に積み木で山を作りました。最初に、積み木を１つ置いて１段の山としました。隣に、一番下の段の積木に１つ増やして置いたところに２段の山を作りました。その隣に、同じように一番下の段の積み木を１つ増やした３段の山を作りました。最後に、その隣の１段目だけ積まれているところに、山を作ろうと思います。今までと同じ決まりで作るとすると、積み木が全部でいくつあれば山を作れますか。点線の下に並んだ積み木を、必要な数だけ〇をつけてください。

〈時間〉　60秒

〈解答〉　10個

アドバイス

積んだ形が三角形になり、一番上の積み木が１つになるのがお約束ですが、理解できていましたか。実際に積み木を使い、積んでみることです。形と数の理解ができるようになります。次第に、見た瞬間、だいたいの数や形の把握ができるようになります。10までの数が素早く数えられることは望ましいですが、あせらず学習の土台を作っていきましょう。どんどん具体物を使い、数に慣れ親しみましょう。

【おすすめ問題集】
　Ｊｒ・ウォッチャー14「数える」

問題21　分野：図形（回転）

〈準 備〉　鉛筆

〈問 題〉　白く空いているところに、ぴったりはまる形が右側の４個の形の中に１つだけあります。その形に大きく○をつけてください。

〈時 間〉　30秒

〈解 答〉　右から２番目

アドバイス

選択するものは、回転・展開した絵が描かれています。観察力は、漫然と見ているだけでは発揮できません。はじめは実際に同じ形を描き、動かしてはめてみましょう。また、簡単な絵や形を実際に回転・展開させ、どこにポイントを置き、特徴をどのように捉えるのかをまず考えることです。

【おすすめ問題集】
　新・口頭試問・個別テスト問題集、
　Ｊｒ・ウォッチャー５「回転・展開」、20「見る記憶・聴く記憶」、48「鏡図形」

問題22　分野：行動観察（指示行動）

〈準 備〉　鉛筆

〈問 題〉　左側の太い線で囲まれた絵を裏返して見た絵が、右側の４つの絵の中に１つだけあります。その絵の下の四角に、○を書いてください。

〈時 間〉　60秒

〈解 答〉　○：左から２番目

アドバイス

記憶力、集中力だけではなく、観察力も大切です。観察力を養うには、簡単な絵や形を鏡に映し、その映したものを回転・展開させて見て集中力、観察力をつけていきましょう。また、実際の考査では、カラーだったようです。保護者が色を塗って出題し、色についても確認するとよいでしょう。

【おすすめ問題集】
新・口頭試問・個別テスト問題集、
Ｊｒ・ウォッチャー５「回転・展開」、20「見る記憶・聴く記憶」、48「鏡図形」

家庭学習のコツ②　「家庭学習ガイド」はママの味方！

問題演習を始める前に、試験の概要をまとめた「家庭学習ガイド（本書カラーページに掲載）」を読みましょう。「家庭学習ガイド」には、応募者数や試験課目の詳細のほか、学習を進める上で重要な情報が掲載されています。それらの情報で入試の傾向をつかみ、学習の方針を立ててから、対策学習を始めてください。

問題23　分野：巧緻性（運筆）

〈準　備〉　鉛筆、クーピーペン

〈問　題〉　①毛糸で靴下を編んでいます。毛糸の中の△のところから靴下の模様の中の▲まで、鉛筆で線を描きます。くねくねした毛糸からはみ出したり、毛糸の線や靴下の模様にぶつかったりしないように気をつけて線を書いてください。

②色鉛筆で靴下にある３個の模様に色を塗ります。はみ出したり、白いところが残ったりしないように色を塗ってください。

〈時　間〉　各３分

〈解　答〉　省略

アドバイス

時間の制限はありますが、きれいな線を書くには、鉛筆の正しい持ち方が大事です。書きはじめが、上下左右、左斜、右斜から書けるように練習を重ねていきましょう。何度も回数を重ねることで上達するものです。毎日の学習前の運筆練習として取り入れるとよいでしょう。また、鉛筆だけではなく、クーピーペンやクレヨン、サインペンなど、力加減が変わりますので、挑戦してみるとよいでしょう。最初のうちは、大きくずれていても強く指摘しないようにし、しっかり褒めて、やる気を育ててあげましょう。

【おすすめ問題集】
Ｊｒ・ウォッチャー24「絵画」、48「鏡図形」、51「運筆①」、52「運筆②」

問題24　分野：運動テスト

〈準　備〉　フープを複数

〈問　題〉　この問題の絵はありません。
※この問題は、20人１グループで行います。
順番に「ケンケンパー」を行います。まず、お手本のビデオを観ましょう。ビデオが終わったら、お手本通りに「ケンケンパー」をしてください。待っている間は、体育座りをしていましょう。

〈時　間〉　適宜

〈解　答〉　省略

アドバイス

運動の課題です。はじめに説明とお手本のビデオを観るので、集中力や記憶力があれば難しいことはないでしょう。リズムをとったりよく飛ぶことができれば問題はありません。ただ、順番が来るまで体育座りで待たなければいけないため、じっとしている忍耐力なども観察されていると思っていたほうがよいでしょう。

【おすすめ問題集】
Ｊｒ・ウォッチャー28「運動」、29「行動観察」、56「マナーとルール」

対策問題

問題25　分野：制作（塗り絵）

〈準　備〉　色鉛筆

〈問　題〉　出題者の説明を聞いて、色鉛筆２本を使って「雷」「雲」「月」の色塗りをします。

〈時　間〉　10分程度

〈解　答〉　省略

アドバイス

指示画は制作の問題としてよく出題される課題です。３種類の塗り絵で、「雷」「雲」「月」と一見すると簡単に思えるかもしれない問題ですが、２種類の色鉛筆のみしか使うことができません。２種類の色鉛筆で３種類の絵を塗る、どう配色するか、パッと塗り始められるかは、描き慣れているかどうかに左右されます。練習は課題画だけに偏らず、お子さまの自由な発想でお絵描きをするとよいでしょう。絵を描くことは、よく観察をし、違いなどを見つける力がつきます。その力は、すべての学習において役立つ能力です。まずは、お子さまの興味があるものから、描いてみましょう。

【おすすめ問題集】
　制作問題集、Ｊｒ・ウォッチャー24「絵画」

問題26　分野：面接（志願者）

〈準　備〉　なし

〈問　題〉
- お名前をおしえてください。
- 好きなものはなんですか。どうしてそれが好きですか。
- 紙とブロック、どちらで遊ぶのが好きですか。どのようにして遊びますか。実際に遊んでみてください。
- ブロックとねんど、どちらで遊ぶのが好きですか。どのようにして遊びますか。実際に遊んでみてください。
- クレヨンとねんど、どちらで遊ぶのが好きですか。どのようにして遊びますか。実際に遊んでみてください。

〈時　間〉　５分

アドバイス

面接には、保護者同席、志願者のみ、保護者のみの３パターンがあります。当校の面接は志願者のみで行われます。机を挟んで面接官２人の対面に座り、２対１の状況で課題を出されます。ことさら「面接の練習」と気負うのではなく、ふだんの生活の中で、保護者やほかの大人とのコミュニケーションが取れているか、選んだもので制限時間内に自分で言ったものを作ることができるかを観られています。ふだんから、お子さんとよく接してお話をすることが大切です。

【おすすめ問題集】
新 小学校受験の入試面接Ｑ＆Ａ、面接テスト問題集、面接最強マニュアル、
Ｊｒ・ウォッチャー56「マナーとルール」

問題27　分野：お話の記憶

〈準 備〉　鉛筆

〈問 題〉　ウサギ、リス、サル、ヒツジの４匹はキャンプに来ています。今日はみんなでバーベキューをします。ソーセージを持ってきたのはサルです。トウモロコシを持ってきたのはウサギです。お料理をするのはリスとヒツジです。さてバーベキューを始めようとすると、「あ、薪がないよ」とサルが言いました。リスが「薪を拾いにいってくるよ」と言って山へ行きました。しばらくすると、たくさんの薪を持ってリスが帰ってきました。ウサギ、サル、ヒツジは「ありがとう、リスさん」と言い、「じゃあ、お料理は任せて」とヒツジは言いました。「先にソーセージを焼こうよ」と言ったのはウサギでした。「トウモロコシも一緒に焼くよ」と言ったのはヒツジでした。ソーセージをいちばん最初に食べたのはサルでした。２番目に食べたのはリス、最後に食べたのはヒツジでした。トウモロコシをいちばん最初に食べたのはウサギでした。２番目に食べたのはヒツジでした。みんな「おいしいね」と言って、キャンプでのバーベキューを楽しみました。

（問題27の絵を渡す）
①上の段を見てください。４つの動物の絵があります。薪を拾いにいった動物はどれですか。その動物に大きく○をつけてください。
②上の段を見てください。４つの動物の絵があります。お料理をしたのはどの動物ですか。その動物に大きく△をつけてください。
③下の段を見てください。４つの絵があります。この中で、サルが持ってきた物はどれですか。その物に大きく○をつけてください。
④下の段を見てください。４つの絵があります。ウサギが１番目に食べた物はどれですか。その物に大きく△をつけてください。

〈時 間〉　各30秒

〈解 答〉　①○：リス　②△：ヒツジ　③○：ソーセージ　④△：トウモロコシ

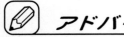

アドバイス

お話の記憶で題材にされるお話は、志願者の日常にありそうな題材が取り上げられることが多く、理解しやすいお話になると思われます。そのため、ポイントを押さえながら聞けばそれほど難しくはありません。ただし、登場人物の動作の１つひとつは難しくないのですが、誰が何をしたのかがわかりづらい場面もあります。読み聞かせをするときには、全体の内容を確認したあと、誰が何をしたのかを確認してあげるとよいでしょう。また、問題に取り組むときは、集中できる時間帯にやると効率よくでき、理解力もついてきます。

【おすすめ問題集】

１話５分の読み聞かせお話集①・②、お話の記憶　初級編・中級編・上級編、
Ｊｒ・ウォッチャー19「お話の記憶」

問題28　分野：お話の記憶

〈準備〉　クーピーペン（青）・鉛筆

〈問題〉　今日はお芝居を見にいきます。とても暖かな、ぽかぽかとした日です。イヌ、タヌキ、キツネ、ネコの４匹は会場で待ち合わせをしました。最初に着いたのは、ネコでした。次に来たのは、ぼうしをかぶったイヌでした。それから、タヌキとキツネは一緒に来ました。会場のなかに入るとキツネは、「トイレに行くので、先に席に行っておくれよ」と、カバンを渡しながら３匹に言いました。「ここで待っているから、行っておいで」ネコが言うので、イヌと一緒にカバンを預かったタヌキは先に行きました。イヌが、「あっ、ここだよ、ここ」と自分たちの席を見つけてタヌキと座りました。少し経つと、キツネとネコがやってきました。「ありがとう」と言ってキツネがカバンを受け取りました。「みかんを持ってきたよ。終わったら公園に行って、みんなで食べようよ」と、イヌがカバンの中のみかんを見せて言いました。「みかんは、お弁当のあとにしようよ。お母さんがおいしそうなお弁当を作ってくれたから楽しみなんだ」と言ったのはネコでした。「それもそうだね」と３匹は言って、みんなで楽しくお芝居を観ました。

（問題28の絵を渡す）
①上の段を見てください。４つの動物の絵があります。最初に着いた動物に大きく○をつけてください。
②上の段を見てください。４つの動物の絵があります。カバンを預かった動物に大きく△をつけてください。
③下の段を見てください。４つの絵があります。この中でキツネが持ってきた物に大きく○をつけてください。
④下の段を見てください。４つの絵があります。この中でイヌが持ってきた物に大きく△をつけてください。

〈時間〉　各15秒

〈解答〉　①：○ネコ　②：△タヌキ　③：○カバン　④：△ミカン

アドバイス

お話の記憶では、登場人物は動物であるものの、話の内容は日常体験できそうなことが多いのが特徴です。ですから、登場人物を自分や周りの人に置きかえてお話を聞いてみるとよいでしょう。お話全体の内容を把握するところからはじめ、少しずつ細かい内容についても触れてください。最初から長いお話は大変ですので、最初は絵本で短文からの読み聞かせをはじめ、慣れてきたら少しずつ長くしていきましょう。絵もだんだん少なくして、絵のない話の読み聞かせまでいくと、相当の集中力、暗記力がついてきます。毎日の読み聞かせは、集中力、記憶力、理解力とこのほかにもさまざまなことを身につけていきます。

【おすすめ問題集】

1話5分の読み聞かせお話集①・②、お話の記憶 初級編・中級編・上級編、
Ｊｒ・ウォッチャー19「お話の記憶」

問題29　分野：お話の記憶

〈準備〉　鉛筆

〈問題〉　来年1年生になるきょうこちゃんは、弟のたかしくん、友だちのかおるちゃん、たろうくん、こうたくんの5人で、近所の公園へ遊びに行きました。たかしくんは、たろうくんが自分と同じマークのついた帽子を被っていたので、「同じ星マークの帽子だね」と言いました。たろうくんは「マークは同じだけど帽子の色は僕が白で、たかしくんのは黒いね」と言いました。公園に着くと、たろうくんがたかしくんに「何して遊ぶ」と聞きました。たかしくんは「かくれんぼがしたい」と言ったので5人でかくれんぼをすることになりました。ジャンケンをして、最初のオニはたろうくんになりました。きょうこちゃんとたかしくんは、ブランコの柱の後ろにかくれました。かおるちゃんはシーソーの後ろに、こうたくんは、公園の入口の近くにある木の後ろに隠れました。たろうくんが、100まで数えた後、最初にきょうこちゃんとたかしくんを、次にかおるちゃんを見つけました。こうたくんはなかなか見つりませんでしたが、たかしくんが「こうたくんが木の陰にいるよ」と、きょうこちゃんに言ったのをたろうくんが聞いたので、やっと見つけられました。きょうこちゃんはたかしくんに、「かくれんぼをしている時は誰がどこに隠れているとか言ってはだめよ」と言い、こうたくんに「ごめんね」と言いました。かくれんぼをした後は、おにごっこ、なわとびをして遊びました。長い時間遊んでいたので、夕方になりました。「おなかがへったから、おうちへ帰ろうよ」と、たかしくんが言ったので、みんなでそれぞれのおうちへ帰りました。

(問題29の絵を渡す)
①上の段を見てください。きょうこちゃんとたかしくんが隠れていたものに○をつけてください。
②下の段を見てください。かくれんぼのオニになったのは誰ですか。○をつけてください。

〈時間〉　各30秒

〈解答〉　①○：左から2番目（ブランコ）　②○：真ん中（たろうくん）

アドバイス

「お友だちと公園へ行く」というのは、お子さまにとって、たいへん身近なことです。そのため、自分自身のことに置きかえてお話を聞くと、全体的な内容が掴みやすくなるでしょう。ただし、この問題の①のように「たかしくんと同じ帽子を被っているたろうくんを選ぶ」といった、やや複雑な設問が出たときに答えられるよう、読み聞かせをしながら細部にも目を向けてみてください。このような応用力を試す問題も正解して、合格ラインに届く結果にしたいものです。お話の内容を整理しながら聞くのは当然として、どんな問題にでも対応できる柔軟な思考力を育てていきましょう。

【おすすめ問題集】

1話5分の読み聞かせお話集①・②、お話の記憶 初級編・中級編・上級編、
Ｊｒ・ウォッチャー19「お話の記憶」

問題30　分野：言葉（しりとり））

〈準備〉　鉛筆

〈問題〉　太い線で囲まれた四角の中を見てください。その中で、矢印の方向にしりとりをすると、全部つながるようになっています。真ん中の四角の中に入る２つの生き物はどれですか。その２つの生き物が並んで描かれているものを選んで、その下に○を描いてください　。

〈時間〉　30秒

〈解答〉　カキ→キウイ（スイカ→カキ→キウイ→イチゴ）

アドバイス

しりとりは年齢相応の語彙力をはかることが目的として出題されます。そのため、絵に描いてあるものの名前を知っていなければ答えることはできません。推測して答えるのはかなり難しい問題です。語彙数を豊かにしておくことが唯一の対策となるわけです。本問も、年齢相応の語彙があれば名前がわかるものばかりでしょう。間違えるとすれば、語彙が足りないということになるので、やはりふだんの生活や遊びを通して着実に語彙を増やしていきましょう。なお、しりとりに限らず、同頭音探し（名前の最初が同じ音で始まる言葉）や同尾音探し（語尾が同じ音で終わる言葉）といった言葉遊びは遊び感覚で行えるすぐれた学習方法です。こうした言葉遊びを通して、言葉が音（おん）の集まりであることを知り、言語分野の問題にもスムーズに答えられるようにしてください。

【おすすめ問題集】

Ｊｒ・ウォッチャー17「言葉の音遊び」、49「しりとり」、
60「言葉の音（おん）」

問題31 分野：言葉（しりとり）

〈準備〉 鉛筆

〈問題〉 絵を見てください。左上のキクからはじめて、しりとりをしながら右下のライオンまで進みます。しりとりがつながっていくように、絵を見つけて○を描いてください。

〈時間〉 1分

〈解答〉 下図参照

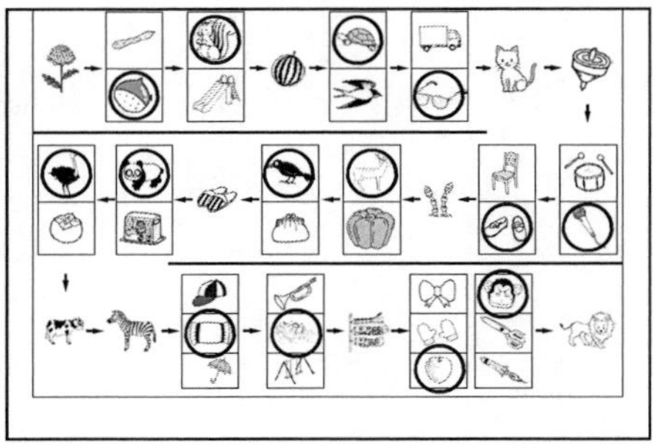

アドバイス

本問では、多くのものや動植物が提示されていますが、どれも年齢相応に知っているべきものばかりです。もし答えられなければ、語彙数が足りないということになるでしょう。長くしりとりを続ける問題ですので、推測で答えるのはかなり難しいです。語彙は、一朝一夕で身につくものではなく、保護者の方や周りのお友だちとのコミュニケーションを通して身につくものです。つまり、日々の生活体験がお子さまの語彙力に直結していると考えてください。保護者の方は、ただ単語だけを教えるのではなく、どんな時にどう使うのかもいっしょに確認してあげてください。広く言語分野の問題にもスムーズに答えられるようになるでしょう。

【おすすめ問題集】

Ｊｒ・ウォッチャー17「言葉の音遊び」、49「しりとり」、
60「言葉の音（おん）」

問題32　分野：言葉（しりとり）

〈準備〉　鉛筆

〈問題〉　絵にあるものを、できるだけたくさん使ってしりとりでつなぎます。１つだけ使わないものがありますので、探して○をつけてください。

〈時間〉　２分

〈解答〉　ラクダ
（クマ→マンボウ→ウシ→シカ→カラス→スズメ→メダカ→カンガルー）

アドバイス

単純なしりとりの問題のように思えますが、しりとりをどこから始めればよいかが指定されておらず、また使わないものの数が１つに限定されている（１つを残してほかをすべてつながなければならない）ため、難しい問題となっています。１つひとつを前にくるもの、後ろに並ぶものと線でつなぎながら、使わないものを探していくとよいでしょう。ただし、線はあくまで答えを探すための確認用のものですので、濃く書いてはいけません（解答と誤解されます）。なお、本問のような言葉遊びの問題に正しく答えるためには、年齢相応の語彙をそなえていることが必要です。また、言葉の意味やそれが指すものだけでなく、音についても正しく知っていなければなりません。日頃から、保護者の方が意識して正しい言葉を使うとともに、積極的に言葉遊びを楽しみながらやり、理解を深めていくようにするとよいでしょう。

【おすすめ問題集】
Ｊｒ・ウォッチャー17「言葉の音遊び」、49「しりとり」

家庭学習のコツ③　効果的な学習方法～問題集を通読する

過去問題集を始めるにあたり、いきなり問題に取り組んではいませんか？　それでは本書を有効活用しているとは言えません。まず、保護者の方が、すべてを一通り読み、当校の傾向、ポイント、問題のアドバイスを頭に入れてください。そうすることにより、保護者の方の指導力がアップします。また、日常生活のさまざまなことから、保護者の方自身が「作問」することができるようになっていきます。

問題33　分野：常識（季節）

〈準備〉　鉛筆

〈問題〉　太い線で囲まれた四角の中に、七夕飾りと女の子の絵があります。日本には春、夏、秋、冬の季節があります。七夕飾りを飾る季節と、同じ季節を表している絵が隣の４つの絵の中に１つだけあります。その絵に大きく○をつけてください。

〈時間〉　30秒

〈解答〉　○：スイカと風鈴

アドバイス

季節の問題です。小学校入試では、本問のように行事から類推させたり、植物や天気などの自然から問うなど、さまざまなパターンで季節に関する問題が出題されます。昨今の温暖化が影響し、春や秋でも暑い日が続くなど、小学校入試で出題される季節の区切りに違和感を覚えることもあると思いますが、お約束として覚えておくようにしましょう。自分の地域や昨今の変化ではなく、入試で聞かれるのは、一般的なことばかりです。実体験から覚えていくのがいちばんだとは思いますが、なかなか難しい場合は、本やメディアなどを有効に活用するとよいでしょう。

【おすすめ問題集】
Ｊｒ・ウォッチャー11「いろいろな仲間」、34「季節」

問題34　分野：常識（季節）

〈準備〉　鉛筆

〈問題〉　太い線で囲まれた四角の中に、スキーをしている絵があります。日本には、春、夏、秋、冬の季節があります。スキーをする季節と、同じ季節を表している絵が隣の４つの絵の中に１つだけあります。その絵に大きく○をつけてください。

〈時間〉　30秒

〈解答〉　○：はごいたとはね

アドバイス

季節の行事や遊びは数多くあります。そのため、季節ごとの行事や遊びをすべて体験するのは不可能ですので、本やメディアを有効に活用してください。地域差はありますが、入学式や卒業式、正月など、日本全国同時期に行われる行事はもちろんですが、知識として、他の地域の行事にも目を向けられるとよいでしょう。日本の国土は南北に長いので、北と南ではさまざまなものが異なってきます。花や野菜の旬にも地域差がみられますが、収穫時期を季節のものとして捉えるなどして、お約束を覚えるようにしてください。

【おすすめ問題集】
Ｊｒ・ウォッチャー11「いろいろな仲間」、34「季節」

問題35　分野：数量（計数）

〈準備〉　鉛筆

〈問題〉　絵を見てください。この中で１番多いものに○を、２番目に多いものに△を、２番目に少ないものに□を、１番少ないものに×をつけてください。

〈時間〉　２分

〈解答〉　○：左下　△：左上　□：右上　×：右下

アドバイス

２つの集合なら、ひと目でどちらが多い・少ないかがわかる程度の感覚は持っておきたいところです。この問題なら、隣のものと比べて多い・少ないがひと目でわかるということになります。小学校受験の場合は、そういった感覚を持つといっても、10以下の数に限ってのことですから、具体物（おはじきなど）を並べたり、生活で目にするものの数を比較したりする間に自然に身に付くでしょう。この問題がスムーズに答えられないのは、その感覚が充分に身に付いていないということです。その対策として類題を解くのもよいですが、基本的な数える能力が未熟なのに計算などをさせると、こうした問題が苦手になるかもしれません。遊びの中から、数えること、どちらが多い・少ないという感覚を育てるという考えで、お子さまを指導してください。

【おすすめ問題集】
Ｊｒ・ウォッチャー14「数える」

問題36　分野：数量（計数）

〈準備〉　おはじき

〈問題〉　絵を見てください。
①左側のリンゴはいくつあるでしょう。数えて同じ数だけ下の四角の中におはじきを並べてください。並べたらいくつあるか答えてください。

②右側の靴は何足あるでしょう。数えて同じ数だけ下の四角の中におはじきを並べてください。並べたらいくつあるか、答えてください。

〈時間〉　各30秒

〈解答〉　①８個　②７足

アドバイス

リンゴは１つまたは１個と数えますが、履物は左と右の両方そろって１足２足と数えます。手袋や靴下も同様に、左と右のものを併せて用をなすものなので、１つ、１足となります。単純に数えるだけ、しかもおはじきを使うので、間違える要素が見当たらない問題です。一度答えて問題がなければ復習は必要ないでしょう。口頭試問形式でこういった問題がよく出題されますが、当校の入試も基礎問題中心なので出題される可能性は高いかもしれません。簡単ですが、指示を理解してそれに沿った答え方をすることは意識しておきましょう。「いくつありますか」と聞かれたら「～個です」、「なぜですか」と聞かれたら「～だからです」と答えるということです。

【おすすめ問題集】
新 口頭試問・個別テスト 問題集、Ｊｒ・ウォッチャー14「数える」

問題37 分野：図形（回転・展開）

〈準 備〉 鉛筆

〈問 題〉 （別紙に絵や形を描いたものを鏡に映して、元の絵と見比べる練習をしてから問題に取り組む）
太い線で囲まれた四角の中に、絵が描いてあります。この絵を裏返して見た絵が、隣の４つの絵の中に１つだけあります。その絵の下の四角の中に、○を書いてください。

〈時 間〉 60秒

〈解 答〉 ○：左から２番目

アドバイス

クリアファイルにＬの字を書き鏡に映したり、裏側から見るとどのように見えるか実際に見せてみましょう。また、角度を変えてみることもやってください。簡単な形から、難易度を上げていくことを繰り返しやることで、違いに気づくようになるでしょう。また、ぁ過去の問題の絵はカラーでした。お子さまとともに色を塗って出題し、色についても学ぶ時間と楽しく問題に取り組むことができるでしょう。

【おすすめ問題集】
新 口頭試問・個別テスト 問題集、
Ｊｒ・ウォッチャー20「見る記憶・聴く記憶」、５「回転・展開」、48「鏡図形」

問題38　分野：図形（鏡図形）

〈準備〉　鉛筆

〈問題〉　（別紙を使い、紙を鏡に向けて映した絵と見比べる練習をしてから問題に取り組む）
太い線で囲まれた四角の中に、絵が描いてあります。この絵を鏡に映して見た絵が、隣の４つの絵の中に１つだけあります。その絵の下の四角の中に、○を書いてください。

〈時間〉　60秒

〈解答〉　○：右端

学習のポイント

実際に鏡の前に立ち、片手を上に上げた姿をよく見せます。鏡に映った自分を見て、「？」と思って感じたことを言わせてみると、鏡に映ったときどうなるかを理解していきます。また図形を映し、その形を回転させ同じように言ったあとに、鏡に映った形を紙に描かせるとなおよく理解できるでしょう。

【おすすめ問題集】
新 口頭試問・個別テスト 問題集、
Ｊｒ・ウォッチャー20「見る記憶・聴く記憶」、５「回転・展開」、48「鏡図形」

2025 年度　都立立川国際小　過去・対策　無断複製／転載を禁ずる　日本学習図書株式会社

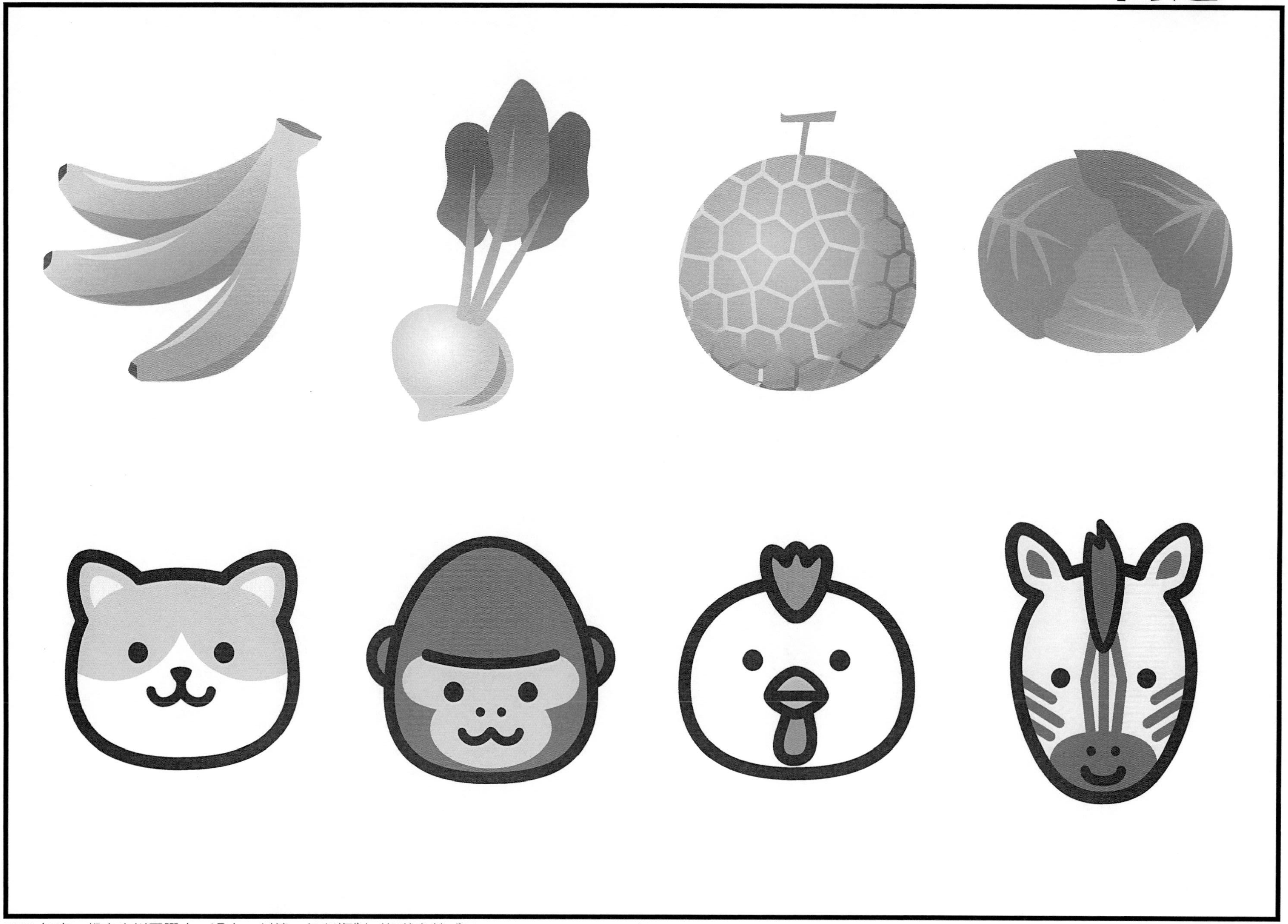

問題2

①

②

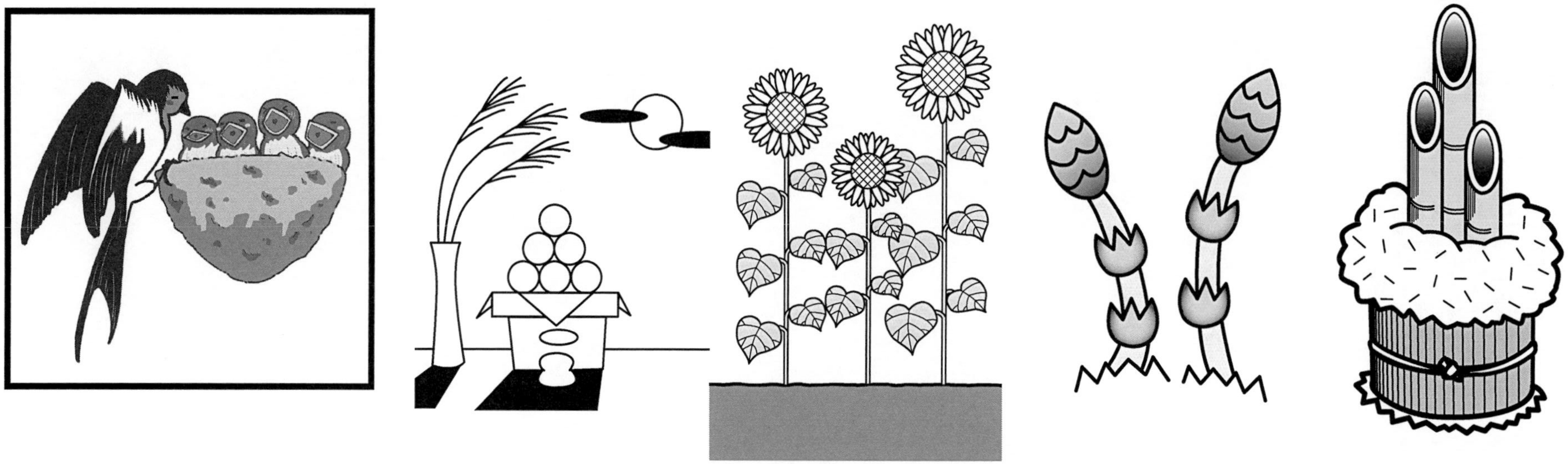

無断複製／転載を禁ずる

日本学習図書株式会社

2025 年度　都立立川国際小　過去・対策　無断複製/転載を禁ずる　　　日本学習図書株式会社

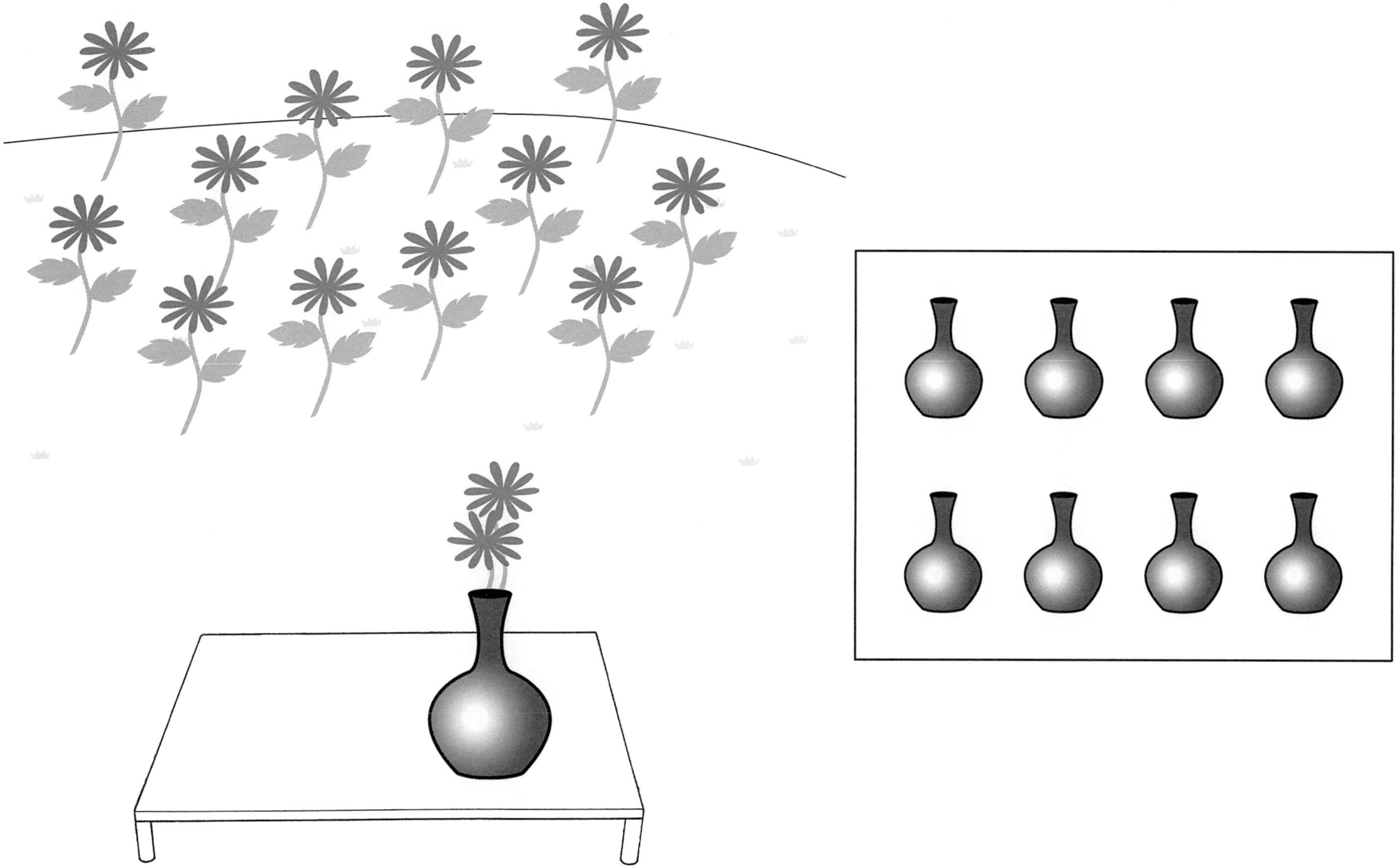

2025 年度　都立立川国際小　過去・対策　無断複製／転載を禁ずる　　日本学習図書株式会社

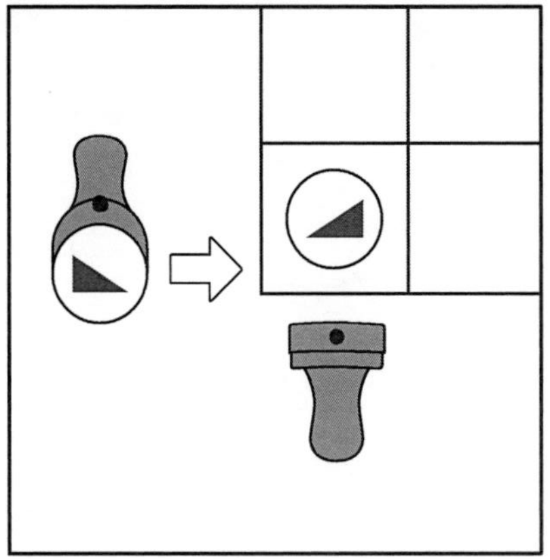

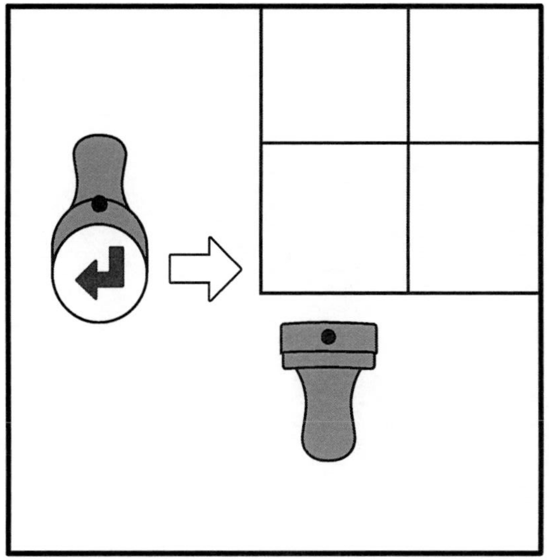

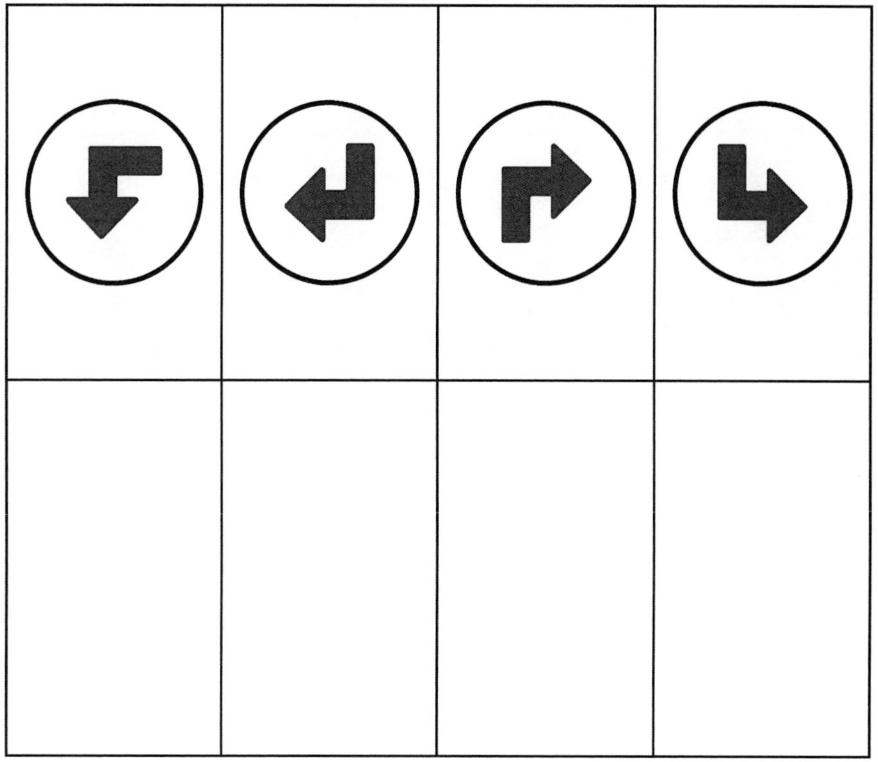

日本学習図書株式会社

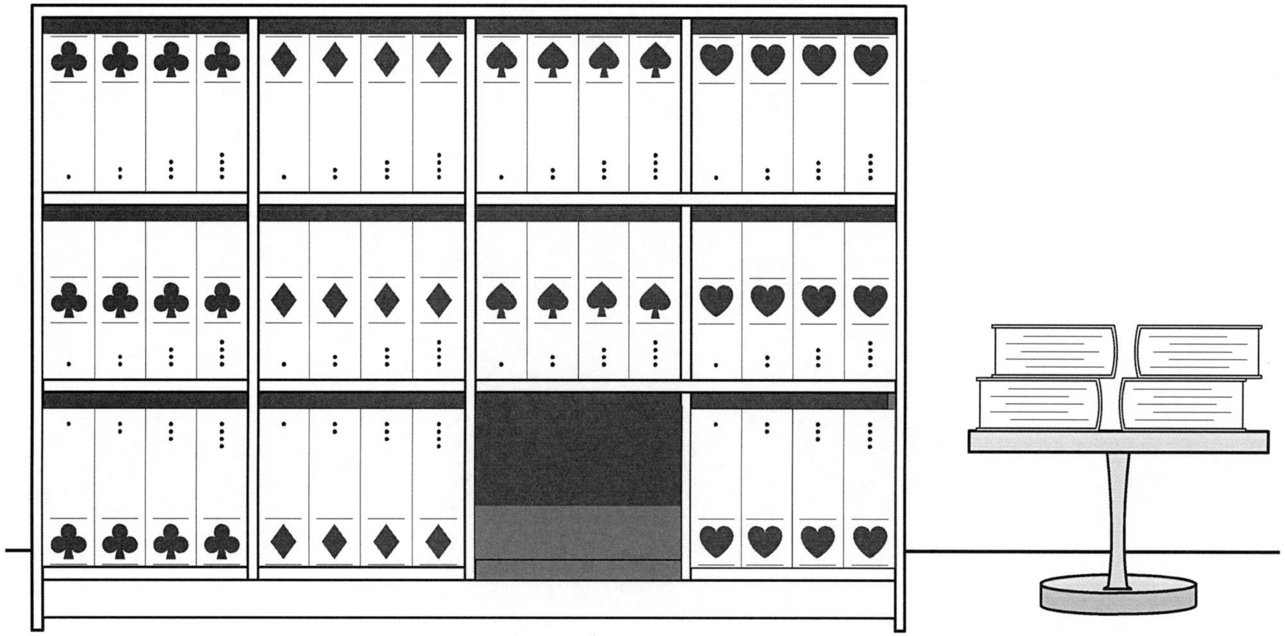

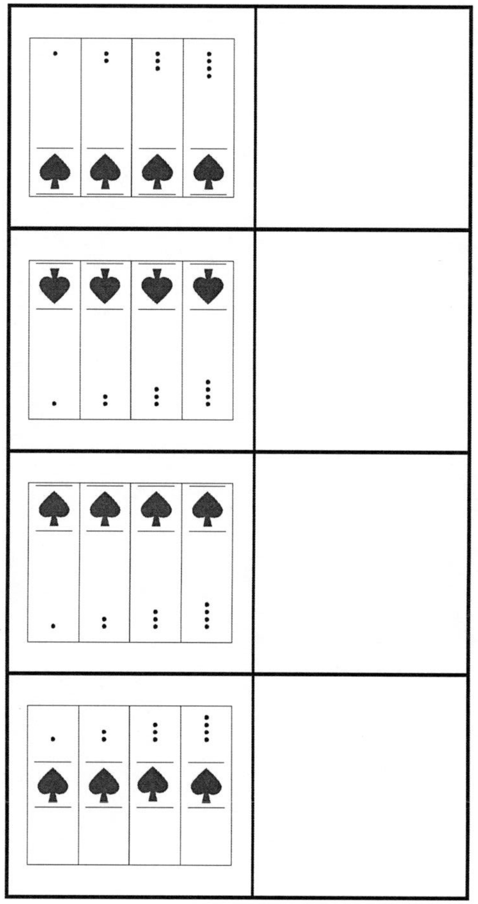

2025 年度　都立立川国際小　過去・対策　無断複製／転載を禁ずる　　　日本学習図書株式会社

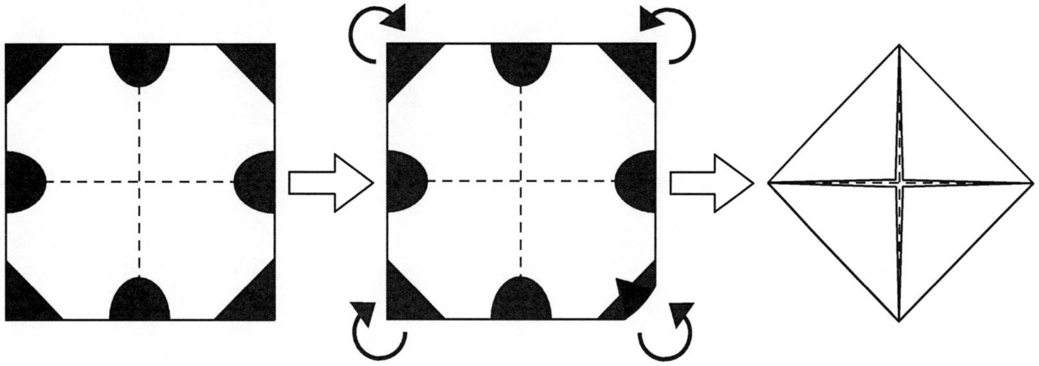

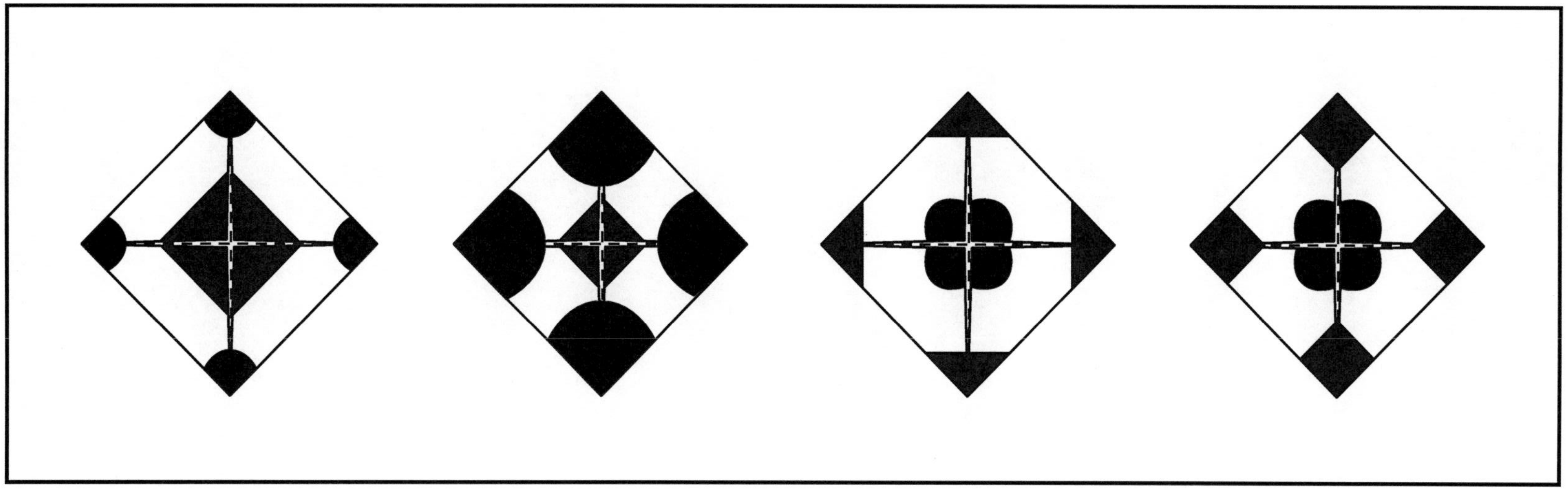

2025 年度　都立立川国際小　過去・対策　無断複製／転載を禁ずる　　日本学習図書株式会社

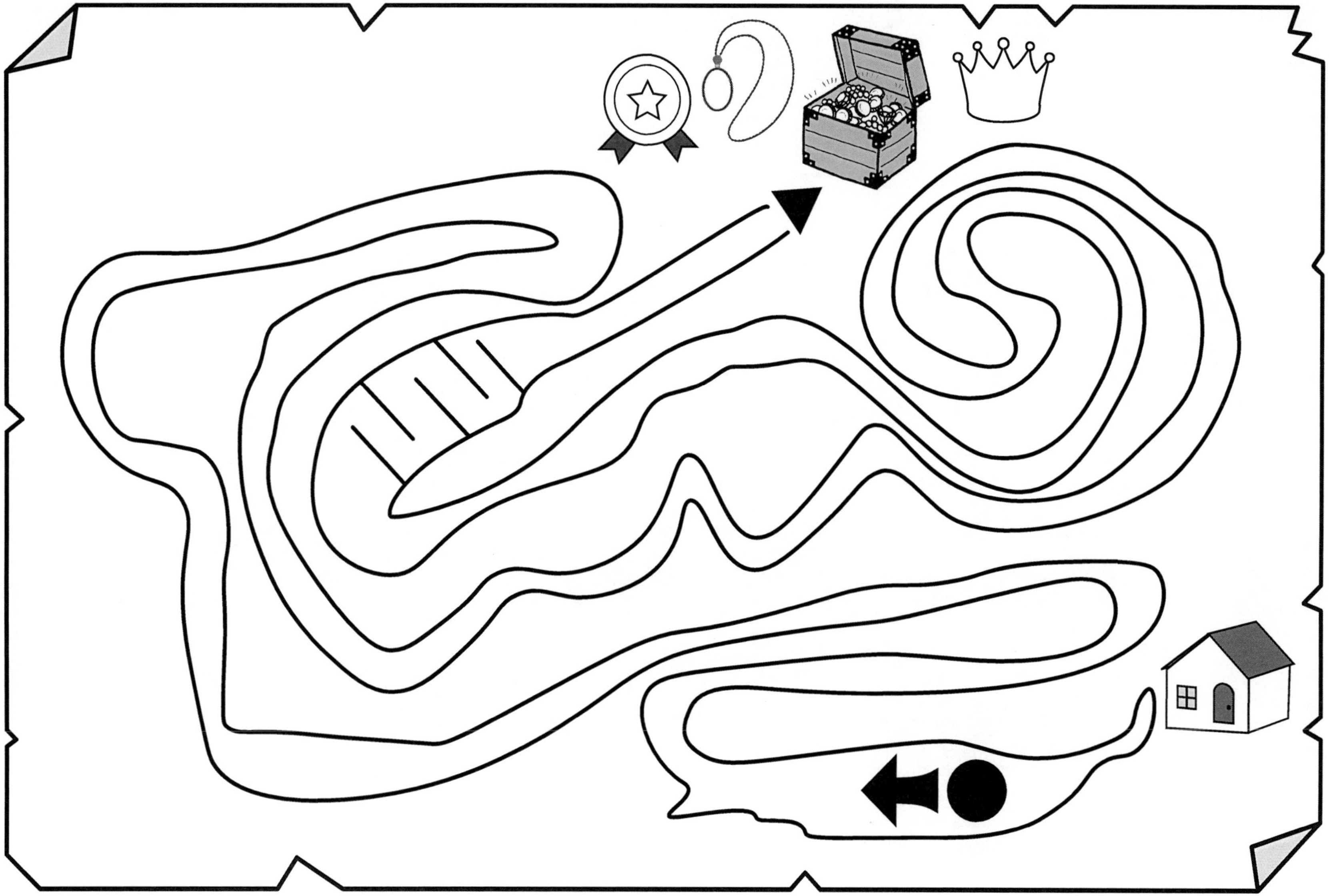

日本学習図書株式会社

2025 年度　都立立川国際小　過去・対策　無断複製／転載を禁ずる

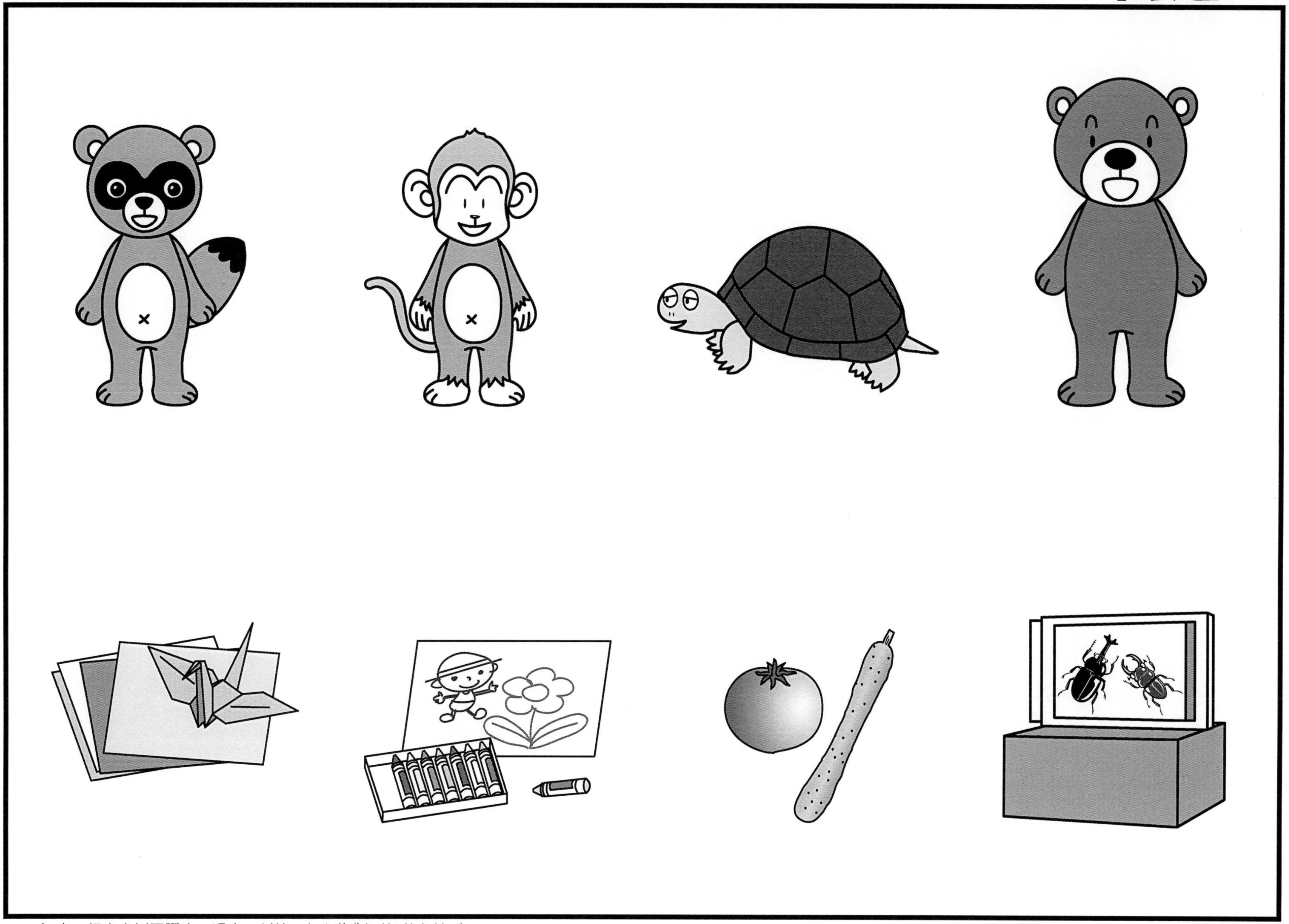

2025 年度　都立立川国際小　過去・対策　無断複製/転載を禁ずる　　日本学習図書株式会社

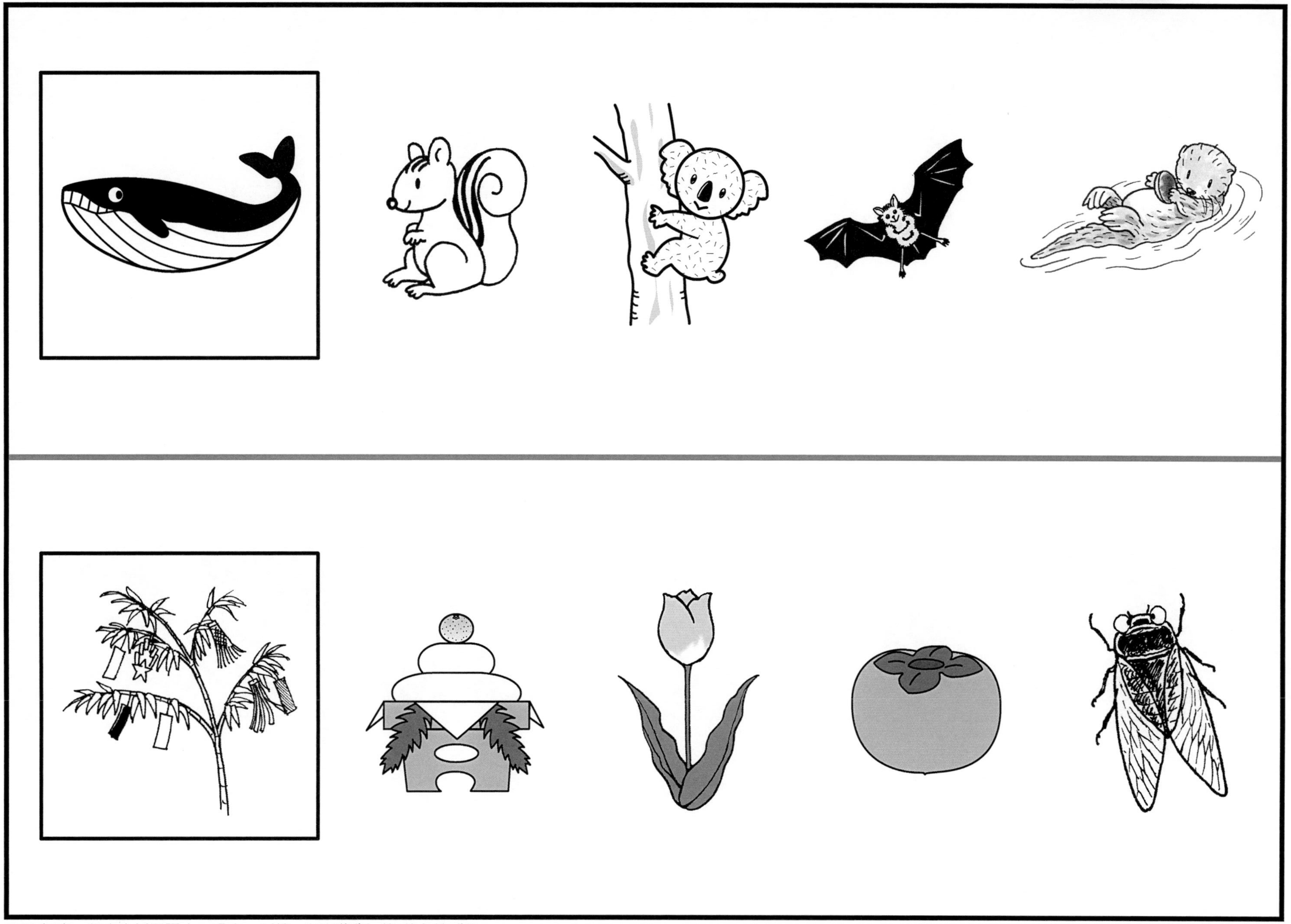

2025 年度　都立立川国際小　過去・対策　無断複製／転載を禁ずる　　日本学習図書株式会社

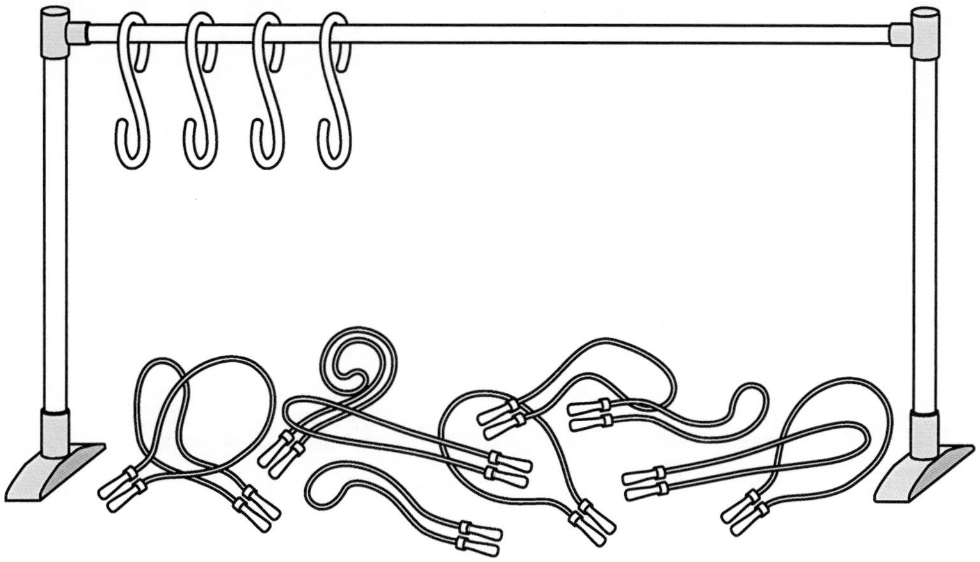

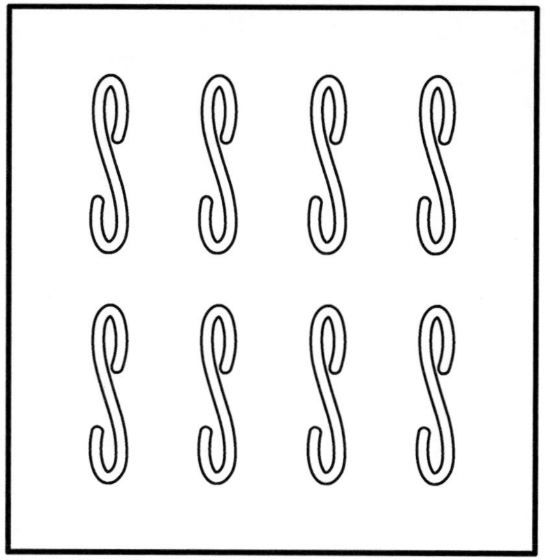

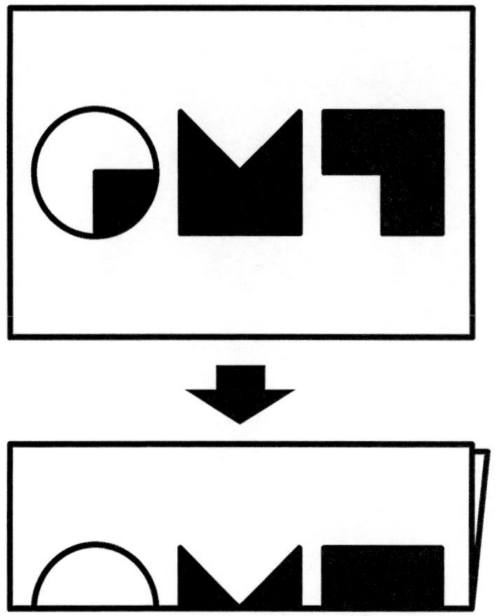

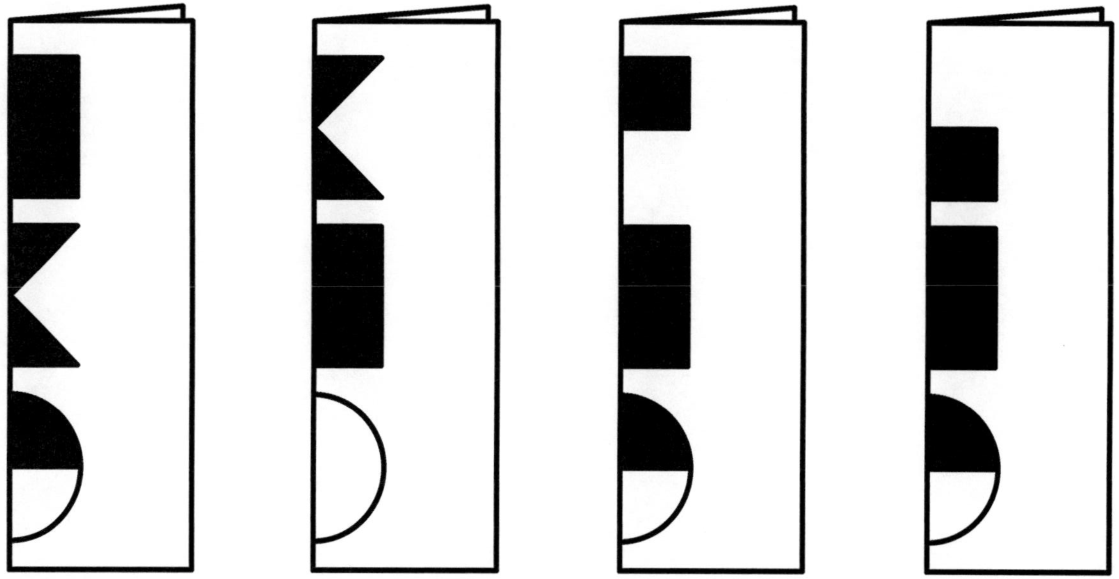

日本学習図書株式会社

2025 年度　都立立川国際小　過去・対策　無断複製／転載を禁ずる

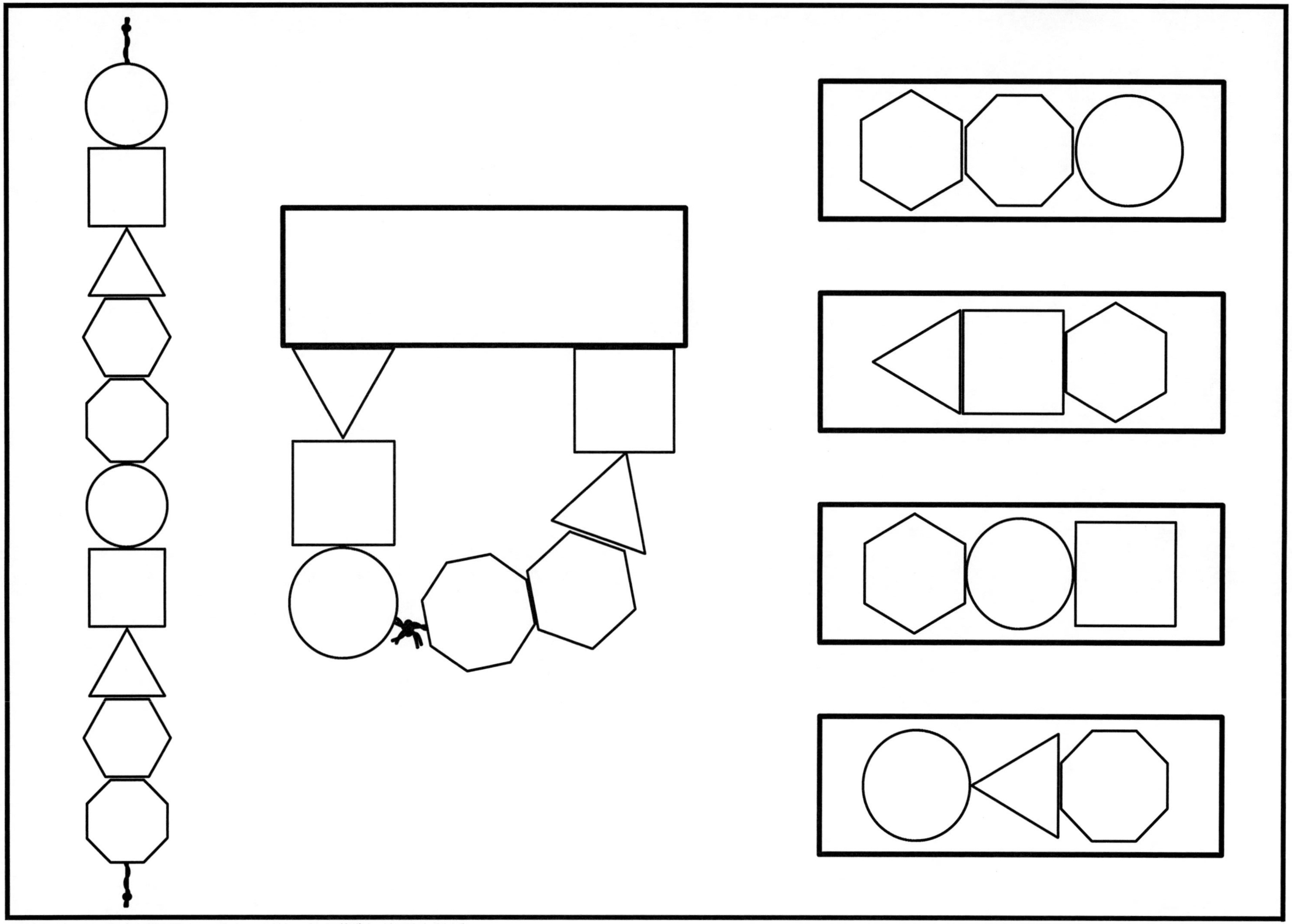

問題12－2

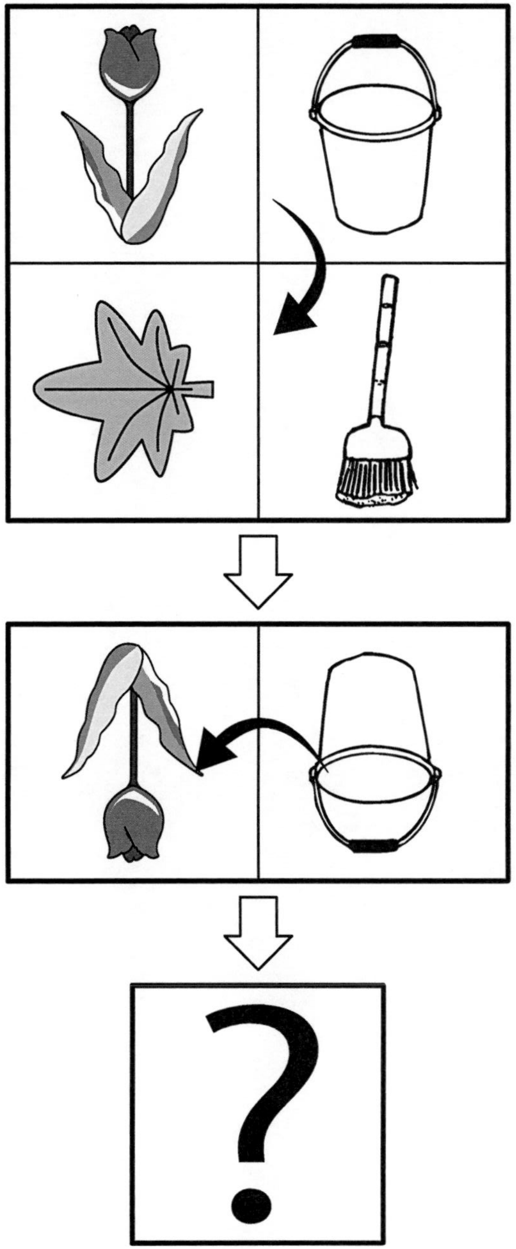

無断複製／転載を禁ずる

日本学習図書株式会社

2025 年度　都立立川国際小　過去・対策　無断複製／転載を禁ずる　　　　日本学習図書株式会社

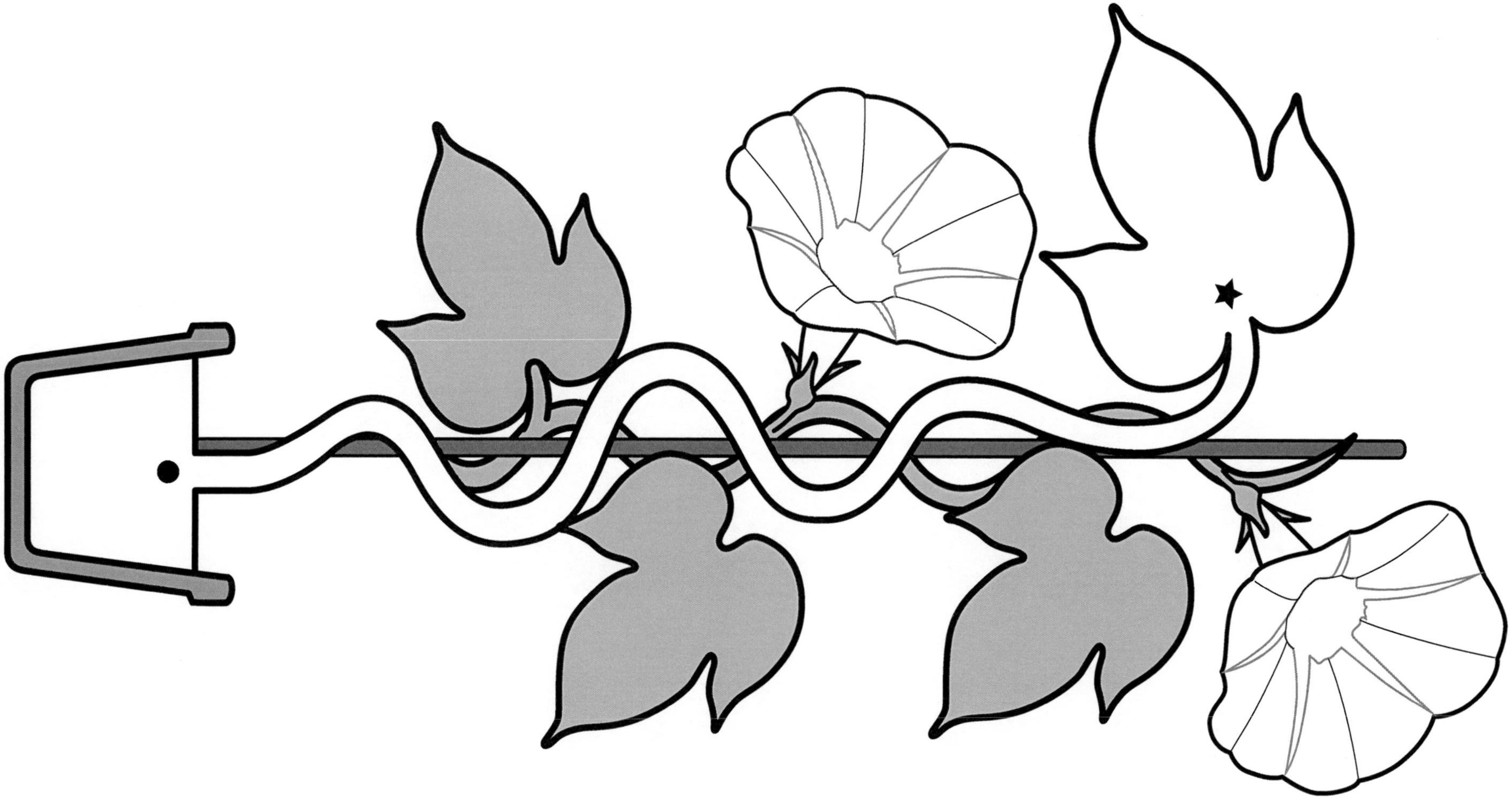

問題１６

無断複製／転載を禁ずる

日本学習図書株式会社

2025 年度　都立立川国際小　過去・対策　無断複製／転載を禁ずる　　　　　日本学習図書株式会社

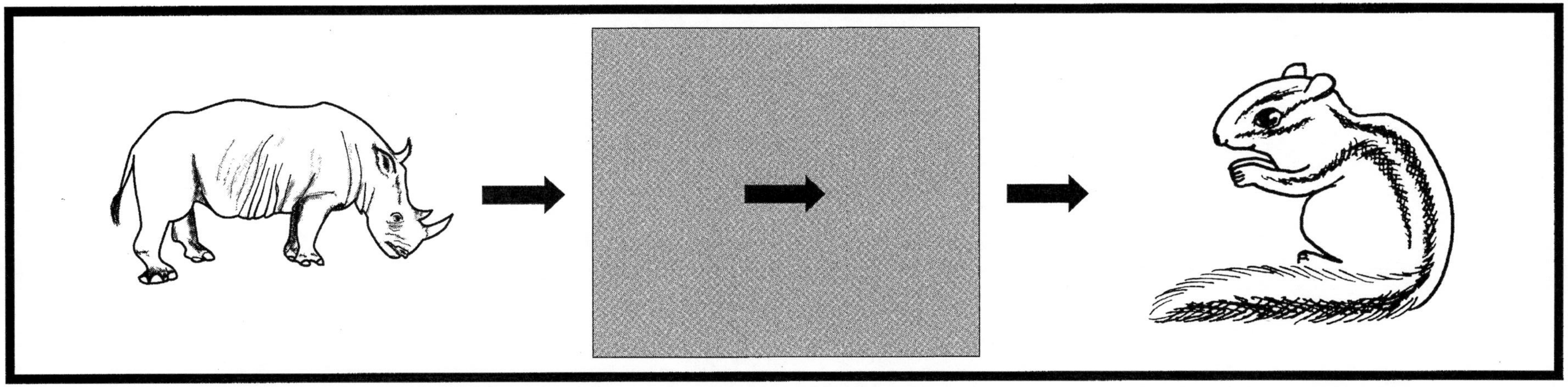

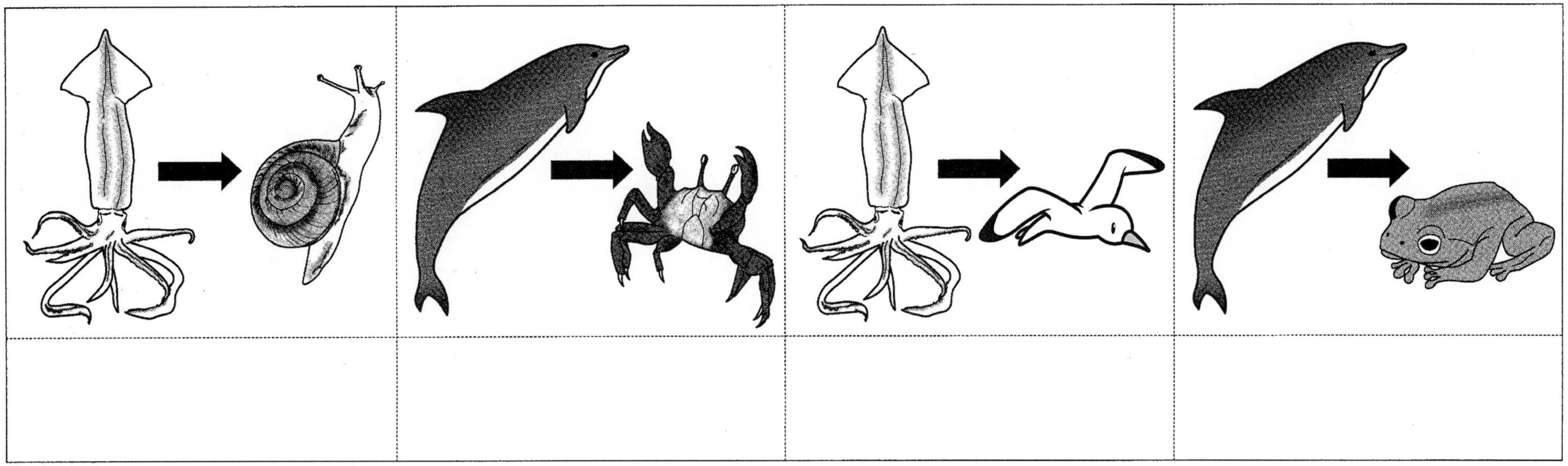

問題18

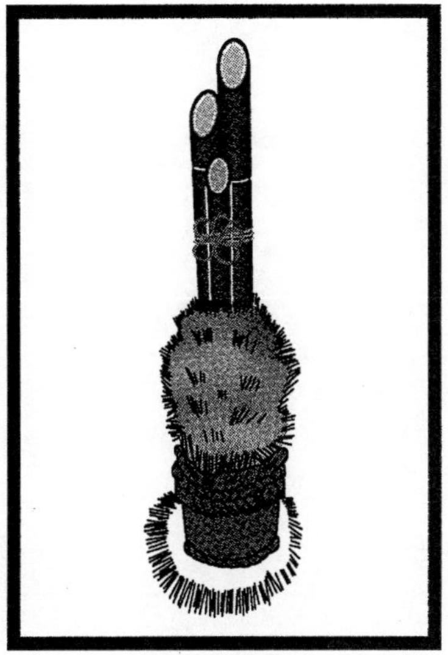

無断複製／転載を禁ずる

2025 年度　都立立川国際小　過去・対策　無断複製／転載を禁ずる　日本学習図書株式会社

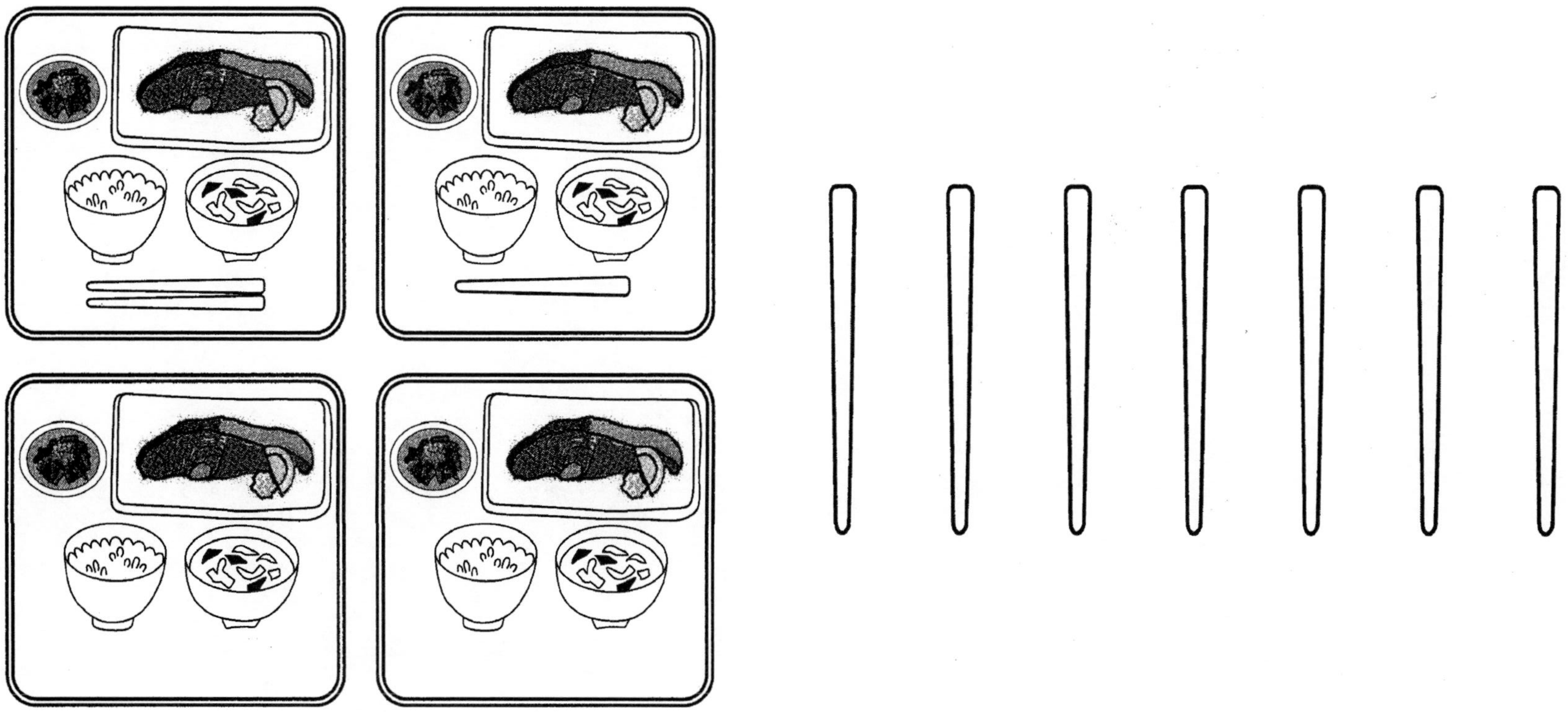

2025 年度　都立立川国際小　過去・対策　無断複製／転載を禁ずる　　日本学習図書株式会社

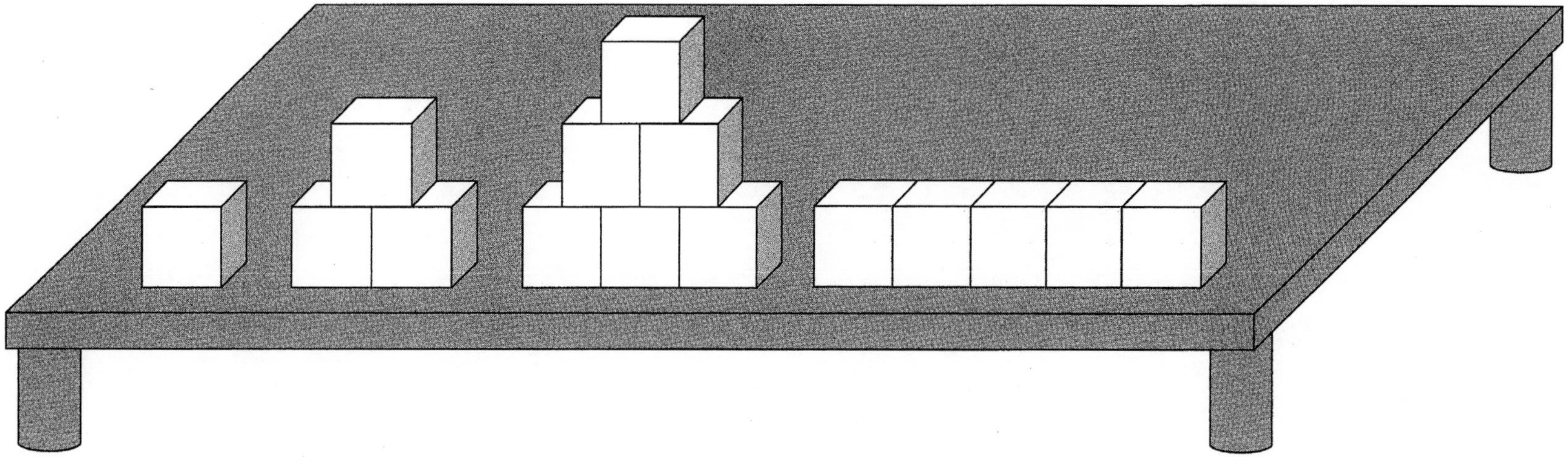

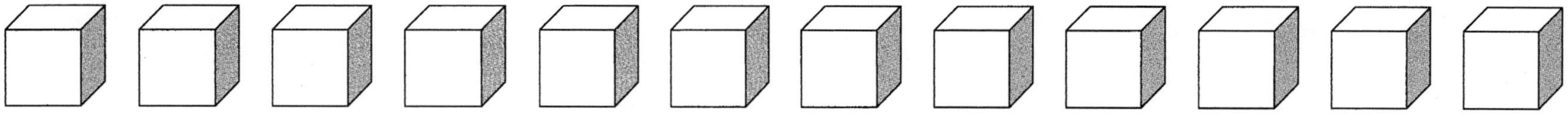

問題２１

2025 年度　都立立川国際小　過去・対策　無断複製／転載を禁ずる

日本学習図書株式会社

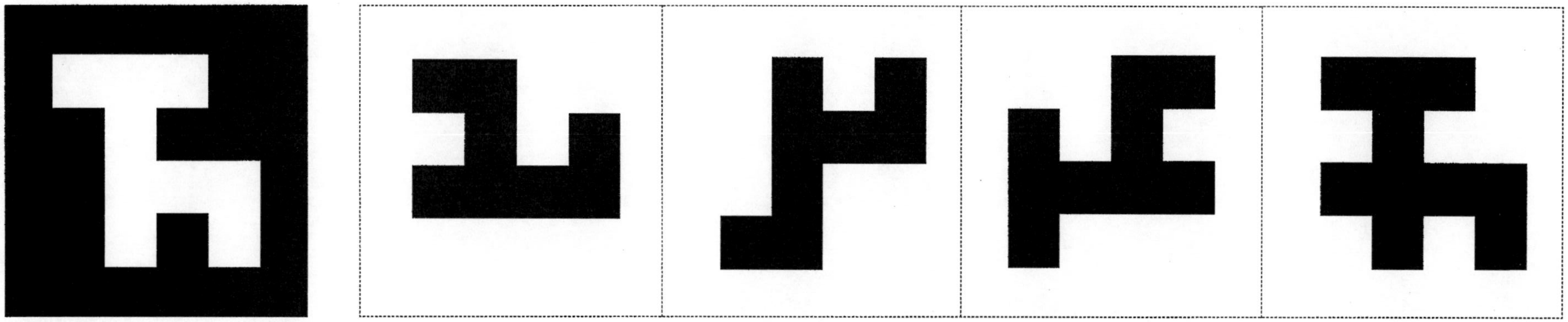

日本学習図書株式会社

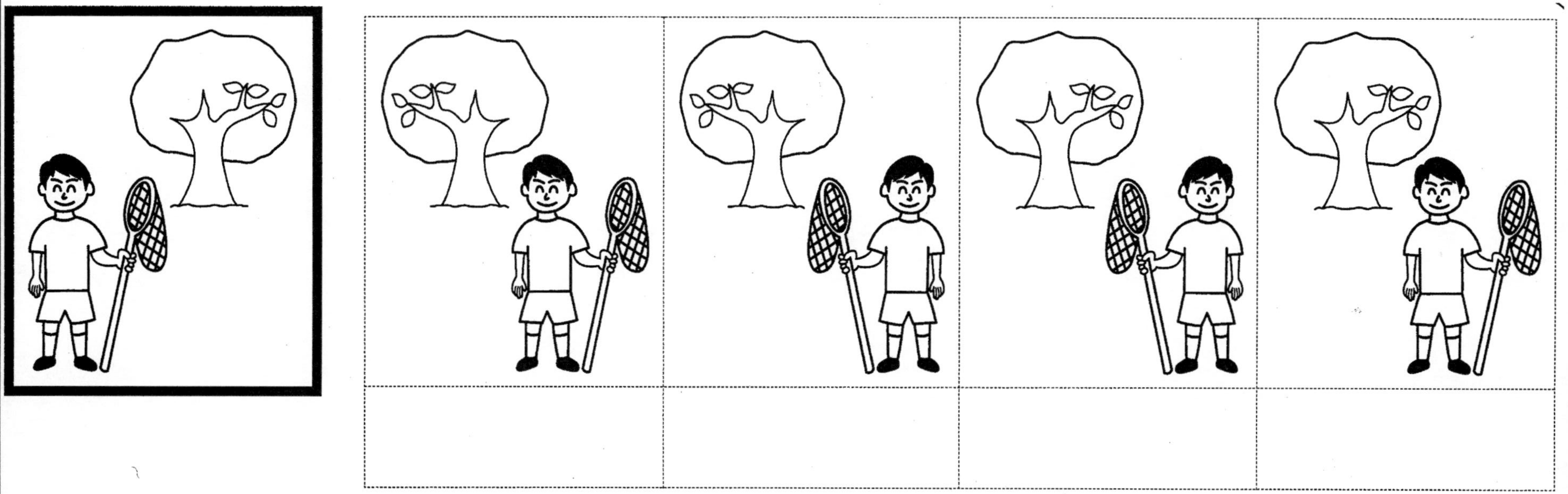

問題２３

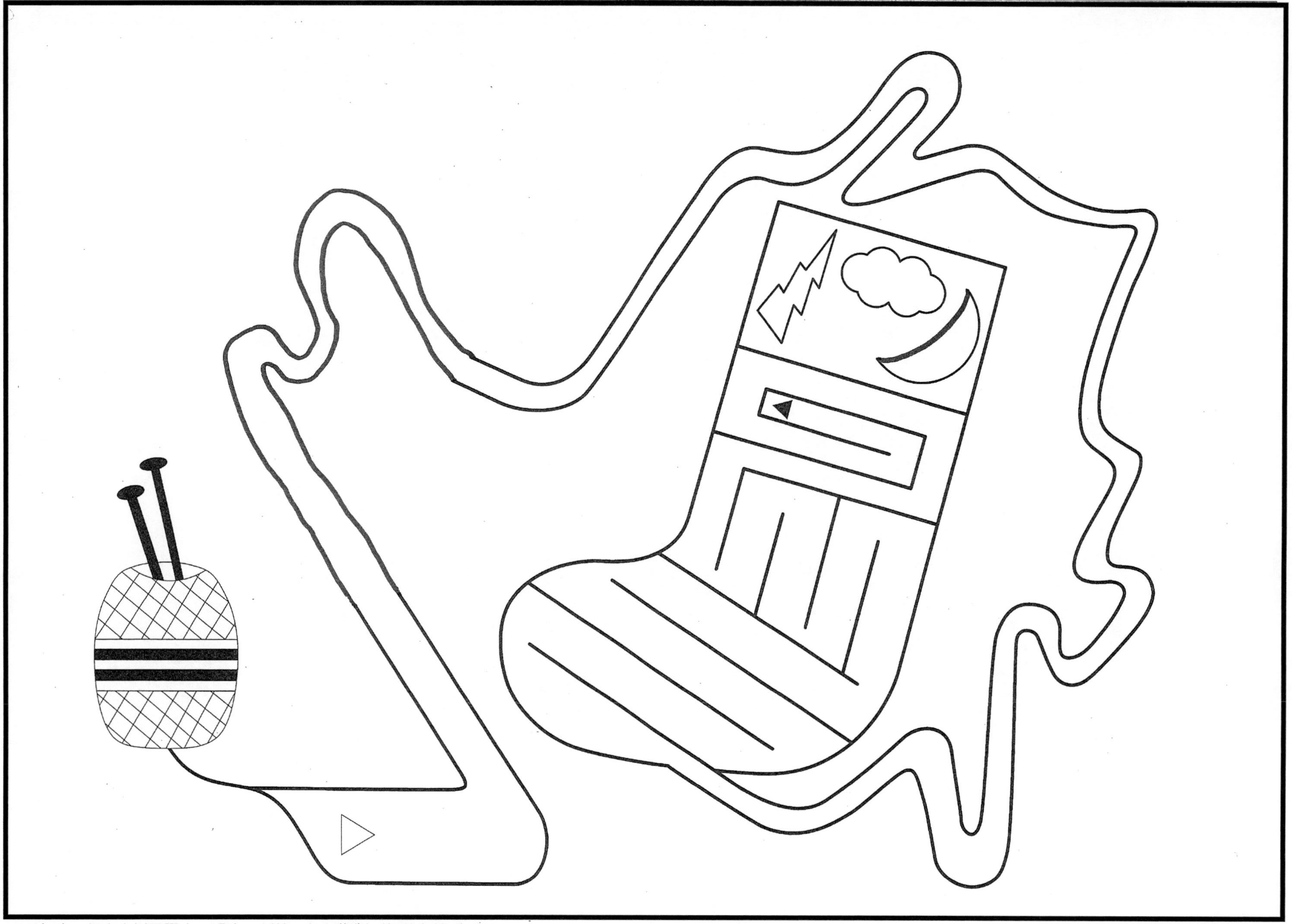

無断複製／転載を禁ずる

日本学習図書株式会社

2025 年度　都立立川国際小　過去・対策　無断複製／転載を禁ずる　　　　　日本学習図書株式会社

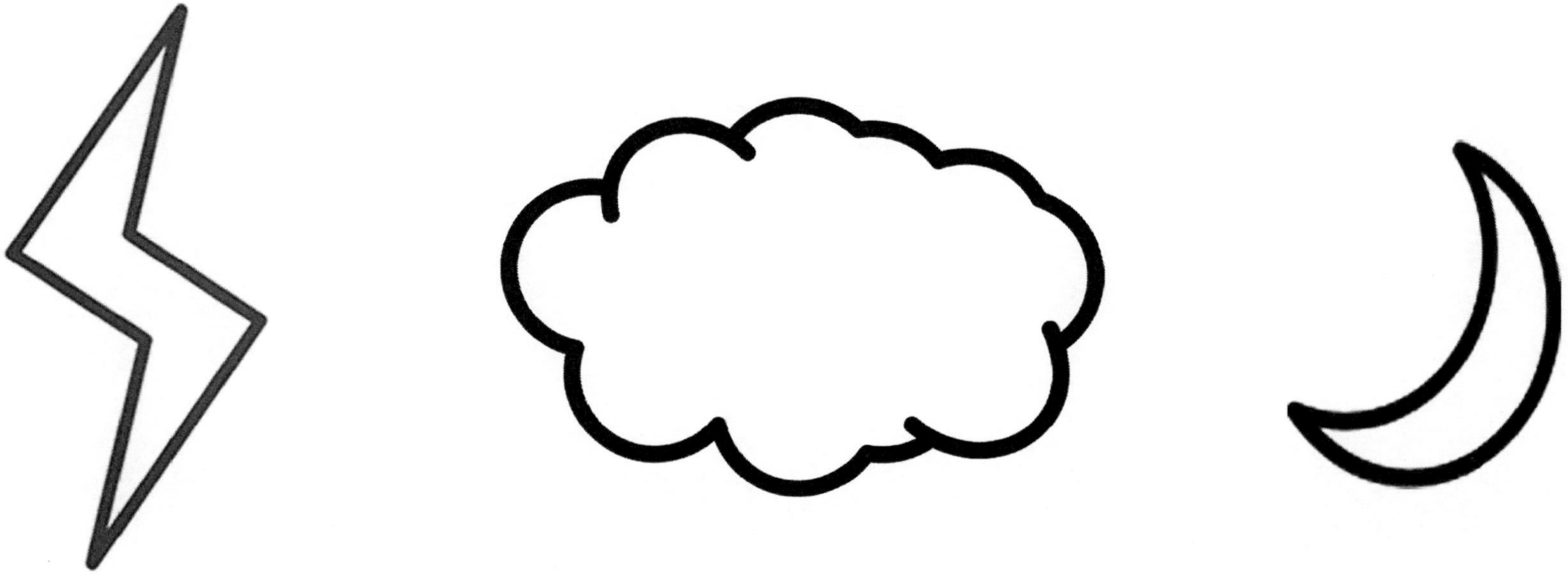

2025 年度　都立立川国際小　過去・対策　無断複製／転載を禁ずる　　　　日本学習図書株式会社

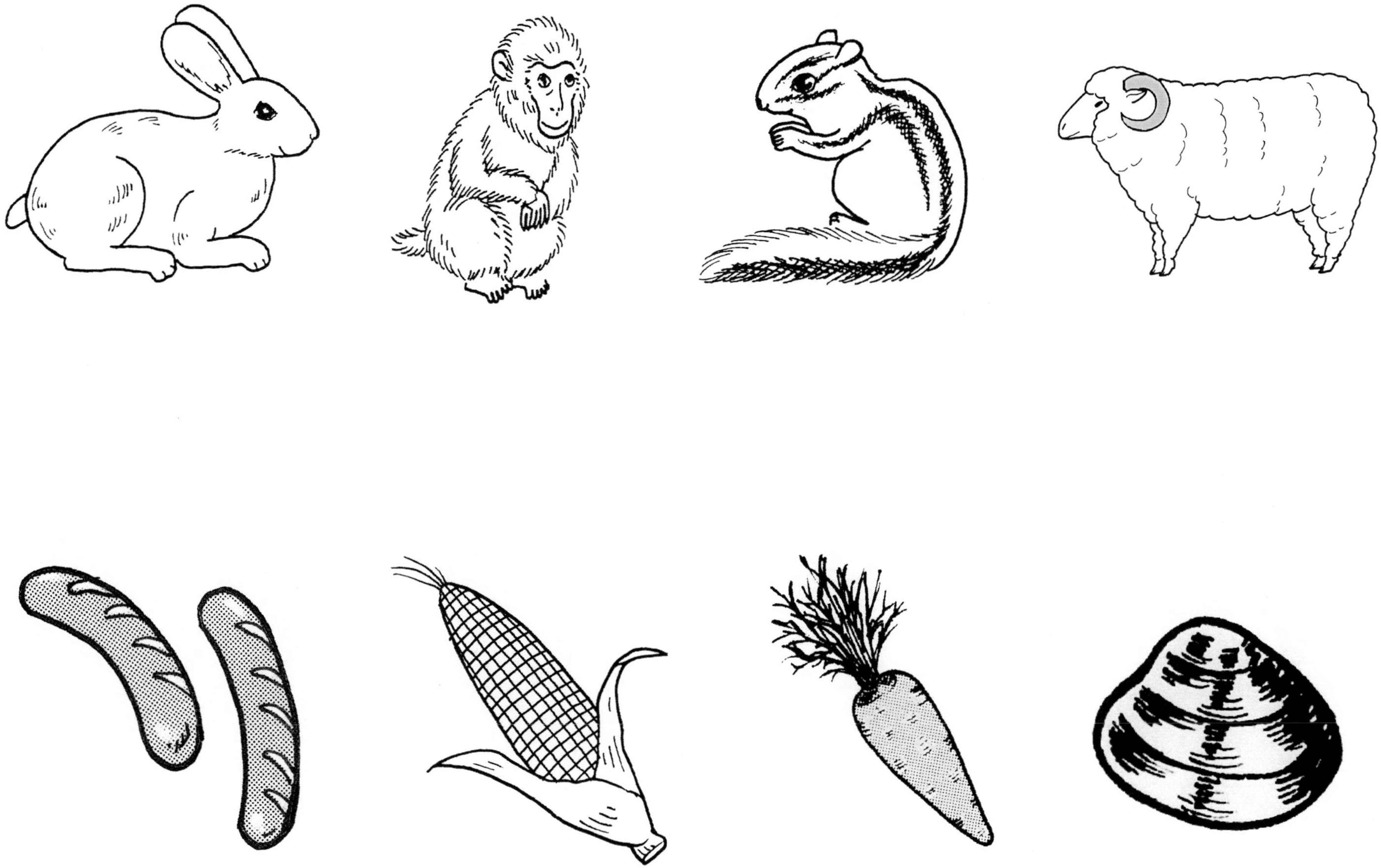

日本学習図書株式会社

2025 年度　都立立川国際小　過去・対策　無断複製／転載を禁ずる

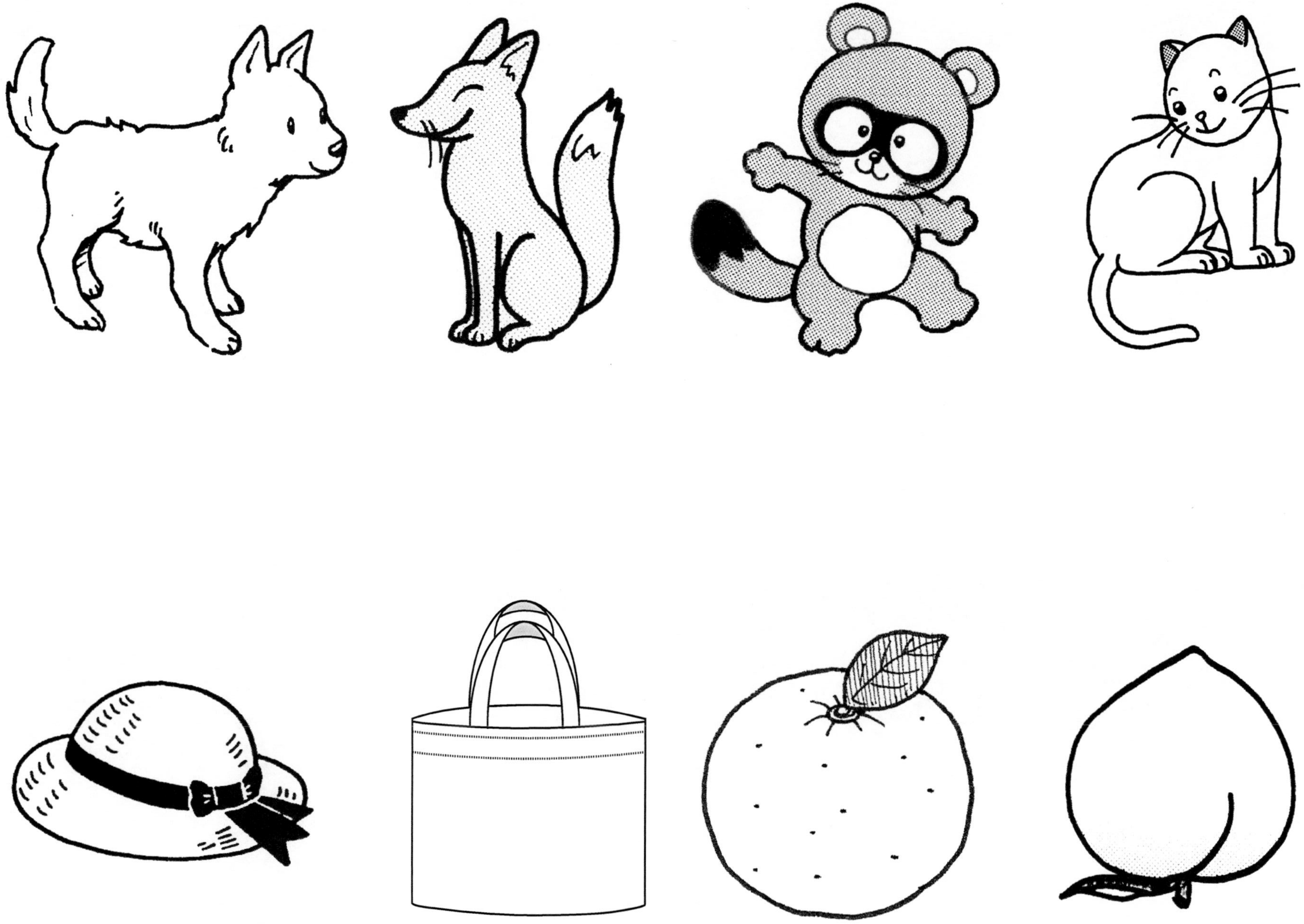

①

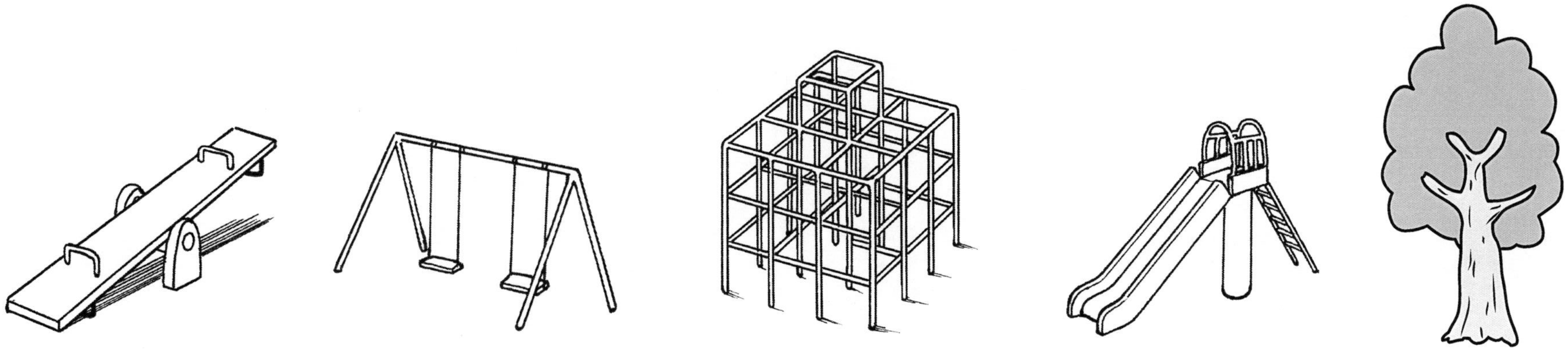

②

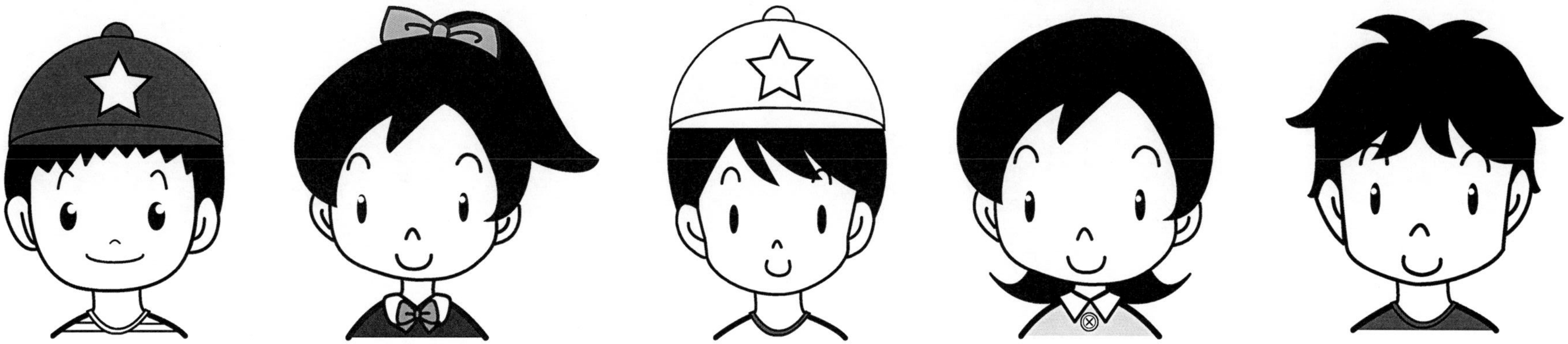

2025 年度　都立立川国際小　過去・対策　無断複製／転載を禁ずる　　　日本学習図書株式会社

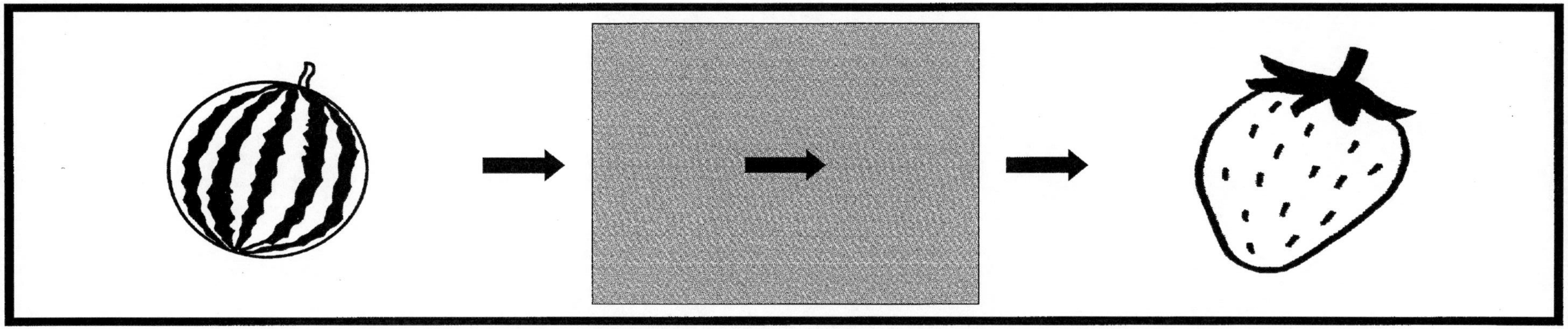

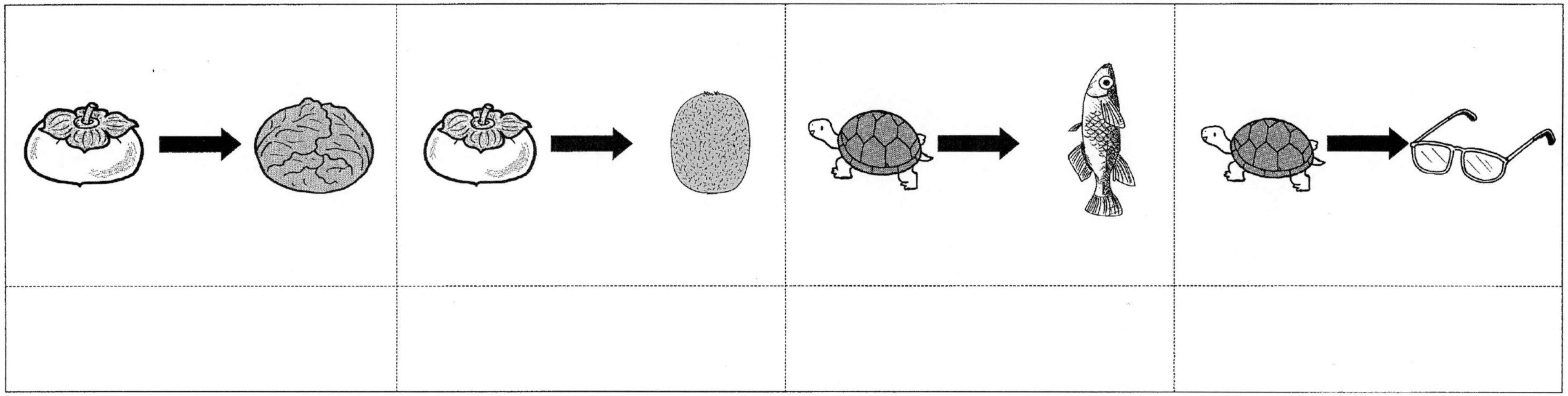

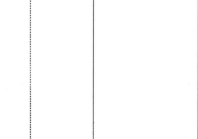

2025 年度　都立立川国際小　過去・対策　無断複製／転載を禁ずる

日本学習図書株式会社

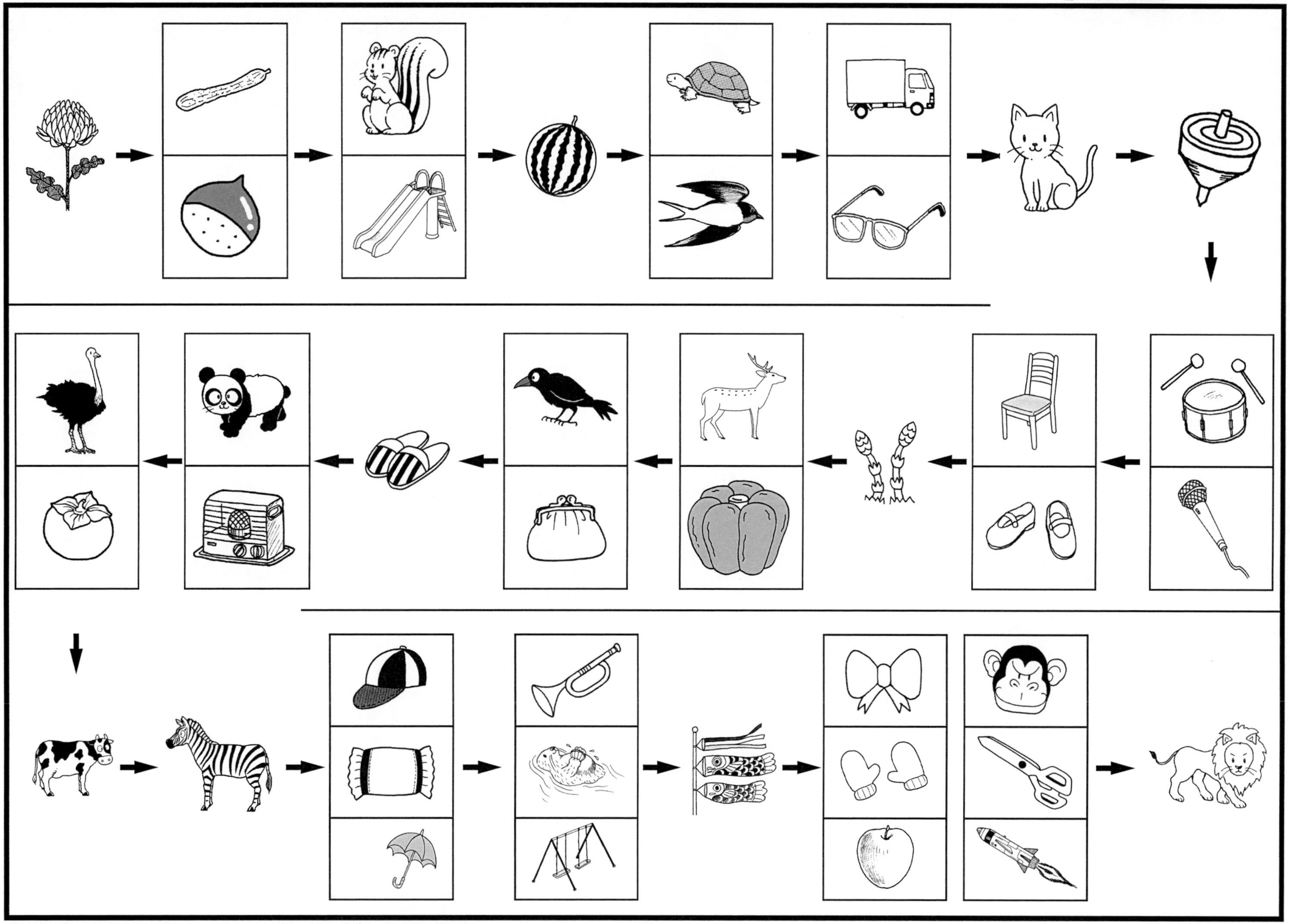

2025 年度　都立立川国際小　過去・対策　無断複製／転載を禁ずる　　日本学習図書株式会社

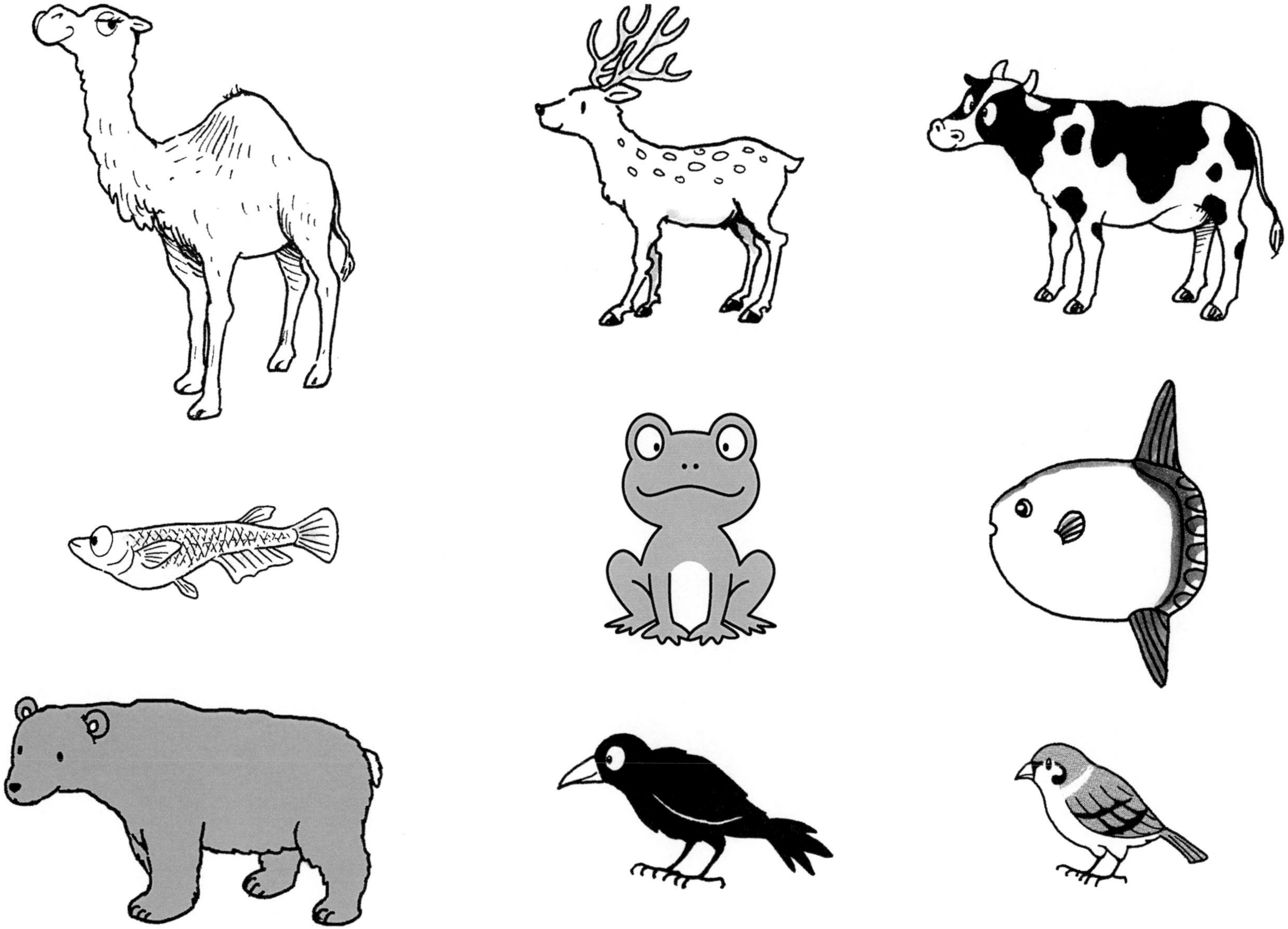

2025 年度 都立立川国際小 過去・対策 無断複製/転載を禁ずる 日本学習図書株式会社

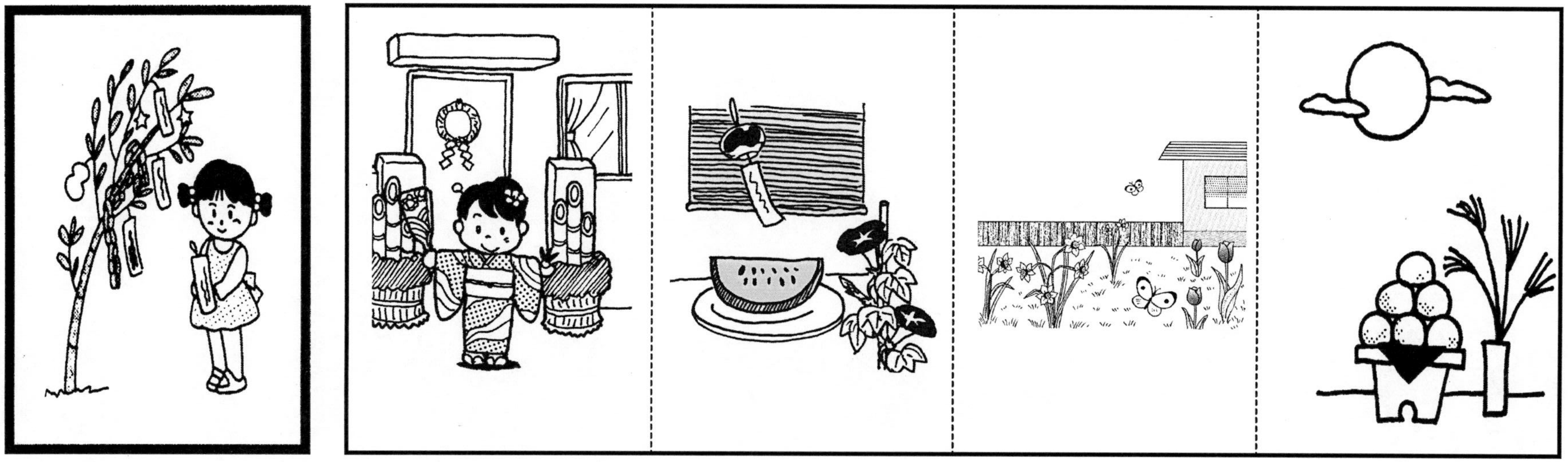

問題３４

無断複製／転載を禁ずる

日本学習図書株式会社

2025 年度　都立立川国際小　過去・対策　無断複製／転載を禁ずる　日本学習図書株式会社

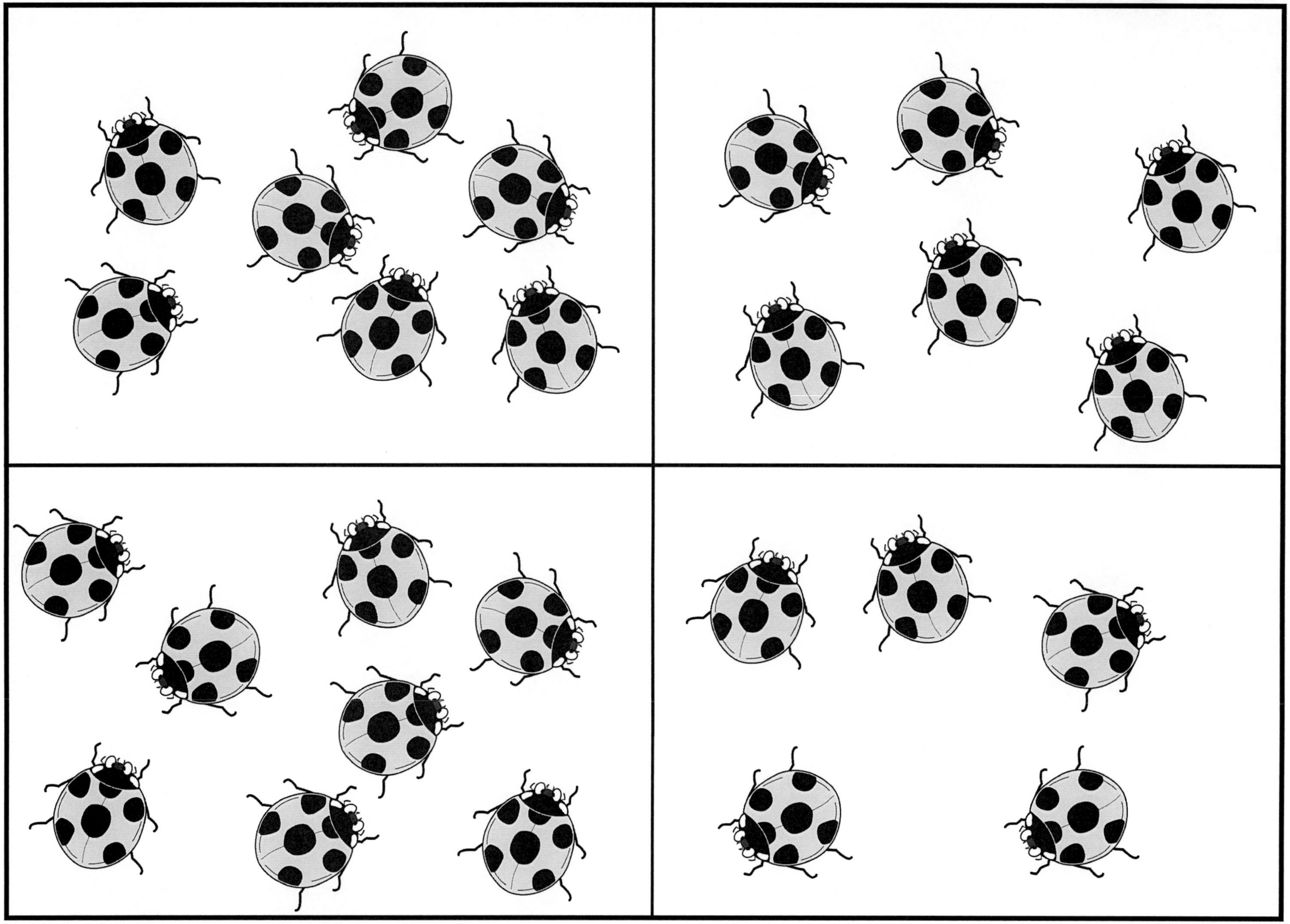

①

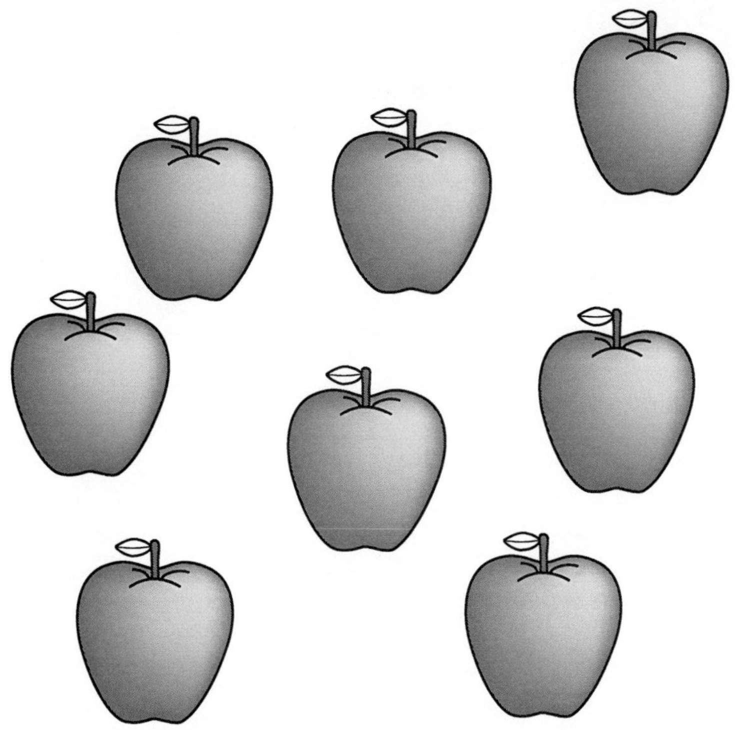

②

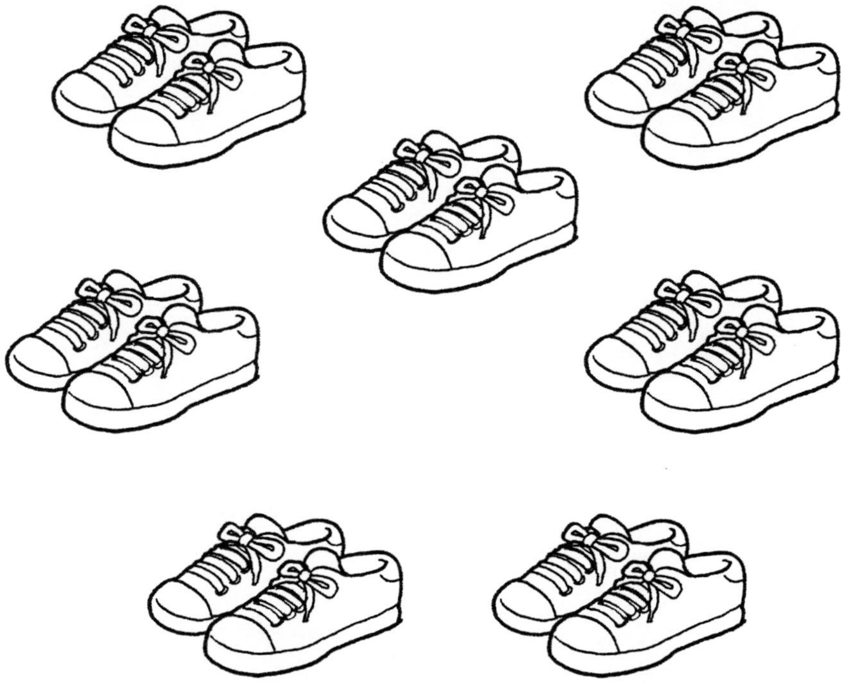

2025 年度　都立立川国際小　過去・対策　無断複製／転載を禁ずる　日本学習図書株式会社

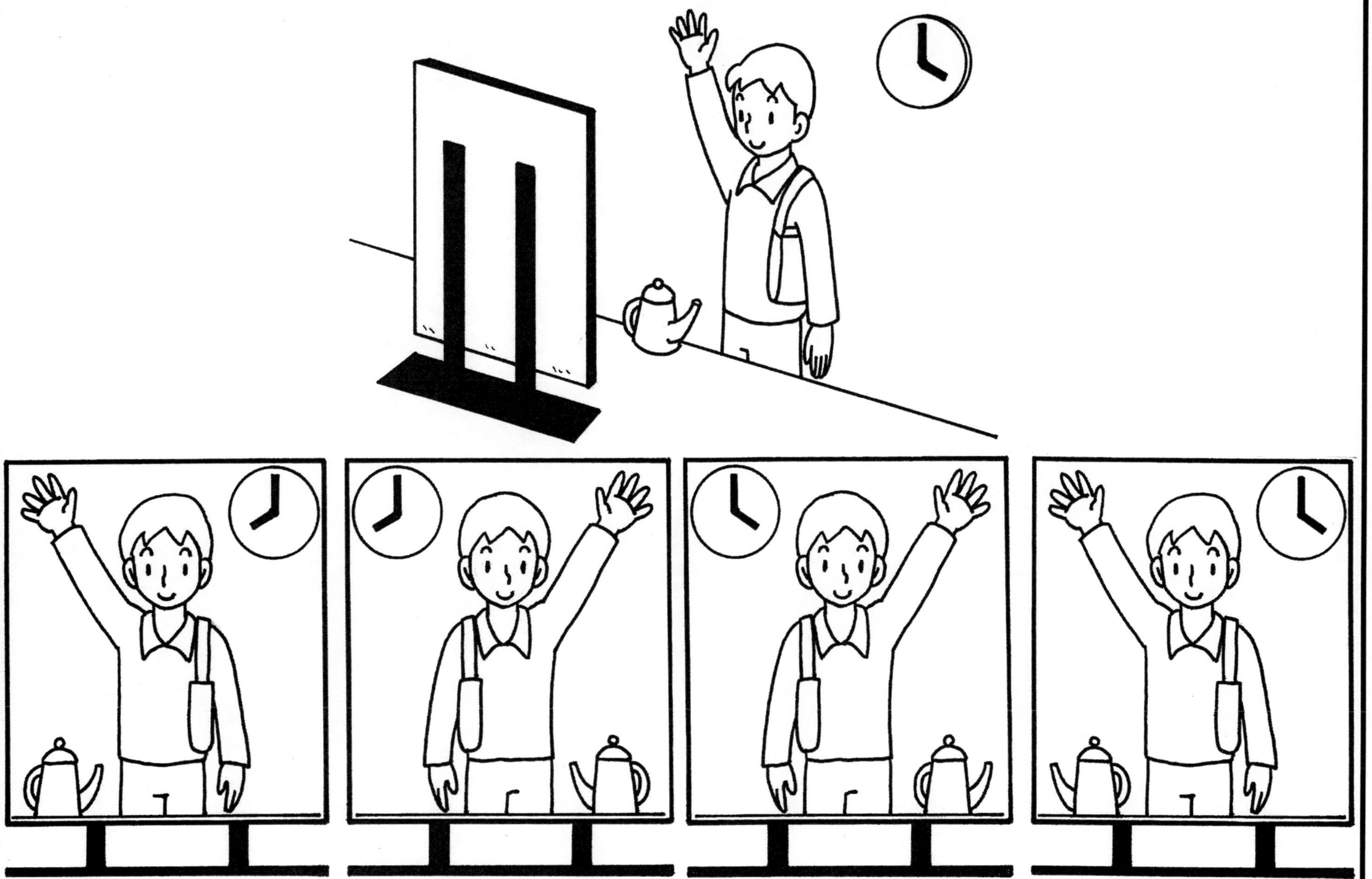

2025 年度　都立立川国際小　過去・対策　無断複製／転載を禁ずる　　　　日本学習図書株式会社

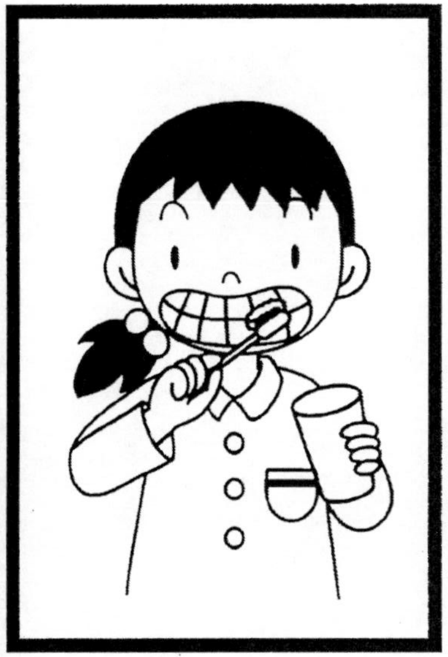

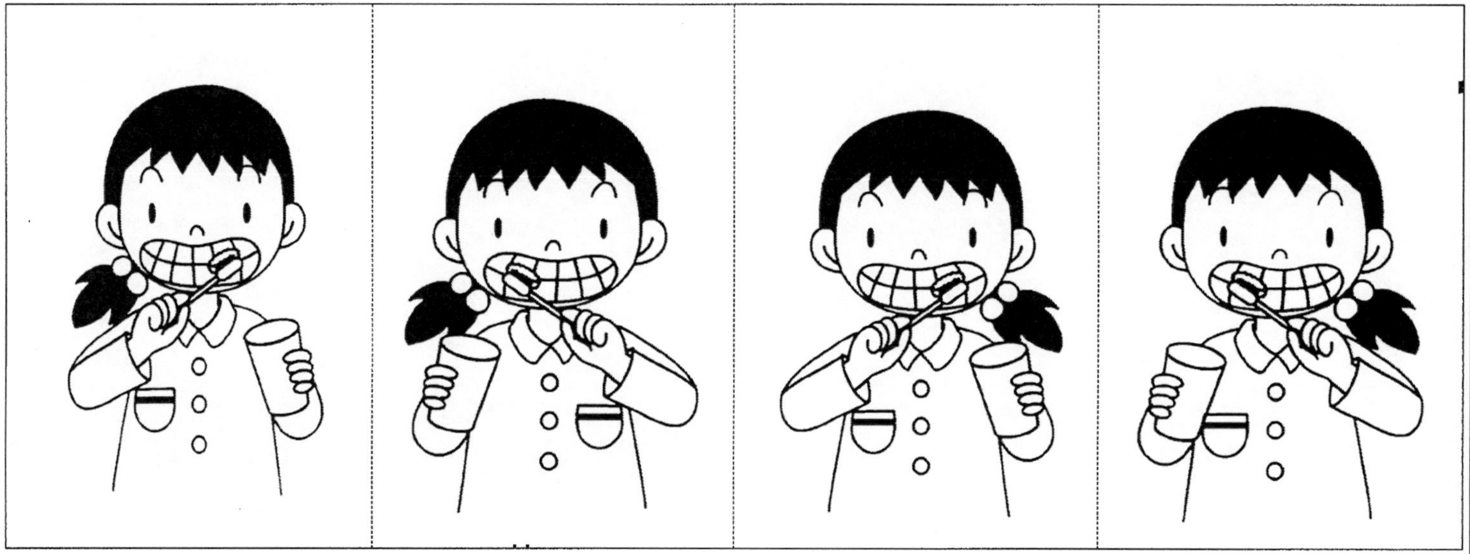

立川国際中等教育学校附属小学校　専用注文書

年　　月　　日

合格のための問題集ベスト・セレクション

＊入試頻出分野ベスト３

1st　お話の記憶

集中力　聞く力

2nd　図　形

観察力　思考力

3rd　運　筆

巧緻性　表現力　創造力

「常識」「数量」「言語」「推理」「図形」など広い分野から出題されています。当校の入試では基礎基本の徹底がもっとも効果的な学習です。過去問題の学習と、足りないと思われる分野の対策学習を徹底的に行いましょう。

分野	書　名	価格(税込)	注文	分野	書　名	価格(税込)	注文
図形	Ｊｒ・ウォッチャー１「点・線図形」	1,650円	冊	数量	Ｊｒ・ウォッチャー43「数のやりとり」	1,650円	冊
図形	Ｊｒ・ウォッチャー２「座標」	1,650円	冊	図形	Ｊｒ・ウォッチャー46「回転図形」	1,650円	冊
図形	Ｊｒ・ウォッチャー５「回転・展開」	1,650円	冊	図形	Ｊｒ・ウォッチャー47「座標の移動」	1,650円	冊
図形	Ｊｒ・ウォッチャー６「系列」	1,650円	冊	巧緻性	Ｊｒ・ウォッチャー51・52「運筆①・②」	1,650円	各　冊
図形	Ｊｒ・ウォッチャー８「対称」	1,650円	冊	常識	Ｊｒ・ウォッチャー56「マナーとルール」	1,650円	冊
数量	Ｊｒ・ウォッチャー14「数える」	1,650円	冊		お話の記憶　初級編	2,860円	冊
推理	Ｊｒ・ウォッチャー15「比較」	1,650円	冊		お話の記憶　中級編・上級編	2,200円	各　冊
記憶	Ｊｒ・ウォッチャー19「お話の記憶」	1,650円	冊		１話５分の読み聞かせお話集①・②	2,750円	各　冊
巧緻性	Ｊｒ・ウォッチャー25「生活巧緻性」	1,650円	冊		お助けハンドブック　生活編	1,980円	冊
観察	Ｊｒ・ウォッチャー29「行動観察」	1,650円	冊		新・小学校面接　Q&A	2,860円	冊
観察	Ｊｒ・ウォッチャー30「生活習慣」	1,650円	冊		保護者のための　入試面接最強マニュアル	2,200円	冊
推理	Ｊｒ・ウォッチャー31「推理思考」	1,650円	冊		面接テスト問題集	2,200円	冊
常識	Ｊｒ・ウォッチャー34「季節」	1,650円	冊		新 運動テスト問題集	2,420円	冊
数量	Jr・ｳｫｯﾁｬｰ38・39「たし算・ひき算１・２」	1,650円	各　冊		新・小学校受験 願書・アンケート 文例集500	2,860円	冊

合計	冊	円

(フリガナ) 氏　名	電　話 ＦＡＸ E-mail
住 所　〒　　　ー	以前にご注文されたことはございますか。 有　・　無

★お近くの書店、または記載の電話・FAX・ホームページにてご注文をお受けしております。
電話：03-5261-8951　FAX：03-5261-8953　代金は書籍合計金額＋送料がかかります。
※なお、落丁・乱丁以外の理由による商品の返品・交換には応じかねます。

★ご記入頂いた個人に関する情報は、当社にて厳重に管理致します。なお、ご購入の商品発送の他に、当社発行の書籍案内、書籍に関する調査に使用させて頂く場合がございますので、予めご了承ください。

日本学習図書株式会社
https://www.nichigaku.jp

分野別 小学入試練習帳 ジュニアウォッチャー

1．点・線図形	小学校入試で出題頻度の高い『点・線図形』の模写を、難易度の低いものから段階別に幅広く練習することができるように構成。
2．座標	図形の位置模写という作業を、難易度の低いものから段階別に練習できるように構成。
3．パズル	様々なパズルの問題を難易度の低いものから段階別に練習できるように構成。
4．同図形探し	小学校入試で出題頻度の高い、同図形選びの問題を繰り返し練習できるように構成。
5．回転・展開	図形などを回転、または展開したとき、形がどのように変化するかを学習し、理解を深められるように構成。
6．系列	数、図形などの様々な系列問題を、難易度の低いものから段階別に練習できるように構成。
7．迷路	迷路の問題を繰り返し練習できるように構成。
8．対称	対称に関する問題を4つのテーマに分類し、各テーマごとに問題を段階別に練習できるように構成。
9．合成	図形の合成に関する問題を、難易度の低いものから段階別に練習できるように構成。
10．四方からの観察	もの（立体）を様々な角度から見て、どのように見えるかを推理する問題を段階別に整理し、1つの形式で複数の問題を練習できるように構成。
11．いろいろな仲間	ものや動物、植物の共通点を見つけ、分類していく問題を中心に構成。
12．日常生活	日常生活における様々な問題を6つのテーマに分類し、各テーマごとに一つの問題形式で複数の問題を練習できるように構成。
13．時間の流れ	『時間』に着目し、様々なものごとは、時間が経過するとどのように変化するのかということを学習し、理解できるように構成。
14．数える	様々なものを『数える』ことから、数の多少の判定やかけ算、わり算の基礎までを練習できるように構成。
15．比較	比較に関する問題を5つのテーマ（数、高さ、長さ、量、重さ）に分類し、各テーマごとに問題を段階別に練習できるように構成。
16．積み木	数える対象を積み木に限定した問題集。
17．言葉の音遊び	言葉の音に関する問題を5つのテーマに分類し、各テーマごとに問題を段階別に練習できるように構成。
18．いろいろな言葉	表現力をより豊かにするいろいろな言葉として、擬態語や擬声語、同音異義語、反意語、数詞を取り上げた問題集。
19．お話の記憶	お話を聴いてその内容を記憶、理解し、設問に答える形式の問題集。
20．見る記憶・聴く記憶	「見て憶える」「聴いて憶える」という『記憶』分野に特化した問題集。
21．お話作り	いくつかの絵を元にしてお話を作る練習をして、想像力を養うことができるように構成。
22．想像画	描かれてある形や景色に好きな絵を描くことにより、想像力を養うことができるように構成。
23．切る・貼る・塗る	小学校入試で出題頻度の高い、はさみやのりなどを用いた巧緻性の問題を繰り返し練習できるように構成。
24・絵画	小学校入試で出題頻度の高い、お絵かきやぬり絵などクレヨンやクーピーペンを用いた巧緻性の問題を繰り返し練習できるように構成。
25．生活巧緻性	小学校入試で出題頻度の高い日常生活の様々な場面における巧緻性の問題集。
26．文字・数字	ひらがなの清音、濁音、拗音、拗長音、促音と1〜20までの数字に焦点を絞り、練習できるように構成。
27．理科	小学校入試で出題頻度が高くなりつつある理科の問題を集めた問題集。
28．運動	出題頻度の高い運動問題を種目別に分けて構成。
29．行動観察	項目ごとに問題提起をし、「このような時はどうか、あるいはどう対処するのか」の観点から問いかける形式の問題集。
30．生活習慣	学校から家庭に提起された問題と思って、一問一問絵を見ながら話し合い、考える形式の問題集。

31．推理思考	数、量、言語、常識（含理科、一般）など、諸々のジャンルから問題を構成し、近年の小学校入試問題傾向に沿って構成。
32．ブラックボックス	箱や筒の中を通ると、どのようなお約束でどのように変化するかを推理・思考する問題集。
33．シーソー	重さの違うものをシーソーに乗せた時どちらに傾くのか、またどうすればシーソーは釣り合うのかを思考する基礎的な問題集。
34．季節	様々な行事や植物などを季節別に分類できるように知識をつける問題集。
35．重ね図形	小学校入試で頻繁に出題されている「図形を重ね合わせてできる形」についての問題を集めました。
36．同数発見	様々な物を数え「同じ数」を発見し、数の多少の判断や数の認識の基礎を学べるように構成した問題集。
37．選んで数える	数の学習の基本となる、いろいろなものの数を正しく数える学習を行う問題集。
38．たし算・ひき算1	数字を使わず、たし算とひき算の基礎を身につけるための問題集。
39．たし算・ひき算2	数字を使わず、たし算とひき算の基礎を身につけるための問題集。
40．数を分ける	数を等しく分ける問題です。等しく分けたときに余りが出るものもあります。
41．数の構成	ある数がどのような数で構成されているか学んでいきます。
42．一対多の対応	一対一の対応から、一対多の対応まで、かけ算の考え方の基礎学習を行います。
43．数のやりとり	あげたり、もらったり、数の変化をしっかりと学びます。
44．見えない数	指定された条件から数を導き出します。
45．図形分割	図形の分割に関する問題集。パズルや合成の分野にも通じる様々な問題を集めました。
46．回転図形	「回転図形」に関する問題集。やさしい問題から始め、いくつかの代表的なパターンから、段階を踏んで学習できるよう編集されています。
47．座標の移動	「マス目の指示通りに移動する問題」と「指示された数だけ移動する問題」を収録。
48．鏡図形	鏡で左右反転させた時の見え方を考えます。平面図形から立体図形、文字、絵まで。
49．しりとり	すべての学習の基礎となる「言葉」を学ぶこと、特に「語彙」を増やすことに重点をおき、さまざまなタイプの「しりとり」問題を集めました。
50．観覧車	観覧車やメリーゴーラウンドなどを舞台にした「回転系列」の問題集。「推理思考」分野の問題ですが、要素として「図形」や「数量」も含みます。
51．運筆①	鉛筆の持ち方を学び、点線なぞり、お手本を見ながらの模写で、線を引く練習をします。
52．運筆②	運筆①からさらに発展し、「欠所補完」や「迷路」などを楽しみながら、より複雑な鉛筆運びを習得することを目指します。
53．四方からの観察 積み木編	積み木を使用した「四方からの観察」に関する問題を練習できるように構成。
54．図形の構成	見本の図形がどのような部分によって形づくられているかを考えます。
55．理科②	理科的知識に関する問題を集中して練習する「常識」分野の問題集。
56．マナーとルール	道路や駅、公共の場でのマナー、安全や衛生に関する常識を学べるように構成。
57．置き換え	さまざまな具体的・抽象的事象を記号で表す「置き換え」の問題を扱います。
58．比較②	長さ・高さ・体積・数などを数学的な知識を使わず、論理的に推測する「比較」の問題を練習できるように構成。
59．欠所補完	線と線のつながり、欠けた絵に当てはまるものなどを求める「欠所補完」に取り組める問題集です。
60．言葉の音（おん）	しりとり、決まった順番の音をつなげるなど、「言葉の音」に関する問題に取り組める練習問題集です。

◆◆ニチガクのおすすめ問題集◆◆

より充実した家庭学習を目指し、ニチガクではさまざまな問題集をとりそろえております!!

サクセスウォッチャーズ(全18巻)

①～⑱
本体各¥2,200+税

全9分野を「基礎必修編」「実力アップ編」の2巻でカバーした、合計18冊。

各巻80問と豊富な問題数に加え、他の問題集では掲載していない詳しいアドバイスが、お子さまを指導する際に役立ちます。

各ページが、すぐに使えるミシン目付き。本番を意識したドリルワークが可能です。

ジュニアウォッチャー(既刊60巻)

①～60 (以下続刊)
本体各¥1,500+税

入試出題頻度の高い9分野を、さらに60の項目にまで細分化。基礎学習に最適のシリーズ。

苦手分野におけるつまずきを、効率よく克服するための60冊です。

ポイントが絞られているため、無駄なく高い効果を得られます。

国立・私立NEWウォッチャーズ

言語/理科/図形/記憶
常識/数量/推理
本体各¥2,000+税

シリーズ累計発行部数40万部以上を誇る大ベストセラー「ウォッチャーズシリーズ」の趣旨を引き継ぐ新シリーズ!!

実際に出題された過去問の「類題」を32問掲載。全問に「解答のポイント」付きだから家庭学習に最適です。「ミシン目」付き切り離し可能なプリント学習タイプ!

実践 ゆびさきトレーニング①・②・③

本体各¥2,500+税

制作問題に特化した一冊。有名校が実際に出題した類似問題を35問掲載。

様々な道具の扱い(はさみ・のり・セロハンテープの使い方)から、手先・指先の訓練(ちぎる・貼る・塗る・切る・結ぶ)、また、表現することの楽しさも経験できる問題集です。

お話の記憶・読み聞かせ

[お話の記憶問題集]
中級/上級編
本体各¥2,000+税
初級/過去類似編/ベスト30
本体各¥2,600+税

1話5分の読み聞かせお話集①・②、入試実践編①
本体各¥1,800+税

あらゆる学習に不可欠な、語彙力・集中力・記憶力・理解力・想像力を養うと言われているのが「お話の記憶」分野の問題。問題集は全問アドバイス付き。

分野別 苦手克服シリーズ(全6巻)

図形/数量/言語/
常識/記憶/推理
本体各¥2,000+税

数量・図形・言語・常識・記憶の6分野。アンケートに基づいて、多くのお子さまがつまづきやすい苦手問題を、それぞれ40問掲載しました。

全問アドバイス付きですので、ご家庭において、そのつまづきを解消するためのプロセスも理解できます。

運動テスト・ノンペーパーテスト問題集

新 運動テスト問題集
本体¥2,200+税

新 ノンペーパーテスト問題集
本体¥2,600+税

ノンペーパーテストは国立・私立小学校で幅広く出題される、筆記用具を使用しない分野の問題を全40問掲載。

運動テスト問題集は運動分野に特化した問題集です。指示の理解や、ルールを守る訓練など、ポイントを押さえた学習に最適。全35問掲載。

口頭試問・面接テスト問題集

新 口頭試問・個別テスト問題集
本体¥2,500+税

面接テスト問題集
本体¥2,000+税

口頭試問は、主に個別テストとして口頭で出題解答を行うテスト形式。面接は、主に「考え」やふだんの「あり方」をたずねられるものです。

口頭で答える点は同じですが、内容は大きく異なります。想定する質問内容や答え方の幅を広げるために、どちらも手にとっていただきたい問題集です。

小学校受験 厳選難問集 ①・②

本体各¥2,600+税

実際に出題された入試問題の中から、難易度の高い問題をピックアップし、アレンジした問題集。応用問題への挑戦は、基礎の理解度を測るだけでなく、お子さまの達成感・知的好奇心を触発します。

①は数量・図形・推理・言語、②は位置・常識・比較・記憶分野の難問を掲載。それぞれ40問。

国立小学校 対策問題集

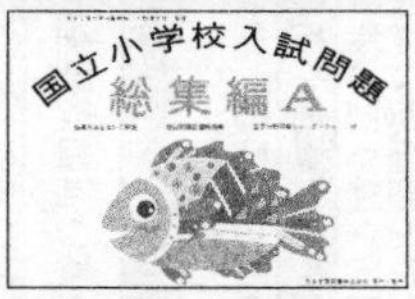

国立小学校入試問題A・B・C
(全3巻) 本体各¥3,282+税

新 国立小学校直前集中講座
本体¥3,000+税

国立小学校頻出の問題を厳選。細かな指導方法やアドバイスが掲載してあり、効率的な学習が進められます。「総集編」は難易度別にA～Cの3冊。付録のレーダーチャートにより得意・不得意を認識でき、国立小学校受験対策に最適です。入試直前の対策には「新 直前集中講座」!

おうちでチャレンジ ①・②

本体各¥1,800+税

関西最大級の模擬試験である小学校受験標準テストのペーパー問題を編集した実力養成に最適な問題集。延べ受験者数10,000人以上のデータを分析しお子さまの習熟度・到達度を一目で判別。

保護者必読の特別アドバイス収録!

Q&Aシリーズ

『小学校受験で知っておくべき125のこと』
『小学校受験に関する 保護者の悩みQ&A』
『新 小学校受験の入試面接Q&A』
『新 小学校受験 願書・アンケート文例集500』
本体各¥2,600+税
『小学校受験のための
願書の書き方から面接まで』
本体¥2,500+税

「知りたい!」「聞きたい!」「こんな時どうすれば…?」そんな疑問や悩みにお答えする、オススメの人気シリーズです。

書籍についてのご注文・お問い合わせ
☎ 03-5261-8951

http://www.nichigaku.jp
※ご注文方法、書籍についての詳細は、Webサイトをご覧ください。

日本学習図書 検索

『読み聞かせ』×『質問』＝『聞く力』

お話の記憶の練習に最適

1話5分の
読み聞かせお話集①②

「アラビアン・ナイト」「アンデルセン童話」「イソップ寓話」「グリム童話」、日本や各国の民話、昔話、偉人伝の中から、教育的な物語や、過去に小学校入試でも出題された有名なお話を中心に掲載。お話ごとに、内容に関連したお子さまへの質問も掲載しています。「読み聞かせ」を通して、お子さまの『聞く力』を伸ばすことを目指します。

①巻・②巻　各48話

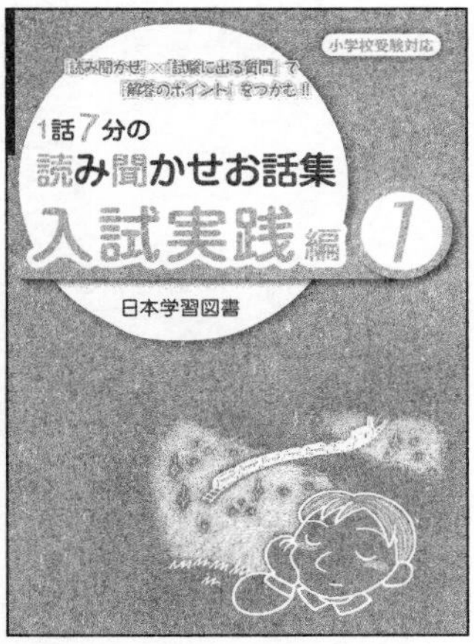

1話7分の読み聞かせお話集
入試実践編①

国立・私立小学校受験対応

最長1,700文字の長文のお話を掲載。有名でない＝「聞いたことのない」お話を聞くことで、『集中力』のアップを目指します。設問も、実際の試験を意識した設問としています。ペーパーテスト実施校の多くが「お話の記憶」の問題を出題します。毎日の「読み聞かせ」と「試験に出る質問」で、「解答のポイント」をつかんで臨みましょう！

50話収録

ニチガクの　この5冊で受験準備も万全！

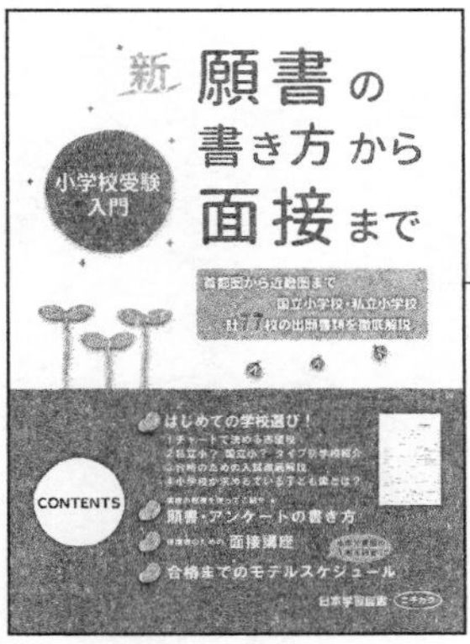

小学校受験入門
願書の書き方から面接まで　リニューアル版

主要私立・国立小学校の願書・面接内容を中心に、学校選びや入試の分野傾向、服装コーディネート、持ち物リストなども網羅し、受験準備全体をサポートします。

小学校受験で
知っておくべき
125のこと

小学校受験の基本から怪しい「ウワサ」まで、保護者の方々からの125の質問にていねいに解答。目からウロコのお受験本。

新　小学校受験の
入試面接Q＆A　リニューアル版

過去十数年に遡り、面接での質問内容を網羅。小学校別、父親・母親・志願者別、さらに学校のこと・志望動機・お子さまについてなど分野ごとに模範解答例やアドバイスを掲載。

新　願書・アンケート
文例集500　リニューアル版

有名私立小、難関国立小の願書やアンケートに記入するための適切な文例を、質問の項目別に収録。合格を掴むためのヒントが満載！願書を書く前に、ぜひ一度お読みください。

小学校受験に関する
保護者の悩みQ＆A

保護者の方約1,000人に、学習・生活・躾に関する悩みや問題を取材。その中から厳選した200例以上の悩みに、「ふだんの生活」と「入試直前」のアドバイス２本立てで悩みを解決。

日本学習図書株式会社

図書カード 1000 円分プレゼント

ご記入日　　　年　月　日

☆国・私立小学校受験アンケート☆

※可能な範囲でご記入下さい。選択肢は○で囲んで下さい。

〈小学校名〉＿＿＿＿＿＿＿＿＿＿　〈お子さまの性別〉男・女　〈誕生月〉＿＿月

〈その他の受験校〉（複数回答可）＿＿＿＿＿＿＿＿＿＿

〈受験日〉①：＿＿月＿＿日〈時間〉＿＿時＿＿分　～　＿＿時＿＿分

　　　　②：＿＿月＿＿日〈時間〉＿＿時＿＿分　～　＿＿時＿＿分

〈受験者数〉男女計＿＿名（男子＿＿名　女子＿＿名）

〈お子さまの服装〉＿＿＿＿＿＿＿＿＿＿

〈入試全体の流れ〉（記入例）準備体操→行動観察→ペーパーテスト

＿＿＿＿＿＿＿＿＿＿＿＿＿＿＿＿＿＿＿＿＿＿＿＿

Eメールによる情報提供

日本学習図書では、Eメールでも入試情報を募集しております。

下記のアドレスに、アンケートの内容をご入力の上、メールをお送り下さい。

ojuken@nichigaku.jp

●行動観察　（例）好きなおもちゃで遊ぶ・グループで協力するゲームなど

〈実施日〉＿＿月＿＿日〈時間〉＿＿時＿＿分　～　＿＿時＿＿分〈着替え〉□有　□無

〈出題方法〉□肉声　□録音　□その他（　　　　　）〈お手本〉□有　□無

〈試験形態〉□個別　□集団（　　　人程度）

〈会場図〉

〈内容〉

□自由遊び

＿＿＿＿＿＿＿＿＿＿＿＿＿＿＿＿

□グループ活動

＿＿＿＿＿＿＿＿＿＿＿＿＿＿＿＿

□その他

＿＿＿＿＿＿＿＿＿＿＿＿＿＿＿＿

●運動テスト（有・無）　（例）跳び箱・チームでの競争など

〈実施日〉＿＿月＿＿日〈時間〉＿＿時＿＿分　～　＿＿時＿＿分〈着替え〉□有　□無

〈出題方法〉□肉声　□録音　□その他（　　　　　）〈お手本〉□有　□無

〈試験形態〉□個別　□集団（　　　人程度）

〈会場図〉

〈内容〉

□サーキット運動

□走り　□跳び箱　□平均台　□ゴム跳び

□マット運動　□ボール運動　□なわ跳び

□クマ歩き

□グループ活動＿＿＿＿＿＿＿＿＿＿

□その他＿＿＿＿＿＿＿＿＿＿

●知能テスト・口頭試問

〈実施日〉＿＿月＿＿日〈時間〉＿＿時＿＿分 ～ ＿＿時＿＿分〈お手本〉□有 □無

〈出題方法〉 □肉声 □録音 □その他（　　　　　　）〈問題数〉＿＿枚 ＿＿問

分野	方法	内　　　容	詳 細・イ ラ ス ト
（例） お話の記憶	☑筆記 □口頭	動物たちが待ち合わせをする話	（あらすじ） 動物たちが待ち合わせをした。最初にウサギさんが来た。次にイヌくんが、その次にネコさんが来た。最後にタヌキくんが来た。 （問題・イラスト） ３番目に来た動物は誰か 
お話の記憶	□筆記 □口頭		（あらすじ） （問題・イラスト）
図形	□筆記 □口頭		
言語	□筆記 □口頭		
常識	□筆記 □口頭		
数量	□筆記 □口頭		
推理	□筆記 □口頭		
その他	□筆記 □口頭		

●制作　（例）ぬり絵・お絵かき・工作遊びなど

〈実施日〉＿＿月＿＿日〈時間〉＿＿時＿＿分〜＿＿時＿＿分

〈出題方法〉□肉声　□録音　□その他（　　　　　）〈お手本〉□有　□無

〈試験形態〉□個別　□集団（　　　人程度）

材料・道具	制作内容
□ハサミ □のり（□つぼ　□液体　□スティック） □セロハンテープ □鉛筆　□クレヨン（　色） □クーピーペン（　色） □サインペン（　色）□ □画用紙（□ A4　□ B4　□ A3 □その他：　　　　） □折り紙　□新聞紙　□粘土 □その他（　　　　）	□切る　□貼る　□塗る　□ちぎる　□結ぶ　□描く　□その他（　　　　　） タイトル：＿＿＿＿＿＿＿＿＿＿

●面接

〈実施日〉＿＿月＿＿日〈時間〉＿＿時＿＿分〜＿＿時＿＿分〈面接担当者〉＿＿名

〈試験形態〉□志願者のみ（　　）名　□保護者のみ　□親子同時　□親子別々

〈質問内容〉

□志望動機　□お子さまの様子

□家庭の教育方針

□志望校についての知識・理解

□その他（　　　　　　　　　）

（　詳　細　）

・

・

・

・

※試験会場の様子をご記入下さい。

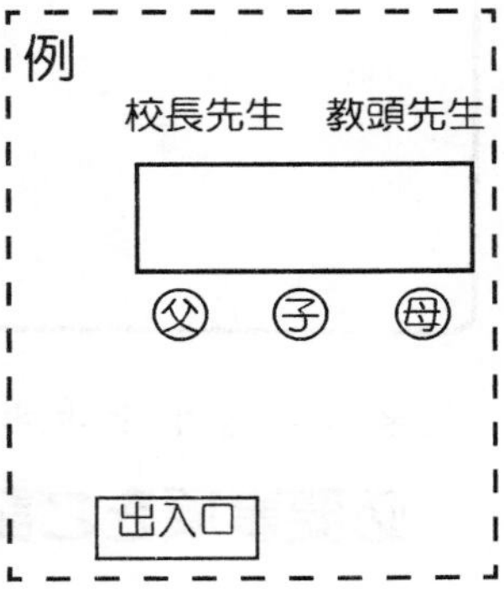

●保護者作文・アンケートの提出（有・無）

〈提出日〉□面接直前　□出願時　□志願者考査中　□その他（　　　　　　）

〈下書き〉□有　□無

〈アンケート内容〉

（記入例）当校を志望した理由はなんですか（150字）

●**説明会**（□有　□無）〈開催日〉　　月　　日〈時間〉　　時　　分　～　　時　　分

〈上履き〉　□要　□不要　〈願書配布〉　□有　□無　〈校舎見学〉　□有　□無

〈ご感想〉

●**参加された学校行事**（複数回答可）

公開授業〈開催日〉　　月　　日〈時間〉　　時　　分　～　　時　　分

運動会など〈開催日〉　　月　　日〈時間〉　　時　　分　～　　時　　分

学習発表会・音楽会など〈開催日〉　　月　　日〈時間〉　　時　　分　～　　時　　分

〈ご感想〉

※是非参加したほうがよいと感じた行事について

●**受験を終えてのご感想、今後受験される方へのアドバイス**

※対策学習（重点的に学習しておいた方がよい分野）、当日準備しておいたほうがよい物など

＊＊＊＊＊＊＊＊＊＊＊＊＊　ご記入ありがとうございました　＊＊＊＊＊＊＊＊＊＊＊＊＊

必要事項をご記入の上、ポストにご投函ください。

なお、本アンケートの送付期限は入試終了後３ヶ月とさせていただきます。また、入試に関する情報の記入量が当社の基準に満たない場合、謝礼の送付ができないことがございます。あらかじめご了承ください。

ご住所：〒

お名前：　　　　　　　　　　メール：

TEL：　　　　　　　　　　FAX：

アンケートのご記入ありがとうございました

ご記入頂いた個人に関する情報は、当社にて厳重に管理致します。弊社の個人情報取り扱いに関する詳細は、www.nichigaku.jp/policy.php の「個人情報の取り扱い」をご覧下さい。

家庭学習をトータルサポート！ ニチガクのオリジナル 効果的 学習法

1 まずはアドバイスページを読む！

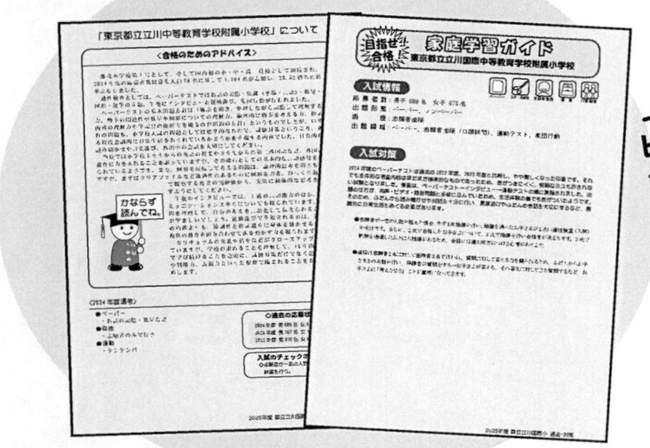

対策や試験ポイントがぎっしりつまった「家庭学習ガイド」。分野アイコンで、試験の傾向をおさえよう！

2 問題をすべて読み、出題傾向を把握する

3 「アドバイス」で学校側の観点や問題の解説を熟読

4 はじめて過去問題にチャレンジ！

5 プラスα 対策問題集や類題で力を付ける

過去問のこだわり

ピンク色です

最新問題は問題ページ、イラストページ、解答・解説ページが独立しており、お子さまにすぐに取り掛かっていただける作りになっています。
ニチガクの学校別問題集ならではの、学習法を含めたアドバイスを利用して効率のよい家庭学習を進めてください。

各問題のジャンル

問題4 分野：系列

〈準備〉 クーピーペン（赤）

〈問題〉 左側に並んでいる３つの形を見てください。真ん中の抜けているところには右側のどの四角が入ると繋がるでしょうか。右側から探して○を付けてください。

〈時間〉 30秒

〈解答〉 ①真ん中　②右　③左

アドバイス

複雑な系列の問題です。それぞれの問題がどのような約束で構成されているのか確認をしましょう。この約束が理解できていないと問題を解くことができません。また、約束を見つけるとき、一つの視点、考えに固執するのではなく、色々と着眼点を変えてとらえるようにすることで発見しやすくなります。この問題では、①と②は中の模様が右の方へまっすぐ1つずつ移動しています。③は4つの矢印が右の方へ回転して1つずつ移動しています。それぞれ移動のし方が違うことに気が付きましたでしょうか。系列にも様々な出題がありますので、このような系列の問題も学習しておくことをおすすめ致します。系列の問題は、約束を早く見つけることがポイントです。

【おすすめ問題集】
Ｊｒ・ウォッチャー６「系列」

アドバイス

各問題の解説や学校の観点、指導のポイントなどを教えます。
今日から保護者の方が家庭学習の先生に！

おすすめ対策問題集

分野ごとに対策問題集をご紹介。苦手分野の克服に最適です！
＊専用注文書付き。

2025年度版　東京都立　立川国際中等教育学校附属小学校　過去・対策問題集

発行日　2024年4月23日
発行所　〒162-0821 東京都新宿区津久戸町 3-11-9F
日本学習図書株式会社
電　話　03-5261-8951 ㈹
・本書の一部または全部を無断で複写転載することは禁じられています。
乱丁、落丁の場合は発行所でお取り替え致します。

ISBN978-4-7761-5606-2
C6037 ¥2100E
9784776156062
定価2,310円
(本体2,100円＋税10%)
1926037021001

詳細は https://www.nichigaku.jp　日本学習図書　検索